國學院大學日本文化研究所編

近世の好古家たち

—光圀・君平・貞幹・種信—

雄山閣

水戸光圀公陶像（本山　久昌寺蔵）（茨城県立歴史館提供）

光圀が発掘した下侍塚古墳（椙山林継氏提供）

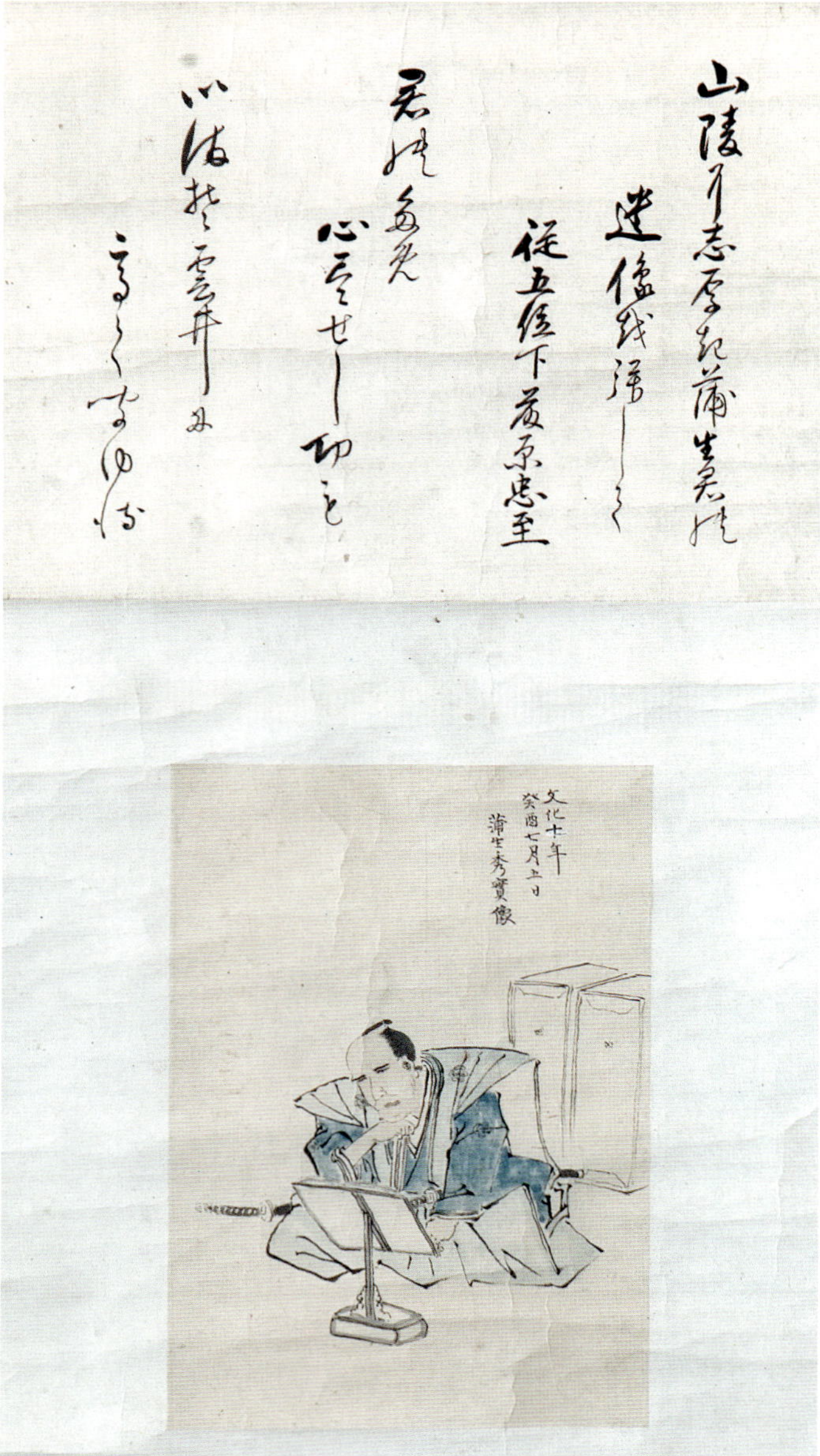

『山陵志』を記した蒲生君平肖像画（上は山陵修補の立て役者・戸田忠至の歌）
（蒲生正行氏蔵、栃木県立しもつけ風土記の丘資料館提供）

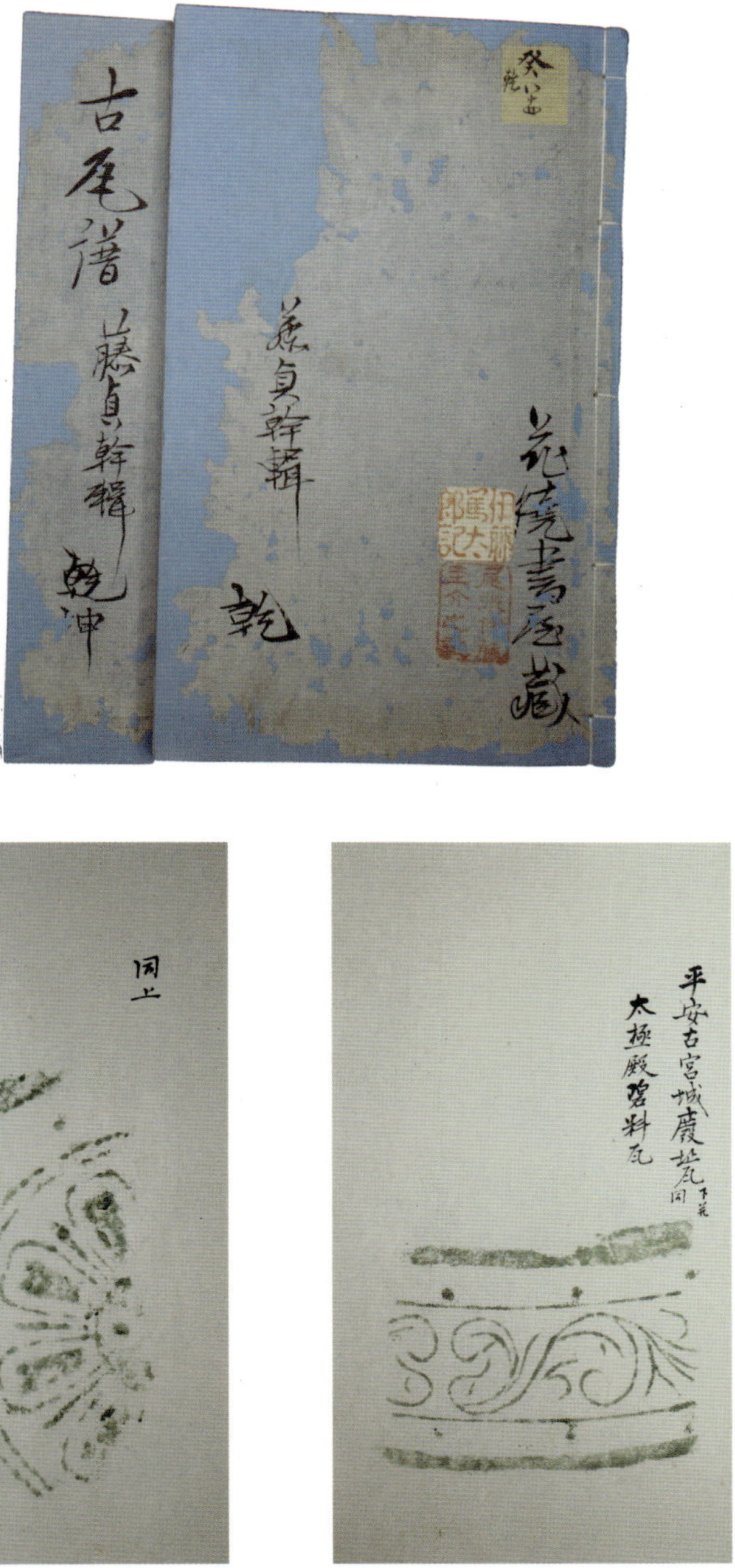

藤貞幹が著わした『古瓦譜』とその部分（阪本是丸氏提供）

三雲南小路遺跡２号甕棺の鏡と勾玉出土状態
（福岡県教育委員会提供）

三雲南小路遺跡１号甕棺出土重圏彩画鏡（福岡県教育委員会提供）

近世の好古家たち―光圀・君平・貞幹・種信―／目次

はじめに

椙山林継

学問の進展は一朝一夕ではなりたたない。しかし画期を見いだしたり、変化を強調しようとする時には、とかく徐々に積み上げてきたものは捨てがちである。今日の考古学が、欧米のArchaeologyの訳語であり、明治初年のお雇い外国人によって、その多くがもたらされたものであることは言うまでもない。だがこれを受け入れる基盤なり土壌が着実に醸し出されていたことも確かなことである。

國學院大學の日本文化研究所が、近代を重視するとともに前代の近世社会、学問を大切にして来たことは、これまでの成果を見ていただければ明らかである。法制史の上でも近代ヨーロッパ法以前の、独自に展開させて来た法体系を数年に渡ってとりあげて来た。宗教政策にしても、当然のことのように近世からの流れを追って来ている。このような中で、考古学が、突然明治に出現したような言動も聞かれるようなこの頃、長い先学の積み重ねを知ってもらうことも無駄ではなかろうと、とりあげることにした。無論学史を大事にし、これまでに度々論じられてきた先輩方の居ったことも確かである。

さて今回は四人の人物をとりあげた。徳川光圀は多くの人が知っているように、水戸藩主であり、寛永生まれで、元禄十三年に亡くなる。十七世紀の人である。その活躍の中心は、寛文、元禄年間という他の三人とは一時代先行する人物で、江戸と水戸を中心に組織を動かして活動している。この時代の学問は、制度など江戸時代を形造っていく重要な時期として注目されるが、今回は考古学的部分を抽出してみたもので、那須国造碑の碑文から侍塚の発掘を通して、資料を求め、記録を残した。その後、しっかりと保護の手を施し、近代に至るまで伝えた。今日の技術からみれば、その図など稚拙なことは否めないが、その考え方は今も学ぶべきものである。『大日本史』の編纂と、その史・資料の探索は、学者の動員と、学者の育成につながり、延々と継続した。

藤貞幹は寺に生まれ、僧となるが、青年となって僧を捨てる。京都という歴史の街に活躍した人物だけに割れ瓦の文字に、平安の都を復原していく。隔靴掻痒、時に見えないものまで見えてしまうこともあったようだが、享保の終りから寛政九年へ、十八世紀の後半を生きた人物で、国学者として著名な宣長を刺激した関西人である。毀誉褒貶の著しい人物ではあるが、重要性を考えて、阪本是丸氏に検討してもらった。

君平は宇都宮の町人の出で、明和五年生まれ、文化十年四十六歳で没するが、林子平、高山彦九郎とともに寛政の三奇人と言われた人物で、十八世紀後半から十九世紀初頭にかけての人である。前方後円墳という語は今日学術用語となっている。よく歩いた人である。

種信は九州福岡の藩士であるが、当時の下級武士でありながら努力している。拓本の技術も今から見れば不足ではあるが、この記録が、現代でも一級の資料となっていることは、種信が居たからこそと言える。明和三年生まれで、文化文政を生きた。つまり十八世紀後半から十九世紀前半の人である。

こうしてみると、光圀は別として、他の三人は、幕末を迎えずに没している。活動の拠点も関東から九州まで様々であり、封建社会の中で、その身分も異なっている。

江戸後期前半とも言うべきこの時代は、典型的な江戸時代であり、本居宣長、狩谷棭斎、木内石亭など加えてみても、寛政から文化文政へ、十八世紀末から十九世紀初頭へ、正に近世学問の中心的時代であった。ところでこれらの人物は各々の地方で独自に活躍していただけではなく、面識を持ち、文通し、交流していたのである。石亭や後の息吹舎のように江戸でのサロンを開き、拠点を形成する者もあって、情報交換はかなり発達していたのである。筆無精の筆者から見ると恐ろしいほど彼らは手紙を書いている。

今回この企画に花を添えてくださった斎藤忠先生は、お若い時から学者の書簡に注意され、御自身蒐集されておれる。成本となった書だけではなく、その成立に至る過程を、往復書簡の中に見いだしていこうとされる先生の考えは、学者の交流、それぞれの影響、刺激のあり様を明らかにされて、今回も先生を囲んだ座談会の席上、その蘊蓄を吐露され、遺憾なく発揮されて、我々若輩を大いに叱咤された。有難いことである。

詳細は後記に譲るとして、この企画の第一回は、平成十六年五月日本文化研究所の公開学術講演会として、栃木県立なす風土記の丘資料館の眞保昌弘氏に話してもらった。九月には紀要に収録されたが、その月、同資料館で第十二回企画展として「水戸光圀の考古学―日本の考古学、那須に始まる―」が開かれた。那須の武茂郷は水戸領であり、光圀は九回巡村していると言う。眞保氏を中心に図録も作られた。

その年の秋、第二回目に篠原祐一氏に「前方後円墳の名付け親―蒲生君平と宇都宮藩の山陵修補」を講演してもらった。年度末にはこれも活字化されたが、平成十七年秋、栃木県立しもつけ風土記の丘資料館で、同名のまま特別展が開かれ、立派な図録が刊行された。

この企画をよしとしながら少々間が開きすぎるとし、阪本是丸氏が藤貞幹を扱ってくれた。光圀が始めた彰考館の修史事業に関係し、『好古小録』『好古日録』も知られていて、金印などから青柳種信ともつながると、そしてなにより京都であると、知的ネットワークに貞幹の果した役割を話してくれた。この経緯は『日本文化研究所報』四二―四(No.二四七)の巻頭に氏自身が紹介してくれている。この講演も十七年九月には『紀要』九六輯に文字化された。同年秋に第四回目として「拓本と正確な実測図で論証した青柳種信の考古学」と題して柳田康雄氏に講演してもらい、明けて十八年正月、上記四人の講師と当時文化庁美術学芸課の時枝務氏、中村学園大学人間発達学部の古相正美氏にコメンテータとなっていただき、公開シンポジウム「近世学問を検証する―近代ヨーロッパArchaeology日本上陸以前の考古学的学問・国学者に光をあてる―」を開いた。その後小生の国内留学一年を置いて、平成十九年にとうとう斎藤先生にお願いして、座談会を開くことになった。先生は「江戸時代の好古家たち―日本考古学の基礎をきづいた人々―」と目次をつくられ、一人一人多くの資料を持参されて話を進められた。円テーブルを囲む者も、その後方で聴衆となっていた者も百歳の先生の気概に敬服するばかりであった。

今回これを一冊にまとめることにした。

近世の学問は、このあと幕末を迎え、十九世紀の後半には近代欧米文化を受け入れていく。Archaeologyの上陸である。モースの描いた大森貝塚出土土器の図は目を見張るものであり、ゴーランドの写真に、今そのまま使用できるすばらしさを見る。

これらを受け入れた土壌に、明、清の金石学、考証学の流入や、国の学問として古典研究や有職故実研究など自国文化の追究が着実に進行していたことも事実である。全国的にみれば、まだ多くの当代学者がいる。さらに掘り起していきたい。

座談会　斎藤忠先生を囲んで

江戸時代の好古家たち

――日本考古学の基礎をきづいた人々――

椙山　本日は斎藤忠先生をお招きしました。一昨年とその前、二年間、シンポジウムを含めて五回の会を開きました。実は日本文化研究所の最後の、本にするためのシンポジウムと講演会であります。

これは、「近世学問を検証する―近代ヨーロッパ Archaeology 日本上陸以前の考古学的学問・国学者に光をあてる―」という総合テーマで開きまして、眞保昌弘さんに第一回、光圀の話を、第二回に篠原祐一さんに蒲生君平の話を、第三回として阪本是丸さんに藤貞幹の話を、そして第四回目に柳田康雄さんに青柳種信の話をしていただきまして、その後、シンポジウムを開いたものであります。

実は、私事で申し訳ありませんが、昨年一カ年国内留学で不在でありましたので、中断しておりましたが、前々からこのようなテーマの時に斎藤忠先生に一度お越しいただけないだろうかと考えておりました。本当は、さらに何人かの江戸時代の学者を扱いたかったのですが、これで一区切りとしたいとも思い、今日、実現した訳であります。

今日は斎藤先生を中心にお話をいただきながら、その時に話した四人と、企画し、考えておりました椙山が入りまして、座談会形式で、先生のお話をお聞きしたいと思います。

斎藤先生は皆さんご存知の通り、百歳を迎えられまして、なおお元気にご活躍でございます。そして斎藤先生は、昔からいろいろこの江戸時代の学者の問題も非常に詳しく、今、日本の第一人者としてご活躍でございます。

そういう斎藤先生でございますので、今日はあまり長い時間にならないようにと思いますが、内容は非常に興味深いものだと思いますので、どうかよろしくお願いいたしたいと思います。普段ですと皆のほうを向いて席を設けるのですが、今日は座談会形式で行ないたいと思いますので、聴衆の方はひとつよろしくお願いします。

それでは先生、恐れ入りますが、よろしくお願いしたいと思います。

斎藤　ご紹介いただきました斎藤でございます。椙山さんが段取りしまして、江戸時代の考古学者、あるいは好古家たちの研究が進んでおりますことは、大変結構なことだと思っております。

とかく日本の考古学は明治時代になって、あるいはモース、あるいはゴウランドなどによって開発されたと言われておりますが、やはり日本の考古学の基礎はすでに江戸時代に多くの人々によって築かれたというようなことで我々は考えを新たにしなければいけないのではないかと思っております。

今日は、こういうようなことでいろいろとお話を申し上げたいと思っております。

実は、私が江戸時代の考古学者、あるいは好古家たちの研究をはじめたのは学生時代の頃からだったんです。大学で日本史を勉強して、そして考古学を専攻しようと思っていた私にとりましては、大学では黒板勝美、辻善之助、平泉澄、中村孝也といった先生方によって日本史を勉強した訳でございますが、考古学を志向する者には、学史の研究、特に江戸時代の考古学者あるいは好古家たちの研究ということも大変必要だと思って頑張ったのでございます。

一冊、私にとりまして懐かしい本があります。ここに持参しました。これはまたお話したいと思いますが、松平定信の『集古十種』という本なのです。この間、何気なくこの本の空白のページを見ますと、私はこういうことを書いているんです。「昭和五年五月二十七日、考古学会第三十五回総会記念としてこれを求む」。勾玉をあらわした蔵書判をその頃作っていて、番号までも書いています。

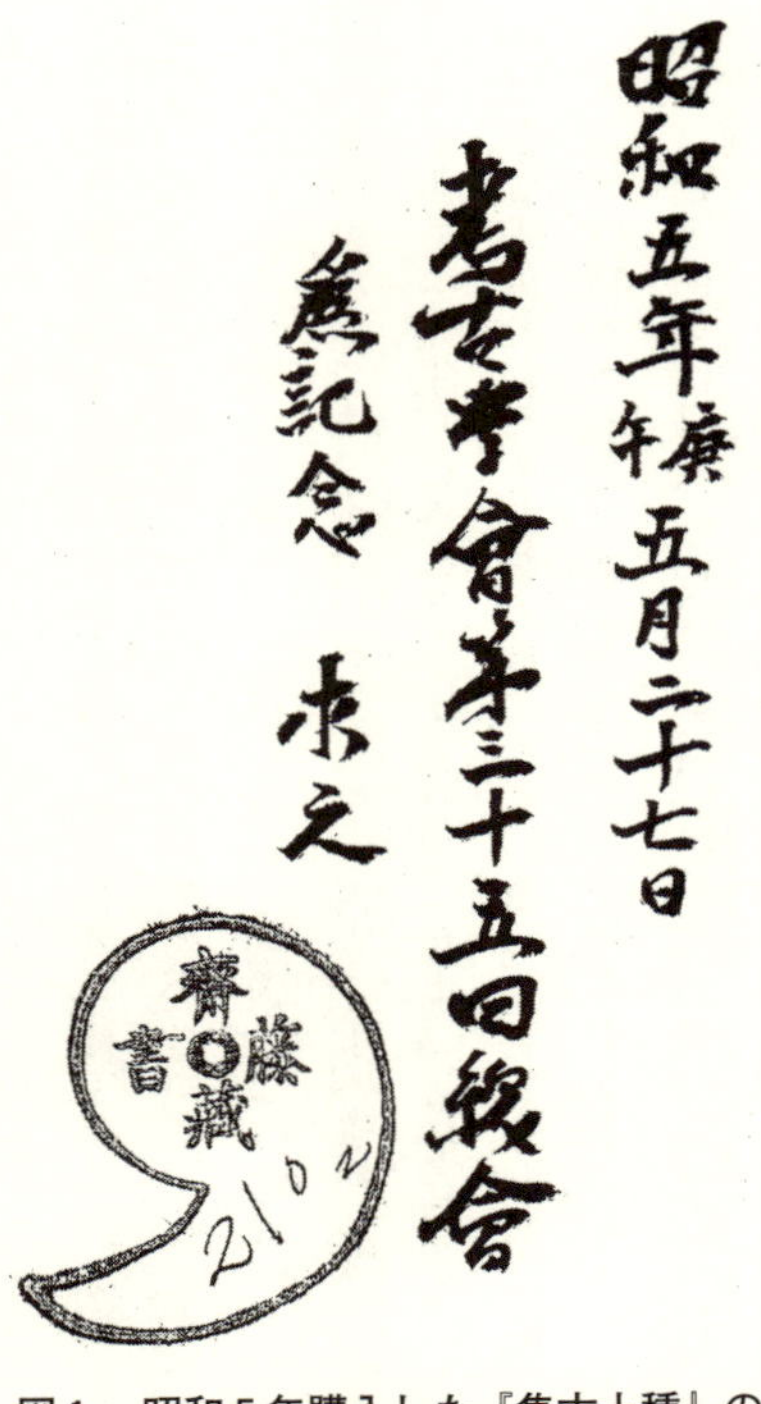

図１　昭和５年購入した『集古十種』の書き入れ

学生の頃大金を投じて、『集古十種』を買ったのですが、その年は昭和五年ですから一九三〇年、まだ皆さん方が生まれていない頃と思いますが、このような勉強をしていたということで、改めて思い出を深くした訳でございます。

私の学生時代の学史研究は、司馬遼太郎さんも気付いて、「学生の頃から学史を研究していた奇特な男」と述べているることを聞きましたが、確かに珍しい研究の学徒であったかもしれないと思うのです。

そういうことで、学史、ことに人物の研究の場合には、その人の関係の本はもとより、その人が書いた筆跡とかいろいろなものを集めて、それらに目を通して勉強しなければいけないということで、その頃から機会がある毎に関係の資料を求めたのです。古書目録で京都の書店でよい資料があったら、すぐに電話して求めたのですが、やがて古本屋さんからも「先生、こういう本が入りましたよ。」と電話がかかってくるようになりました。

特に私は手紙というものを大事にしているのです。先覚・先輩の方々の手紙を私は大事に保存しております。これは、本人を批判する場合、よく著書だけで批判をする人があります。しかし、本というものは、言わば、その人のモーニング姿、あるいは紋付姿で、本当にこの人の気持ちというのが表われているのは少ないのではないか。そういう点では手紙というのは率直にこの人の気持なり感情が表われていることが多い訳なのでして、私の集めている書簡というのは尨大な資料になりますが、また機会があったらご覧に入れたいと思っております。

今日はいろいろと勉強をなされている皆様、蒲生君平なり、あるいは徳川光圀なり、深く勉強されている方もございますので、はじめは、四、五人の特定の人びとの研究を考えたいと思っていたのですけれども、折角の機会ですので、少し大きく題を改めてみたのです。

そして、お手元にありますように、十二の項目に分けてみたのです。まあ、一つ一つの項目はひと月に一回ずつやってちょうど一年で終わるような内容でもありますが、要をつくして申しあげたいと思います。

一　木内石亭をしのぶ

私は吉川弘文館の人物叢書の中で『木内石亭』という一冊の本を一九六二年にまとめております。そういう関係で、

図2　木内石亭の肖像と石棒の図

木内石亭肖像（『木内石亭全集』より）

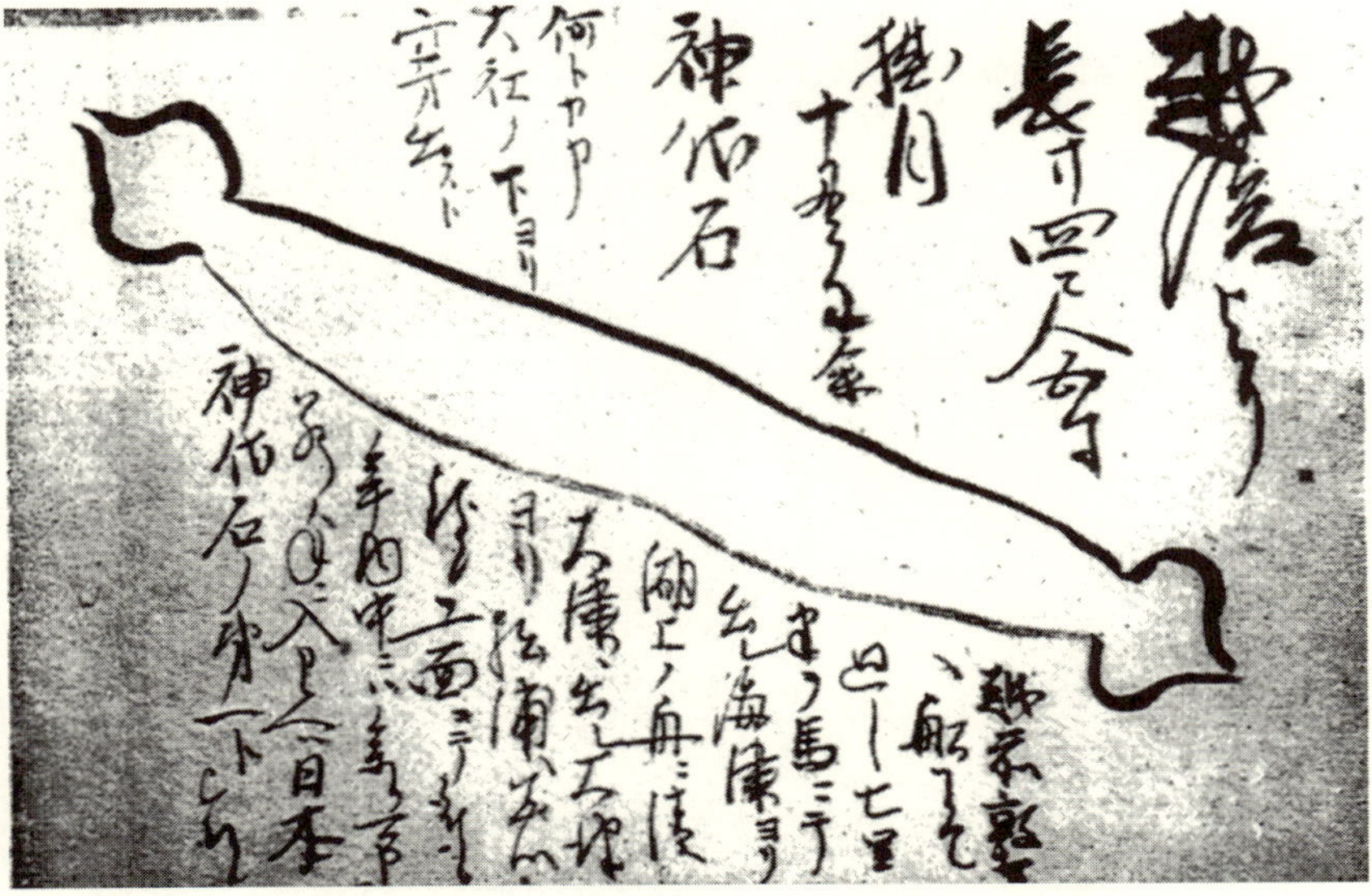

木内石亭筆「石棒図」（二木氏蔵の書状より）

若い頃木内石亭という人物についていろいろと研究調査をいたしました。木内石亭は「石の長者」とも言われていて、『東海道名所図会』にも紹介されているような人物なのです。全国の、言わば石を集める友達のグループのリーダー的な存在でもあり、奇石珍石を集めておりますが、しかし単なるコレクトマニアではない人物です。

この集めた石に対して研究し、また立派な本を書いております。その代表的な本は『雲根志』です。

この「うんこん」すなわち、雲の根というのは、石というのは雲の根であるということで、石に関する研究なのです。集めた石の資料を丹念にあたっている、しかもいわゆる珍石の自然石もありますが、石鏃など、考古学上の石器も丹念に集めて書いており、しかも言わば一種の資料集成図的なものなのです。

私はこの石亭の研究のために、出身地である近江の琵琶湖のほとりの旧家を訪ね、そしてまた関係のお寺とかいろいろな所を訪ね、またその友達、交友先をたずね岐阜のほうまでも足を運び、木内石亭について勉強しました。草津に残っておりますす木内石亭の旧家とか、あるいはいろいろな関係の文献の資料をそれぞれの所蔵家に頼んで写真を撮ったりしました。今のような簡単な写真でないので、三脚を据えて一生懸命白黒のフィルムで撮ったのですがかなり膨大な資料になりました。しかしいろいろな資料が、関係のお寺などに保存されておりますので、幸いこれは皆、資料としてまとめることができました。

岐阜では二木長嘯さんのお宅がやはり残っておりまして、非常に親切に資料を見せていただきました。こういうことで、石亭についてはいろいろと勉強をさせていただきました。またそういう関係で、実は資料採集にはこのような苦労もありました。石亭翁の記念碑が石山寺の入り口のほとりに建っております。大きい碑でございますが、私はこれを自分で拓本を採って、研究しております。

よく一人で、助手もいないでこういう拓本を採ったものだと思っているのですが、画仙紙を用意し、タンポをつくり、近くの民家からバケツを借りて水を入れてもらって、一人でこつこつと拓本を採って、内容を調べて、石亭という人物を一層よく知ることができた訳でございます。

私が石亭について学問的に魅せられておりますのは、単なるコレクトマニアではない。そして研究的な態度を持っているという人物であるからです。石鏃などに対しても細かくその形態、寸法を記しております。また、そういう石器関係の遺物の発見場所のわからないものは「これは資料としては使うことができない」というようなことをちゃんと書いているのです。

特に、私は、石亭の言葉として、今なおやはり考えなければいけない二つがあることを申しあげたいと思います。一つは「目に見、耳に聞こえたるの他、天地の間に物なしと思うは暗愚の至りなり」。目に見、耳に聞いたりするもののほか、天地の間に何もないと思うのは愚の至りであるというのです。これはやはり現代にも通じるのではないか。狭い了見で、目の前の資料だけで他に何もないと思うのはまずいというようなこと。とにかく自分で見て、しかも狭い了見にとらわれないというようなことを言っていることは、やはり今でも我々は反省しなければならない言葉でないかと思うのです。

もう一つ、こういうことも言っております。「七、八〇〇〇年前のことより名の知れるものは夥しきはずなり。急には知れ申しまじく。これも七、八〇〇〇年の後には知れ申すべく。時節を待ちたまへ」。七、八〇〇〇年前のことだから今はもうかなりわからない。とにかくさらに七、八〇〇〇年も経ったならばもっとわかるかもしれない、というようなことで、結論を急ぐことを戒めております。そこに私は石亭という人物の研究者としての偉さを考え、石亭をいろいろと勉強した訳でございます。

二　藤貞幹と考古学研究に対する姿勢

次に、申しあげますのは「藤貞幹とその考古学研究に対する姿勢」でございます。藤貞幹に対しては深くご研究されている方もおいでになっておりますので、今さら私が申し上げるまでもございませんが、やはり私は江戸時代の好

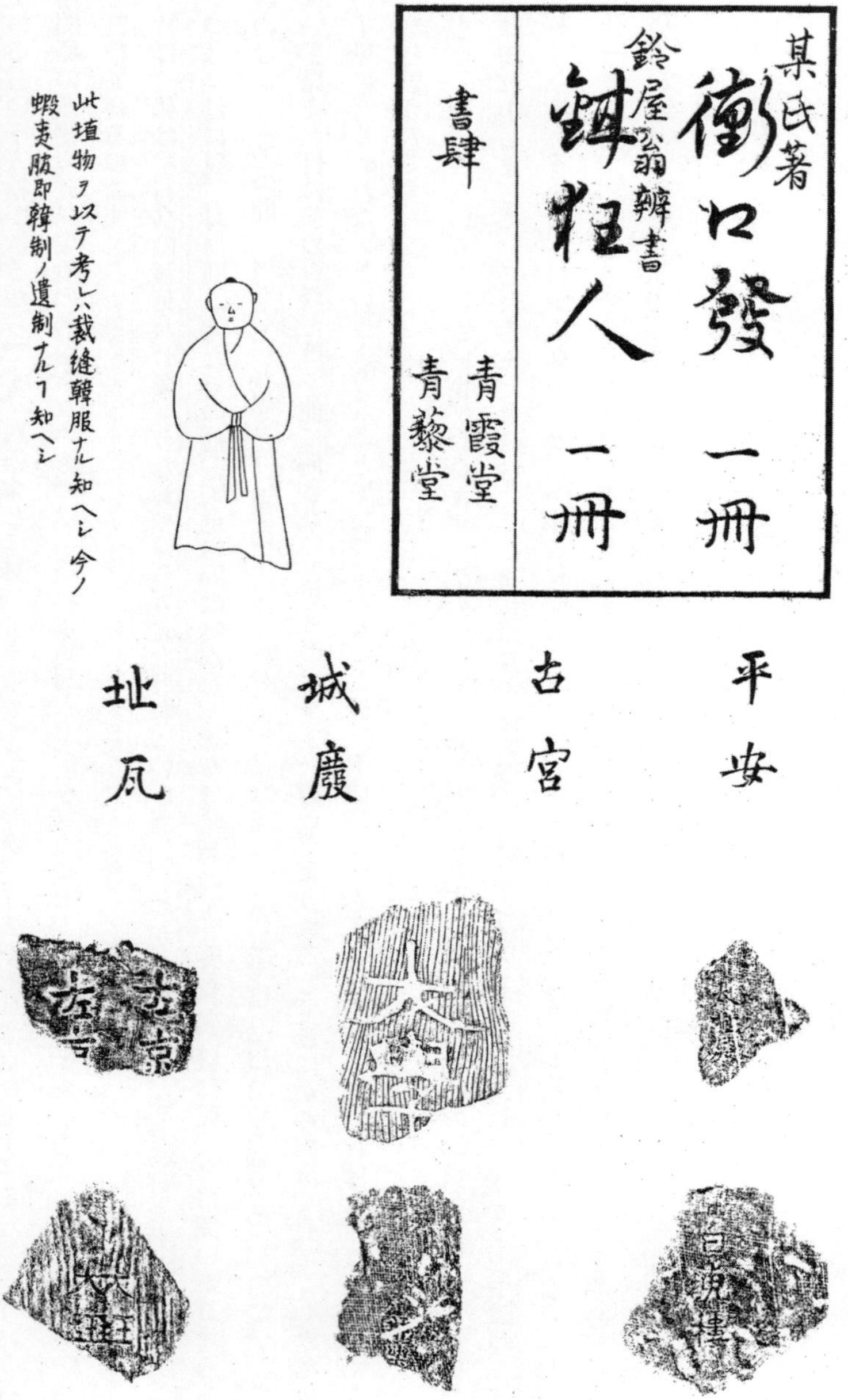

図3　藤貞幹の『衝口発』古瓦の図（筆者所蔵の書幅より）

古家としては木内石亭と藤貞幹の二人を素晴らしい人物として評価したいと思っているのです。

藤貞幹はご存知のように『衝口発』という本を書いているのです。『衝口発』は、口を発して思うことを言うということでしょうが、確かに思うことを言っております。例えば、日本の皇紀というのはかなり減らさなければいけない。あるいは上古の服装というものは韓服すなわち、朝鮮半島の服装の影響を受けているということなどです。とにかく朝鮮半島からの影響が強いことを強調しております。

これが、当時、皇国史観をもっている本居宣長一派の反撃を受けたことは言うまでもない訳でして、本居宣長は『鉗狂人』というような本――これは「鉗」は手枷《てかせ》、足枷《あしかせ》です。こういう者は手枷、足枷にして罪人として懲らしめなければならない。そしてそれは「狂人」すなわち狂った人だ、ということで、狂人扱いにもされたことがある訳でございます。

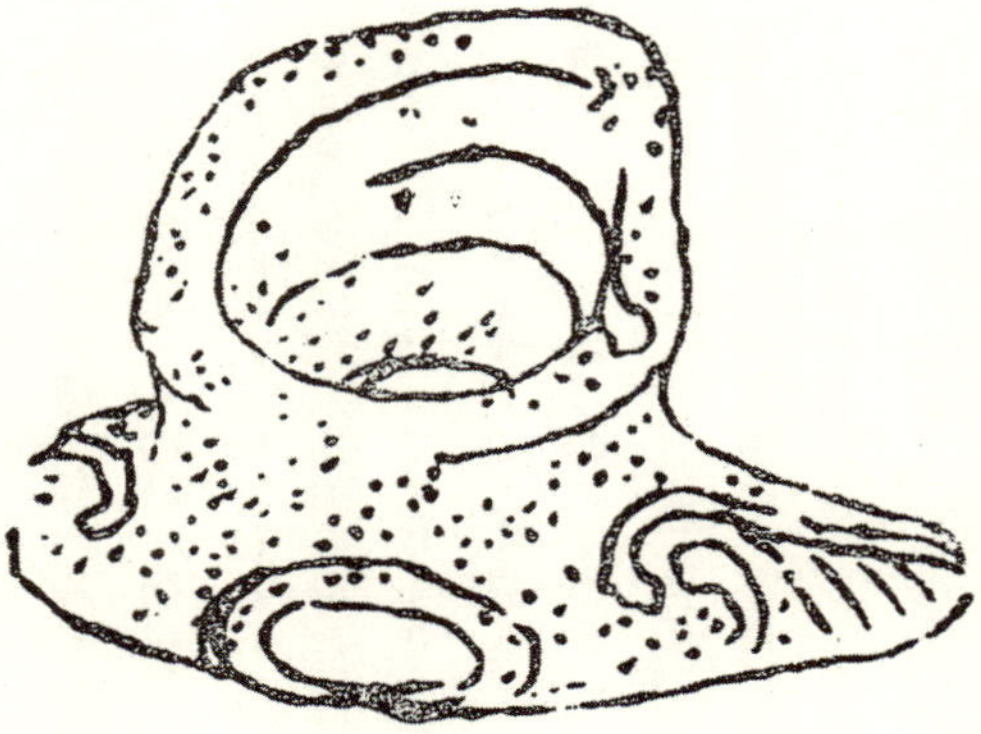

図４　貞幹が『好古日録』に紹介した縄文土器片

また、ご存知のように『古瓦譜』、あるいは『仏刹古瓦譜』など古瓦の研究とかいろいろな本をまとめておりますが、古瓦の収集家であり、研究者でもあった訳です。その資料についてもあるいは偽物を取り上げているとかの批判もございます。しかし、当時古瓦の愛好は広くかつ盛んでありまして、その中にはあるいは疑わしいものもかなりあり、そういうものを充分鑑別しないで取り上げたこともあるかもしれませんが、とにかく資料を集めて丹念にまとめたということはやはりすばらしいと思っております。

私が求めた古瓦拓本集成の掛軸を後でご覧頂きたいと思いますが、ちょうど古書目録で京都の古本屋にあったので、すぐに電話をかけて求めた訳でございますが、貞幹はこういうような古瓦の拓本を集成し一幅の図にまとめている訳なのです。あるいはその中にはいわゆる偽物もあるかもしれませんが、丹念に資料をまとめたということは、やはり高く評価しなければならないのではないかと思っております。

実はもう一つ、藤貞幹がみずから書いている掛軸があります。これは江戸の柴野栗山などが京都に来て帰るとき送別の宴をはった。その時に藤貞幹はこういう詩を書いているのです。この詩の書き方や何かを見ましても藤貞幹という人物がしのばれるのではないかと思っております。

先ほど、やはり人物論の場合には、手紙を見ることも大事だというようなことを申し上げましたが、藤貞幹の手紙そのものは私は持っておりませんが、幸い『藤貞幹書簡集』という本があって、貞幹がいろいろな方に宛てた手紙がまとめてあります。これを見ますと、本を借りてやっと写し終わりましたのでお返ししますというような文面に貞幹の気持ちがよくあらわれているのではないかと思っております。

そういう点で『古瓦譜』あるいは『仏刹古瓦譜』とか、いろいろな古瓦の研究や金石文など考古学的な資料を研究した藤貞幹という人物は、宣長によって狂人扱いされましたけれども、やはり江戸時代の二大好古家の一人と言ってよいのではないかと思っております。

こういうような点で、私は木内石亭と藤貞幹について、ますます今後とも研究を続けたいと思っている次第でございますが、また皆様方のご研究も期待している訳でございます。

三　新井白石の石鏃人工説と『本朝軍器考』の編纂

三番目に「新井白石の石鏃人工説」と「『本朝軍器考』の編纂」ということを申し上げます。新井白石については、言うまでもなく、素晴らしい学者でございます。私は手許に『新井白石全集』を揃えておりますが、とくに考古学方面では、石鏃が人工だということを主張した学者ということで評価したいと思うのです。

ご存知のように矢の根石、石鏃というようなものは東北地方からも数多く発見されている。それで、仙台の佐久間

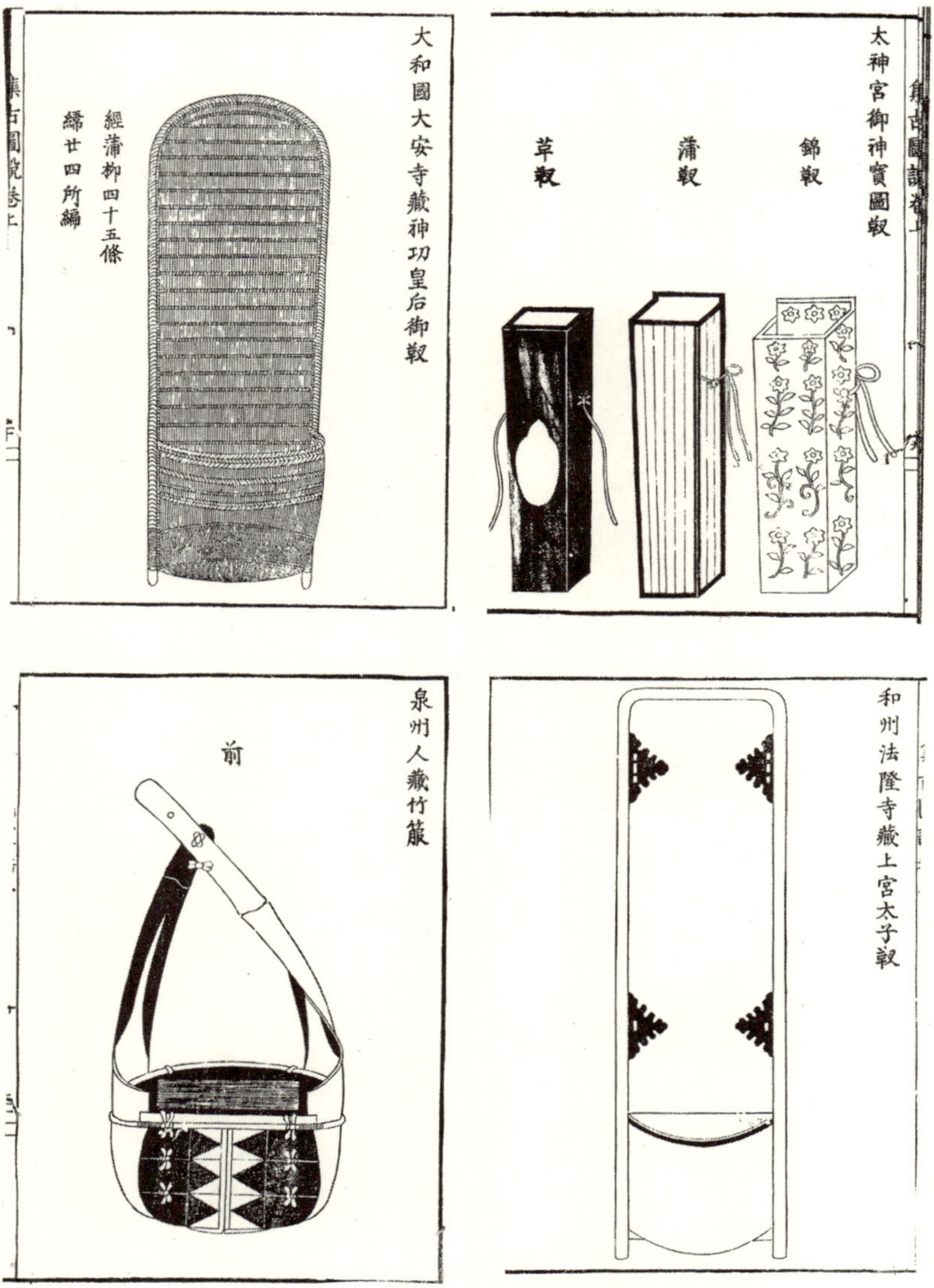

図5　新井白石の『本朝軍器考』所収『集古図説』の図

洞巖という郷土史家が白石と交流がありまして、白石にその石鏃を二つ三つ贈ったのです。

白石は礼状を書いて、石鏃は粛慎族――アジアの東北地方に跋扈した粛慎族が日本の海岸を狙ったときに矢を放った、それだろうということを書いております。

これまで石鏃というのは天から降った、天の神が戦いをして、それが地上に落ちたというような天降説が流行していたのですが、石鏃について白石がこういう人工説の新しい見解を示したということは高く評価してよいのではないかと思っております。

もう一つは、白石は『本朝軍器考』という、大変な本を著わしているのです。これは、武器・武具を取り扱っていますが、その武器の丹念な図面を発表し、大変すばらしい大著を書いている訳です。そして恐らくこれは現代における武器・武具の研究の上でも欠くことができない大きな業績になっていると思っている次第でございます。

四　谷川士清と『勾玉考』

国学者谷川士清の名前は皆さんご存知だと思いますが、谷川士清が『勾玉考』という本を書いています。これはやはり日本の勾玉研究の上において忘れることができない一つの業績ではないかと思っております。

とくにこの中にいわゆる子持勾玉をも取り扱っております。しかし、この時代には子持勾玉は石剣頭というようなことを考えていたのです。

谷川士清というと、とかく国学者として評価されていますから、こういう『勾玉考』をはじめ、いろいろな考古学の資料も取り上げているということを評価してもいいのではないかと思います。

五　蒲生君平の『山陵志』と君平の文学的情感

それから、五番目には蒲生君平の『山陵志』と君平の文学的情感ということについて申しあげます。蒲生君平は皆さんの中で深くご研究されている方もおられますが、私も前に「蒲生君平と『山陵志』」(『歴史と人物』吉川弘文館、一九六四年)という論文を発表しました。これは雄山閣の私の著作選集の中にも入っておりますが、研究いたしました。

ご存知のように、この『山陵志』の中には「前方後円」という名前をつけており、日本の前方後円墳の名付け親と言ってもよいと思うのです。

私の手元には書いた本がたくさんありますが、特に一冊は写本でございますが、非常に珍しいことを書いた本です。いずれまた皆様の会で発表をしていただいたらよいのではないかとも思っております。

蒲生君平について、私が申し上げたいことの一つは、山陵の探索研究のために、大和方面に旅をした実状です。それは、現在考えられないような苦渋の旅であったのですが、旅行好きでもあった君平は見事に二回の旅を成功させております。その第一回は寛政八(一七九六)年で、二十九歳のときです。第二回は寛政十二(一八〇〇)年で三十三歳のときです。旅費にめぐまれた豊かな旅路ではありませんでした。旅費も知人に頼み調達しております。ここに一つのエピソードがあります。

大和を歩き空腹と疲弊のため野宿しようとしていたとき、たまたま盗賊が婦女子を襲おうとしているところに出くわしました。起きる気力もなかった君平ですが、盗賊と闘い婦女子を助けたというのです。君平の人柄と旅の苦心があらわれている話です。

私が、とくに君平の文学的情感ということを述べたいのは、君平というと『山陵志』の内容から見ても、いかにも

山陵志　九志　二

山陵志之一

古之帝王其奉　祖宗之祀而致仁孝之誠也郊以配乎天廟以享乎　祖配乎天則作之靈時至尊至嚴禮弗敢瀆（說在神祇志）享乎　祖則立之大宮以置祝宰百世弗毀特報其有盛德丕烈者焉（如伊勢及賀茂八幡廟是也）而其餘各就山陵以時將常典有事而禱告於是諸陵寮之職（治部省管之）掌喪祭之禮供幣之數及陵戶名籍與其禁令而正其兆域脩其垣溝虔共所職其有儀則

山陵志第一

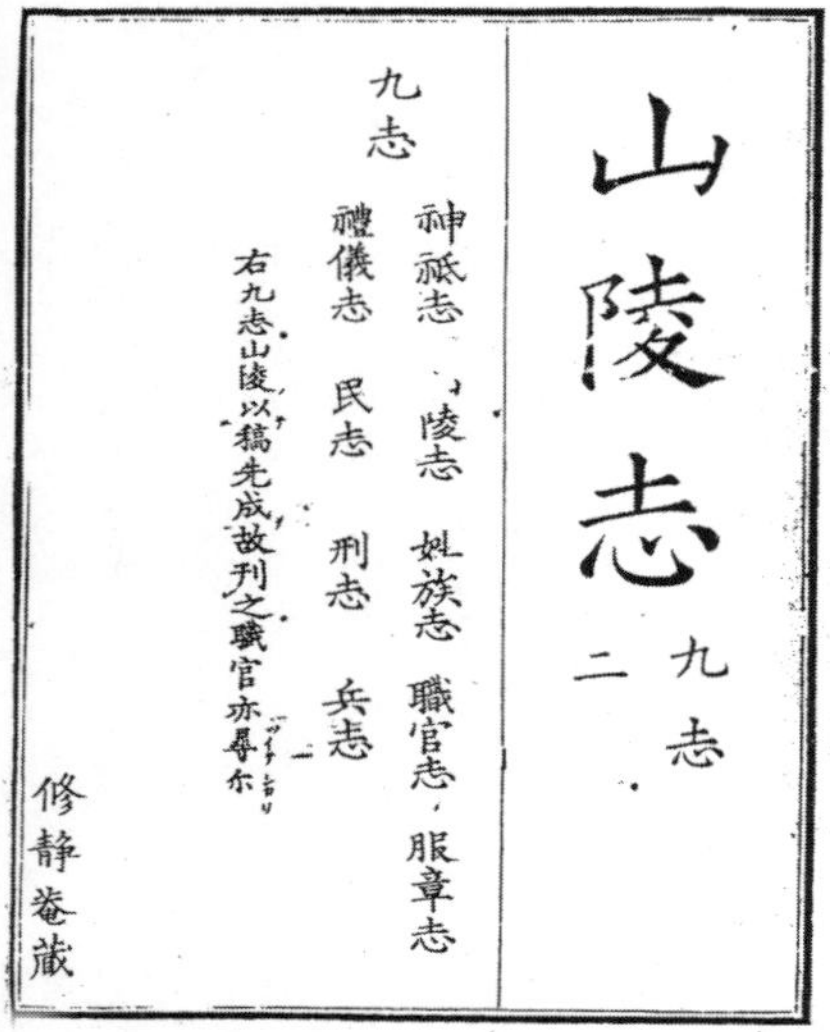

山陵志　九志　二

九志

神祇志　山陵志　姓族志　職官志　服章志

禮儀志　民志　刑志　兵志

右九志山陵以稿先成故刊之職官亦尋尓

修静菴蔵

図6　蒲生君平の『山陵志』と肖像

謹厳実直そのもののような印象を受けるのですが、その反面、とても人間味にあふれていたのではなかったかと思う点であります。これは、君平は自ら和歌を詠じ、狂歌や川柳も作り心の内を素直に語っているからです。十六歳のときには早くも次のような一首を詠んでいます。

今の世に　きわまりなけん　ねじけ人
　我とわが身をかえりみてぞ見る

またその後の狂歌や川柳に次の作があります。

上を学ぶ　霜月師走　さしつまり
　一芸持ちて　百里ただ喰い
昨日まで　湯で見た娘　今忍ぶ
夜もすがら　物案ずるは　子の旅寝
手を拍て　逢始め繰る　夫婦中

蒲生君平についてはいろいろな問題についても考えさせられますが、深く深く今後の研究を期待したいと思っております。

六　山陵研究者たちとその和歌

次に山陵研究者について申しあげます。先にお話しました蒲生君平も山陵研究者ですが、江戸時代には多くの熱心な山陵研究者がおりました。その人たちは、山陵の荒廃をなげき、山陵を巡拝し、その研究記録を残しております。私は、早くから古墳研究をしておりました関係で、山陵についても多くの関係書をもとめ勉強しました。そして、その人物を知るために、彼らが書いた短冊や色紙などを集め、直接その筆跡にも触れてまいりました。

図7　山陵研究者の短冊　山川正宣・伴林光平・谷森善臣（筆者所蔵）

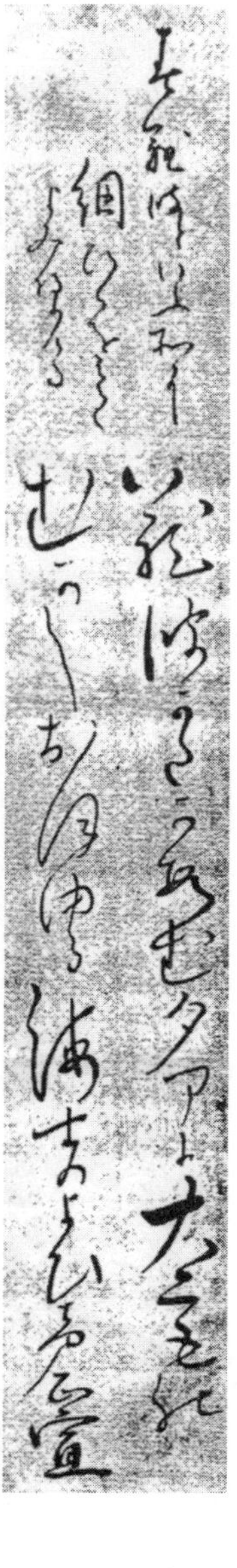

春難波といふ所に網ひくをミてよみ侍りける
難波かたかすむ夕べに大宮のむかしおほゆる海士のよひ声　正宣

古陵霧
まつか是ハ霧にしめりて山松の葉室のミはかとふ人もなし　光平

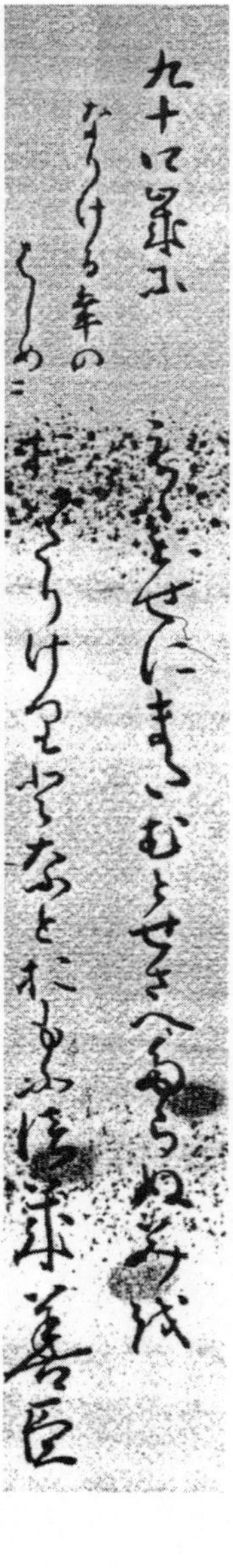

九十四歳になりける年のはしめニ
もゝとせにまたむとせさへたらぬみをおいたりけりとなとおもふとき　善臣

ここでは、研究者について多くを語ることはさけ、持参した色紙をお目にかけながら、お話したいと存じます。その一人は山川正宣です。

正宣は、寛政二（一七九〇）年三月十七日、摂津池田（大阪府池田市）に生まれました。代々造酒を業とし、大和屋と号した家に生まれましたが、幼くして学を好み、長じて賀茂季鷹に和歌を学び、また国学を勉強しました。皇陵の荒廃をなげき、名所旧跡の湮滅を憂い、その考証にあたり、六十六歳のときに『山陵考略』という本を著わしております。文久三（一八六三）年十月、七十四歳で亡くなりました。

このほか谷森善臣がおります。この人は明治時代にも生きておりますが、「九十四歳になりける年の初めに」詠んだ和歌に「百歳（ももとせ）に　まだ六歳（むとせ）さえ　足らぬ身を　老いたりけりと　など思うとき」というのです。実は私は九十四歳の頃はこの短冊を書斎に掲げて「まだまだ」ということで大いに励まされた訳でございます。もうこれが過ぎてしまいましたので、この和歌も私にとりましては古くなった訳でございます。

七　小宮山楓軒の横穴論と阿部恭庵の徳足比賣墓の記録

次に七番目は「小宮山楓軒の横穴論と阿部恭庵の徳足比賣墓の記録」という内容です。小宮山楓軒（一七六四〜一八四〇）は水戸の学者です。阿部恭庵は因幡国の学者です。実はここで特に触れましたのは、小宮山楓軒が『中根村石窟考』という、今、ひたちなか市（旧勝田市）の郊外にあります十五郎横穴を書いている文献があります。この中に「横穴というものは、古代の人の墓である」と書いているのです。今は横穴はいわゆる横穴墓で常識論になっていますが、古代の墓であるということを書いているわけです。

実は明治時代になって、坪井正五郎先生は埼玉県の吉見百穴を大学院の学生の時に調査しまして、住居であるというような説を唱えたのです。段々、反論が出ましたので今度は、はじめは住居に使って後で墓にしたというようなこ

図8　阿部恭庵の徳足比賣墓の図（上）と蓋石の現状

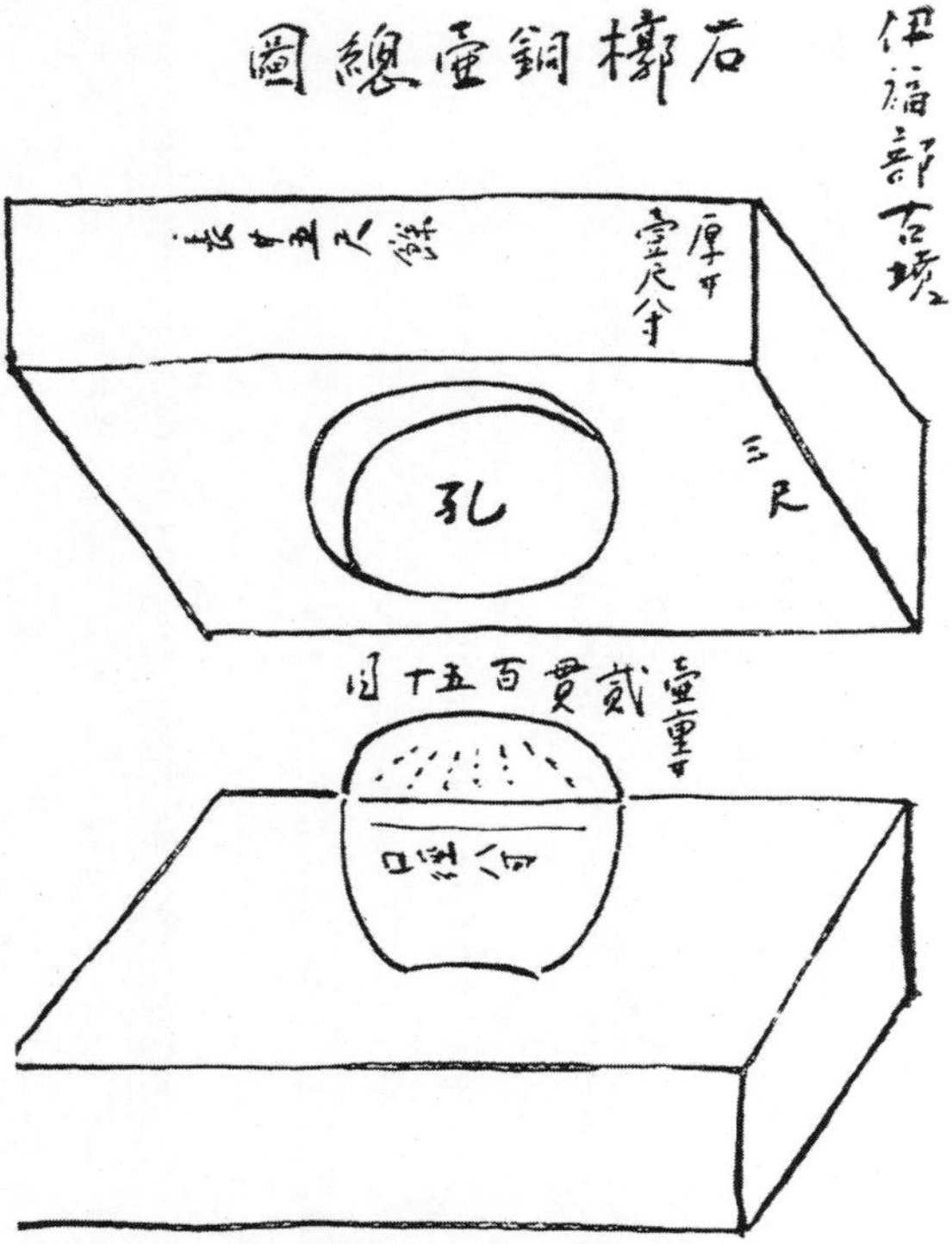

『因幡志』に掲げられた図

蓋石（A石）の円穴

とで逃げているのですが、私は学者の悪い逃げ方の一つの例ではないかと思います。で、私はもし坪井正五郎先生が、小宮山楓軒の本でも読んでいたならば考えが変わっていたのではないかとも思っている次第でございます。

もう一つは、阿部恭庵という人が『因幡志』という本の中に、徳足比賣墓に銘文のある蔵骨器が発見されて、この記録の中に、土坑の深い底に平たい石があり、壺はここに置いてその上に穴があいている蓋石を静かに被せたということを図面まで取って説明しているのです。現在、蓋石が上のほうに横たわって残されていて、そして底石は埋められているのです。

梅原末治先生がやはりこれを調べて、今この上にあるのは、骨壺を入れた底の台石である。そして上の蓋はもう失われて山の下あたりに落ちた。そしてこれを見た農家の人もあるというようなことを書いているんです。

実は私は県に頼まれて史跡としての整理事業に関連して内部を掘ったことがあるのです。そうすると、やはり阿部恭庵の書いたように、見事に底石が残されていたのです。

普通は、この穴のあいているのが骨壺を入れた台石のように思われるかもしれませんが、やはりこういうことで阿部恭庵の記録というのは正しい。梅原先生の考えと報告はミスであったということです。こういう点で、やはり江戸時代の記録というものは非常に貴重なものがあるのではないかと考えさせられる次第でございます。

八　好古家たちの遺物への関心

それから、八番目に「好古家たちの遺物への関心」ということを申しあげます。これは、ご存知のように、先ほど申しあげた新井白石の集古図を始め、多くの人びとが遺物を紹介しています。ご存知のように中良虞臣の『桂林漫録』もその一例です。

また、平田篤胤の『弘仁暦運記考』にも銅鐸を取りあげております。さらに先ほどの松平定信の『集古十種』も各

図9　松平定信の『集古十種』の中の鏡の図

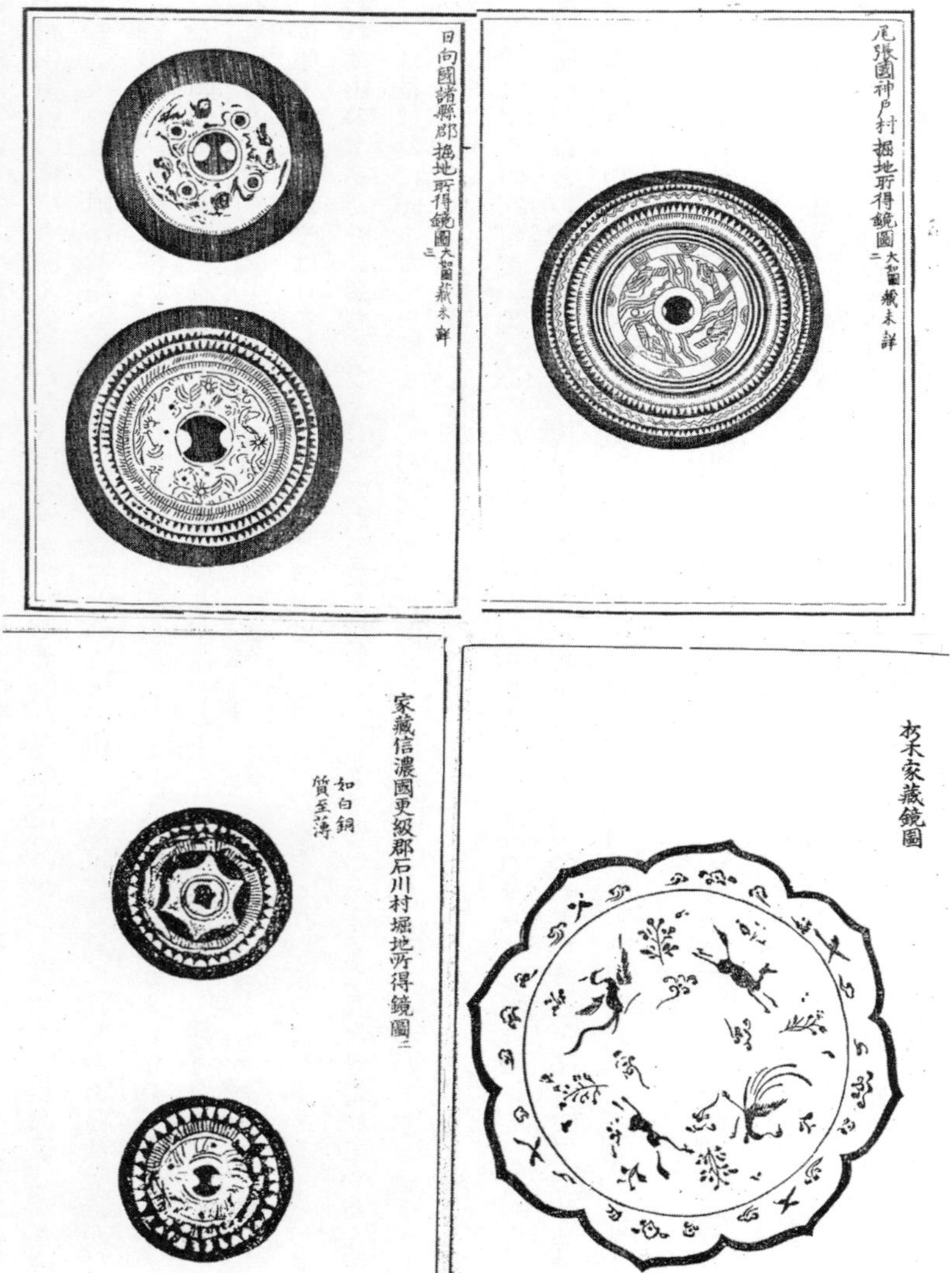

地の出土品を丹念にまとめております。

こういう点で、やはり江戸時代の人々が全国の出土品について情報をキャッチしたり、その資料を集めて丹念にまとめていることも高く評価いたしたいと思っております。

九　金石文資料の集成と年表の作製

次に「金石文資料の集成と年表の作製」という問題でございます。金石文は、ご存知のように、現在やはり非常に大事な研究の一分野ですが、難しい漢字も勉強しなければいけないし、これに取り組む若い研究者も少なくなっているのではないかと思うのです。また、金石文の研究には先ほどのようにやはり拓本も採る必要がある訳でございます。

この研究は、近世にも多彩なものがあり、多くの先覚が研究し、本を著しております。狩谷棭斎の『古京遺文』もその一つですが、とくに、ここでは年表的なものをあらわした西田直養と鐘銘をとりあつかった岡崎廬門を紹介したいと思います。

西田直養（一七九三〜一八六五）は、小倉藩士の子でした。天保九（一八三八）年『金石年表』を著わしました。推古天皇元年から慶長十九年までの資料を年表の形式でよくまとめており、この種のものの最初の文献といってよいと思います。

岡崎廬門（一七三四〜一七八七）は京都の人で、安永七（一七七八）年に山城・大和・河内・和泉・摂津の梵鐘の銘文をまとめました。『扶桑鐘銘集』です。

十　発見された遺跡・遺物の記録を残した人

次に各地にいた多くの好古家たちは、遺物の発見の情報を耳にすると、現地に行って調査したりして、その記録を残しております。ここに二つの記録を紹介します。

青柳種信の三雲遺跡の報告

斎藤貞宣の桑山古墳の報告

青柳種信は、ご存知のように、福岡県の三雲遺跡を丹念に調査している訳です。私もこの遺跡を実際に踏むとともに、種信のお墓——福岡にございますが——にもお詣りして風格をしのんでいるのですが、この三雲遺跡について丹念に報告をしております。『怡土郡三雲村所堀出古器図考』の名です。

文化五（一八〇八）年二月二日、怡土郡三雲村（現在前原市三雲）南小路で発見された甕棺とその出土品を記録したものであり、弥生時代の遺跡・遺物を取り扱った最初の報告書ともいえます。

斎藤貞宣は毛利藩に仕えており、天明五（一七八五）年四月、防府市桑山の小丸山に藩主が小亭を建てるとき、発見された古墳について調査しまとめました。

貞宣は、国学を修め文事および吏務に功績のあった学者で、文化十三（一八一六）年七月から同十五年二月まで、三田尻町方両人役並に御舟倉本締役、屋敷方横目役を兼務し、文政三年五月から同五年三月までは、三田尻下代役の任にあったといわれています。

本書の『桑山古墳私考』と題するものの内容は、位置を図であらわして説明し、出土品についても、図とともに記述考証しています。中には「八咫鏡」を引用するとともに、その形がまるいことを立証したり、「蛇行状鉄器」を図であらわしたりして見るべきものがあります。

実は、私、大学を卒業してから京都大学の考古学研究室で勉強した時に、梅原末治先生の机が私の机のそばにあったためいろいろと雑談的な話をしたのですが、ある時先生が何を思ったのか「斎藤君、学者の研究論文というのは、学問が進歩するに伴ってその価値は失われるだろう。しかし、報告書というものは、いつまでもその価値は失われな

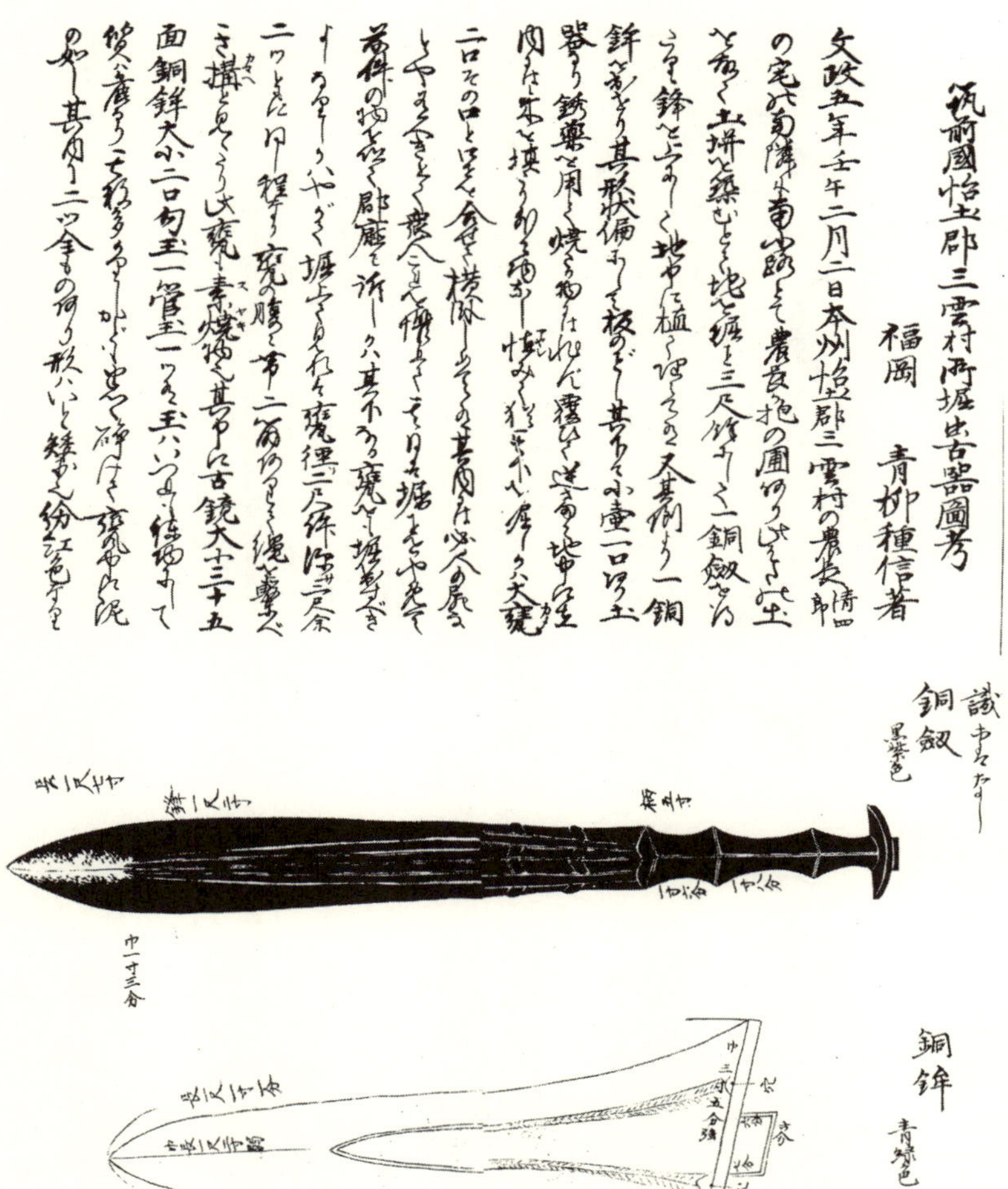

図10　青柳種信の『怡土郡三雲村所堀出古器図考』と出土の銅剣・銅鉾の図

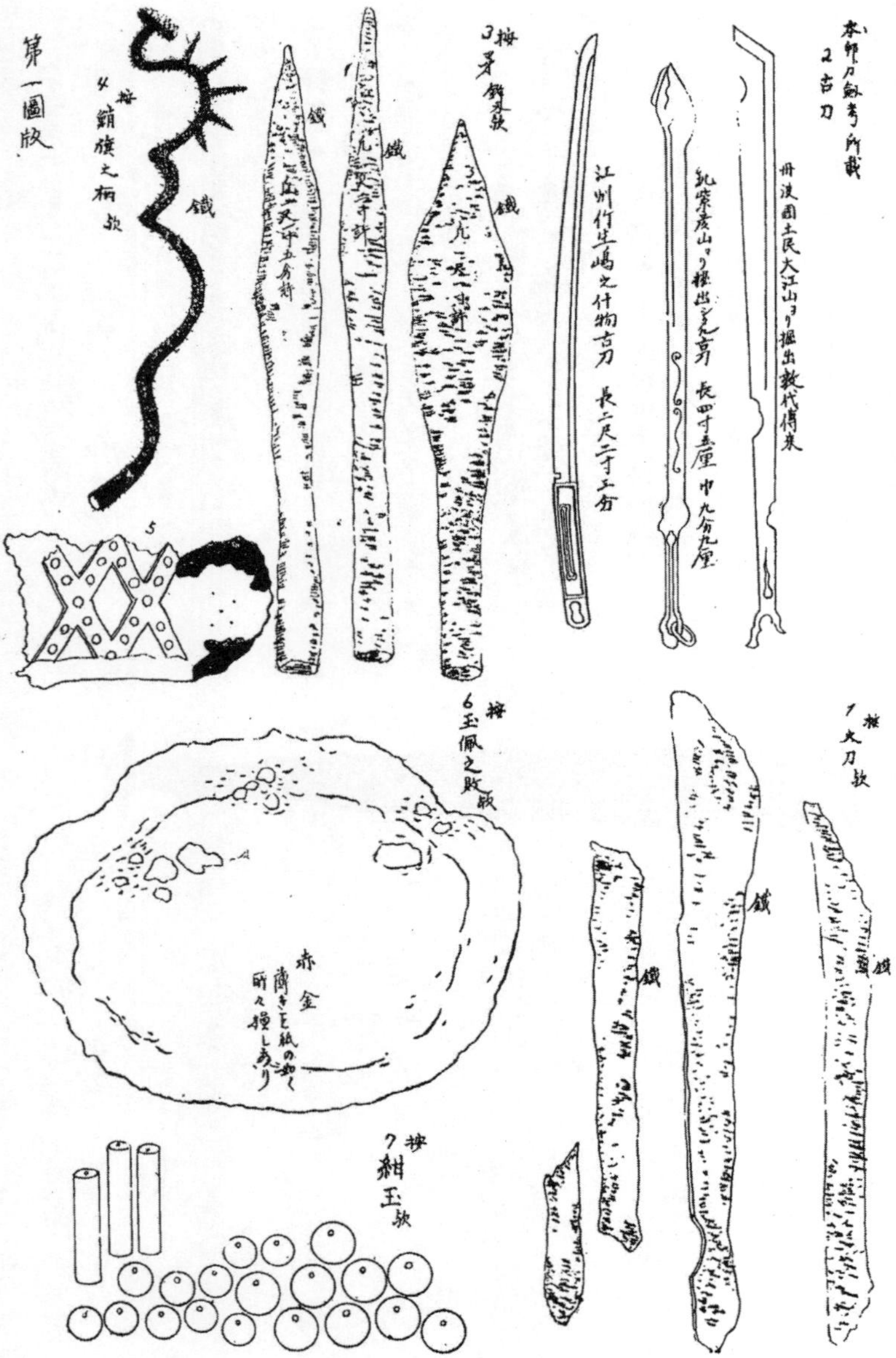

図11　斎藤貞宣の『桑山古墳私考』の中の出土品図

いだろう。」というようなことを話しました。先生がたしか石清尾山古墳の報告書を書いていた時でございますが、本当にそうだと思うんです。

やはり『桑山古墳私考』とかあるいは『柳園古器略考』というような報告書的なものは今なお研究書として生きているのではないかと思っております。

十一　旅ゆく好古家の記録

それから、次に「旅ゆく好古家の記録」ということを申し上げます。江戸時代、多くの先覚は旅をなし、丹念に記録をとっております。そしてこれを発表いたしております。

そういう点では、例えば、先ほどもふれました本居宣長は『菅笠日記』というのをまとめました。これは大和方面を旅行した記録です。菅笠を被って旅をしたというのでこのような題名になったものと思われます。奈良県の古墳などもたずね次のような文もあります。

「塚穴といふいはや有りときゝつれば、細き道をたどりゆきて見るに、口はいとせばきをのぞきて見れば、内はやゝひろくて、おくも深くは見ゆれど、闇《クラ》ければさだかならず、下には水たまりて、奥のかたにその水の流れいづる音聞ゆ。これは何の塚ぞととへど、しるべのをのこもしらぬよしいへり」。とにかく丹念に記録しているのです。

それから関東では、奈佐勝皐は『山吹日記』というのを書いている。この人もやはり江戸を発して上野《こうづけ》の三碑などを丹念に記録いたしております。なお、旅人の中で、大阪行者といってよい松浦武四郎（一八一八〜一八八一）を忘れることはできません。

私はかつて「松浦武四郎の考古学観」（『日本歴史』三七八号、一九七九年）という論文の中でも触れたことがありますが、とくに幕末の頃、北海道に旅をして多くの紀行文を書いております。例えば『十勝日誌』もその一つです。安

図12　松浦武四郎の図と菅江真澄の図

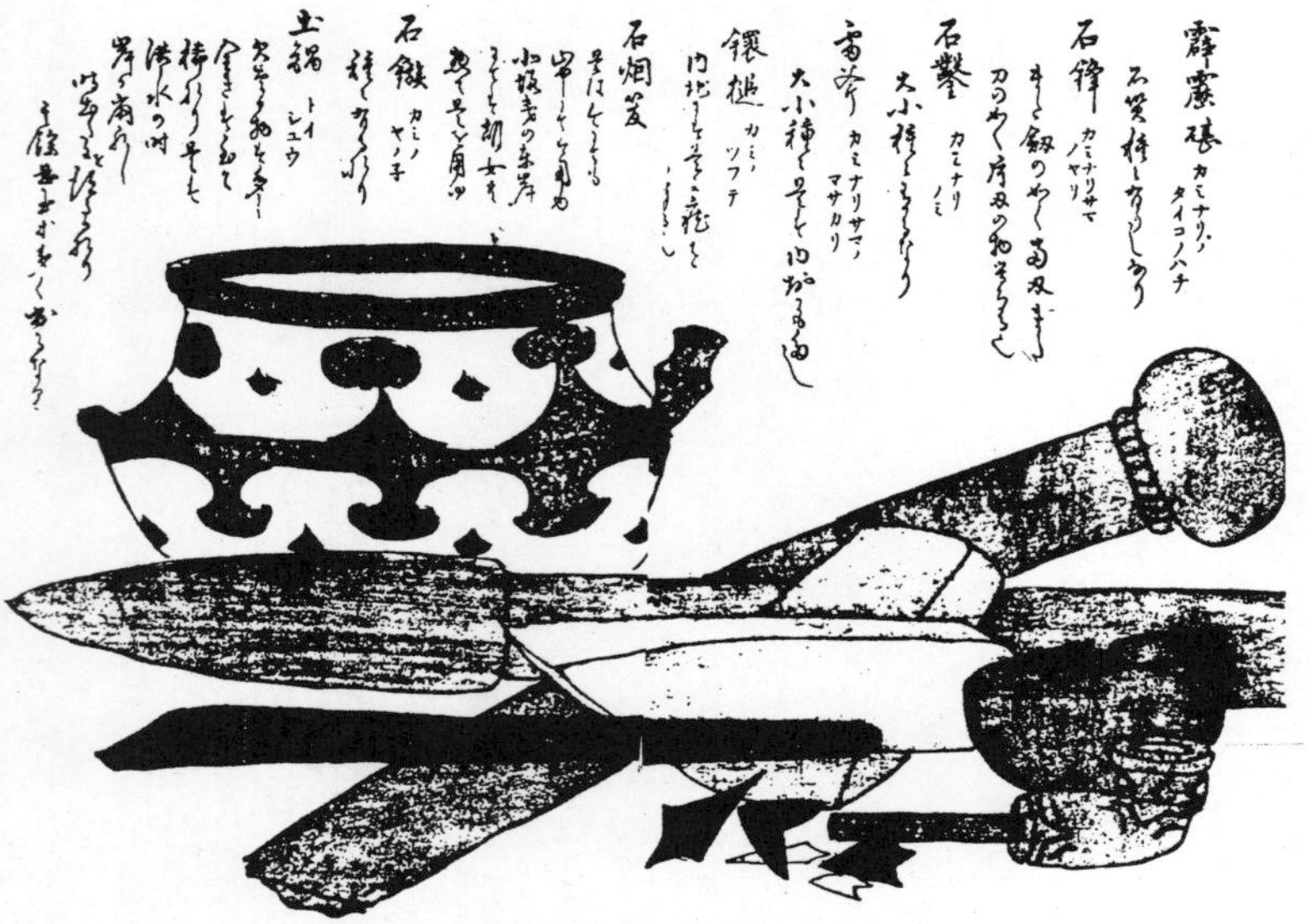

松浦武四郎『十勝日誌』にみられる土器・石器図

菅江真澄『おがのさむかぜ』朝鮮の銭

政五（一八五八）年二月から三月にわたり旅行しております。

往古、此所にて土人共合戦を至せしとて碧砮文鈹を拾う事有。我も三枚を拾うたり。また大雪の後は、霹靂砧・土器類をも拾う事有と。

などと書いております。

菅江真澄（一七五四～一八二九）もその一人です。とくに、秋田地方に旅をし、埋没家屋を記録し、男鹿の浦に流れ着いた朝鮮半島の小舟の貨銭を記録しています。

苦労の多い旅の中で当時の人はきちんと記録をとっていたということは、我々学ばなければいけないのではないかと思っております。

十二 「金印」をめぐる人びとの記録に思う

最後でございますが、『「金印」をめぐる人びとの記録に思う』というテーマでお話します。金印については皆さまご存知だと思いますが、ここに香取秀真先生の作った模型を持参しました。考古学会の記念品なんです。これが志賀島で見付かったのです。私は志賀島にも何回か、出土地を探求するために足を運びました。

これについては、発見者の甚兵衛の口上書もあり、これに関連して黒田藩関係の学者の研究があることはご存知のことと思います。

ここに、私が、特にこのテーマを取りあげたのは、最近、金印を偽物とする説が発表されているからです。実は、この偽物説は前にもあり、この時も、私は真正なものであることを述べております。

甚兵衛の素直な口上書また当時の学者の真面目な研究から見て、これを偽物とすることはできません。なお、私は『日本の発掘』（一九八一年）の中で、この金印の発見のことを記し、甚兵衛の口上書も載せております。次のようなものです。

図13　金印の押印と志賀島

金印を押した状態
（一辺2.347cm）

（実物より押印したもの）

那珂郡志賀島村百姓甚兵衛申上ル口上之覚
私抱田地叶の崎と申所、田境之中溝水行悪敷御座候ニ付、先月廿三日右之溝形《みぞな》り仕直シ可申迚、岸を切落シ居申候処、小キ石、段々出候内、弐人持程之石有之、かな手子《てこ》ニ而掘リ除ケ申候処、石之間ニ光リ候物有之ニ付、取上《とりあげ》水ニ而すゝ起《ぎ》上、見申候処、金之印判様成物ニ而御座候。私共見申たる儀も無御坐品ニ御坐候間、私兄喜兵衛、以前奉公仕居申候福岡町家衆之方へ持参り、喜兵衛より見せ申候へハ、大切成《なる》品之由被申候ニ付、其儘直シ置候処、昨十五日庄屋殿より、右之品早速御役所え差出候様被申付候間、則差出申上候。何レ宜様被仰付可被為下候。奉願上候。以上。

志賀嶋村百生《ママ》
甚　兵　衛㊞

天明四年三月十六日
津田源次郎様
御役所

もし皆さんも機会があったならば、福岡から簡単にバスでも行けますので、志賀島に一回行って、その叶崎というところの海岸あたりを見学されたらいいのでないかと思っておりますが、こういうような点で改めて今日最後にこれを取り上げたのです。

ほかにもいろいろとお話をしたいと思いますが、時間の関係で省かせていただきますが、お配りした資料の中で木内石亭の「君が代」を、紹介したいと思います。

木内石亭が八十三歳の時にこの「君が代は　千代に八千代に　さざれ石の　巌となりて　苔のむすまで」と、書いているというのは、君が代の研究の場合に重要な史料になるのではないかと思っている次第でございます。

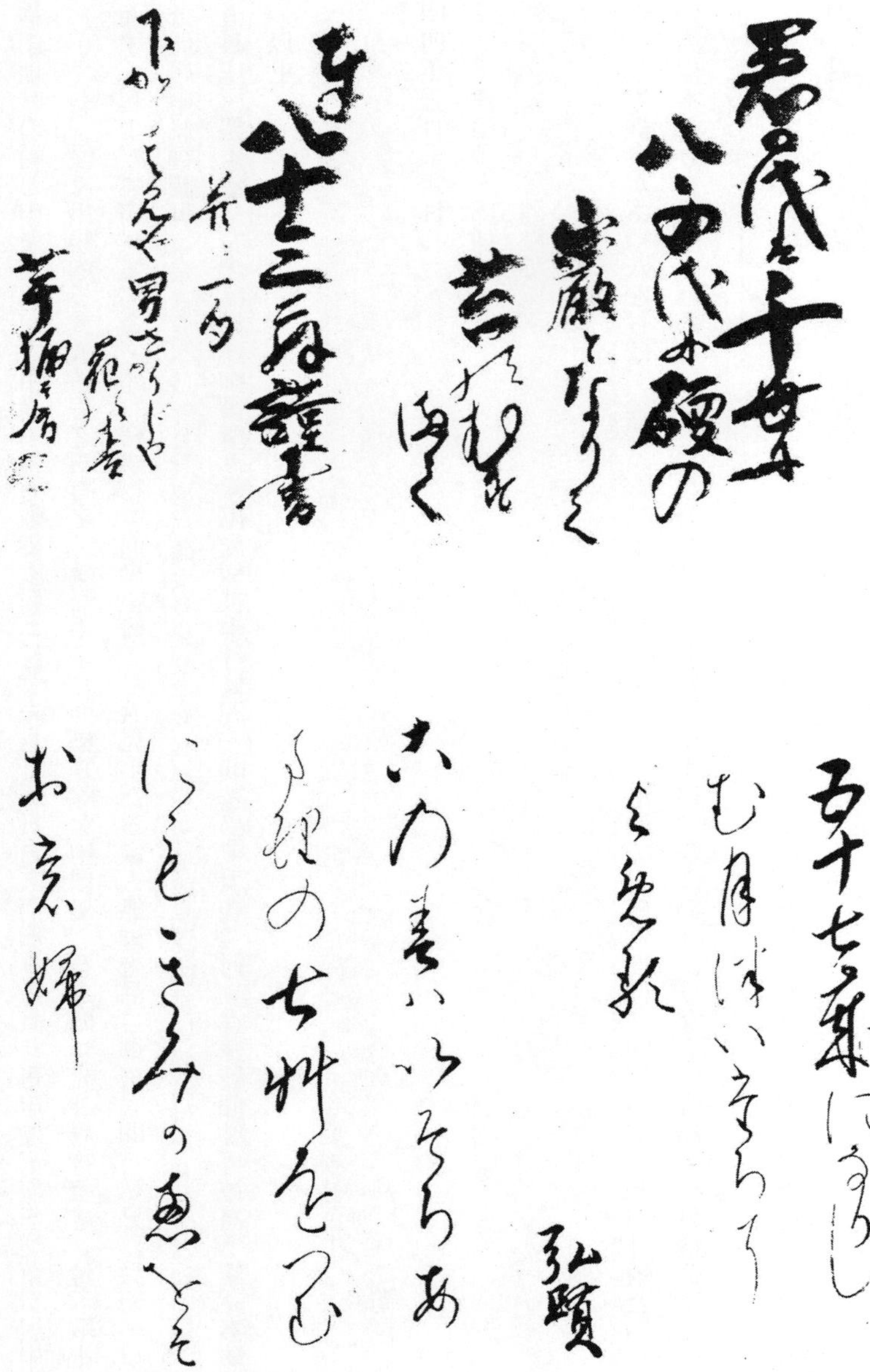

図14　木内石亭と屋代弘賢の筆跡

それから屋代弘賢の大きな掛軸をご覧にいれます。実は私も今年の正月にはこの掛軸をかけて弘賢をしのびましたが、正月の七草のことを書いております。図14の右の下にこの歌の文言を書いております。

私の研究・仕事の中で思い出すのは、やはり江戸時代の先覚たちなのです。本居宣長が『古事記伝』をはじめ大著を作っています。膨大な本を使って、コピーのない時代にいろんな本を借りたり写したりした。そしてまた夏は暑さと蚊に悩まされ、冬は火鉢で暖をとり、寒い風に吹かれながら頑張った。めぐまれた環境のもと現代の我々はもっと頑張らなければいけないということで、私自身はやはり励みにしている訳でございます。

江戸時代の考古学者、好古家の研究がますます前進されることを心から期待する次第でございます。

これで、私のお話を終わらせていただきます。ご清聴ありがとうございました。

椙山　どうもありがとうございました。先生お一人でずっとお話しいただいてしまいました。テーブルにいる人達からも先生のお話を聞いて一言ずつお願いしたいと思います。金印をみんなに回しております。香取秀真《かとりほつま》先生という人についても、話さなければいけないと思いますが、あれは考古学会の何か記念品で下さったんですか。

斎藤　そうなんです。あれは昔、かつての考古学会の終わったあとの宴席で記念品をくれたり、福引したり、楽しい学会だったのです。その中に香取秀真先生が金印を作って、記念に配ったことがありました。

椙山　そうですか。大学にも一つあるはずなんですけれども、めったに見る機会がないと思いますので。金印の偽物説も昔からないことはないんですけれども、印面の彫り方を見てほしいと思います。はじめに、柳田康雄先生、三雲遺跡の甕棺のところを後になりまして再調査されていますね。文政の後、昭和何年ですか。

柳田　はい。斎藤先生から本当に懐かしい話を含めていろいろお伺いしました。その中の青柳種信については私も発見地の伊都国の地域に、原田大六さんと一緒に平原《ひらばる》遺跡を大学の在学中に発掘しているんです。その関係もありまして、その後私は県の教育委員会の発掘担当者になりまして、三雲遺跡の発掘調査に関わりました。それでこの青柳種信が残した記録が非常に正しかったものですから、トレンチ一発で当てまして、その再発掘に成功したんです。

斎藤　ああ、なるほどね。

柳田　甕棺こそ残っていませんでしたが、その時発掘した土を発見しまして、それと大きな穴を発見しまして、取り残しの遺物が、鏡の破片などがざくざく出てきたんです。そしてさらにその横にもう一つ、もっと早い時代、平安時代に発見され取り残された甕棺がありまして、二基が対で甕棺があったということがわかった訳です。甕棺墓二基の合計で前漢鏡だけで五十七枚入っていました。

斎藤　大へんな調査でしたね。

柳田　はい。そういうことがあったのですが、これがまさに青柳種信が発掘した場所だということがわかったのが、種信の残した拓本、それから実測図が非常に精巧なものであったということですね。その青柳種信の拓本に私共が発掘した破片がここにぴたりと入った。そういう風に青柳種信は、まず現在の考古学で基本的な、先生のおっしゃった、まさにまず出土品の記録を丹念に取って、さらにはこれがどういうものであるかという考察まで書いているんですね。しかも『魏志』倭人伝も引用していますし、これらが皆中国から来た漢時代のものだという風に書いてあるんですね。ですからまさに今の考古学と同じ手法で記録を残している。私は非常に伊都国に関心を持ったというか早くから発掘に加わったものですから、青柳種信には非常に関心を持って勉強して参りました。

椙山　篠原祐一さんに今回は蒲生君平の『山陵志』が基になって幕末の頃の、宇都宮藩の山陵修復に影響を与えているということから、話してもらったんですが。

斎藤　蒲生君平はいい仕事をしたと思います。ぼくは蒲生君平の少し後の時代に生まれ、『山陵考略』を著わした山川正宣《まさのぶ》（一七九〇～一八六三）の資料を持っています。これも山陵修補を考えるのに参考になります。幕末の修理の大事業は戸田大和守忠至《ただゆき》です。私はこの関係の資料も保存しています。

篠原　蒲生君平が行ないました考証学は、自らの目で見、耳で聞いて蒐集した資料をもとにしたものです。資料を自らが確認することは学問の基本ですが、交通機関や車のない時代です。どこまでも自分の足で歩いて調査しなくてはなりません。まさに命懸けで、その情熱や直向きさ、執念には、襟を正さねば向き合えない清冽さを感じました。また、そうして上梓された刊行物や、その過程である推敲原稿が、蒲生君平資料として今日に伝えられています。こうした、思考の経過を検証出来ることは、大変重要であると思います。

斎藤　蒲生君平はすばらしい人物です。

篠原　はい、先生のご研究「蒲生君平と『山陵志』」などを拝読させていただいております。栃木県での蒲生君平資料は、栃木県立博物館と栃木県立図書館、宇都宮市蒲生神社の三箇所に纏まったものがあります。県立博物館には、蒲生君平の本家「福田家」に伝わる資料が保管されています。この福田家は明治時代に蒲生姓へ改姓し、資料も「蒲生家文書」として当代の蒲生正行氏が寄託されたものです。また、県立図書館には、蒲生君平研究の第一人者でありました高濱二郎寄贈資料が収蔵されています。そして、蒲生神社には、宮司の葭田孝氏が収集した資料があります。

　私は、それらを調査させていただき、幼年期の書付や旅の日記、書画や旅装束など、君平の人となりがうかがえる資料が多い印象を覚えました。その中で感銘を受けましたのは、幼年期から青年期に書き写し、注釈などを加えた『荘子』『孟子』『戦国策』などの漢籍です。書き写すことの少なくなった昨今、その意味を考えさせられましたことは勿論、こうした漢籍の素養は、本邦の歴史上、重要な教養であった事実に気付かされました。漢籍の大半は漢代の成立で、古墳時代中期の頻繁な大陸交渉の中、中央支配者層に影響を与えたと考えられます。そして、その後も知識層の教科書的な存在となり、江戸時代の後半には、庶民にまでその裾野は拡がっています。現代の我々に馴染みがないだけで、本来、歴史を考える材料として、知っておかねばならない基礎であると思いました。そして、物証史学である考古学研究者に欠けているものの一つであると思いました。私も、遅ればせながら漸く漢籍を読み始めたところです。

蒲生君平資料は、戦前の忠臣顕彰の風潮の中で、出尽くした観があります。それにも関わらず『山陵志』に使用された原資料はほとんど見出せませんでした。君平本家の福田家が道中合羽や菅笠まで伝えていることから考えますと、山陵関係の資料は、文久の山陵修補の際、宇都宮藩に移されたのではないかと推測しています。今後、高山彦九郎のように交遊関係を知り得る資料と、『山陵志』『職官志』などのために蒐集した資料類が増加すると、さらに研究が進むものと思います。

最後に、蒲生君平や宇都宮藩山陵修補関係の原資料に触れる機会を得、こうした資料を先祖伝来の家宝として守り続けてきた方々の御苦労と、その基となった「資料を後世に託す」という姿勢の重さを感じました。特に後者は、徳川光圀に代表されるように、江戸時代の学者中に散見できる考え方で、今日の文化財保護の理念に通じるところがあると思います。こうした近代以前の学問への姿勢も、私共は積極的に評価していかなくてはならないと存じます。

椙山　眞保昌弘さんは那須の風土記の丘資料館におられて、ちょうどこの企画をした頃に徳川光圀の展覧会を企画して開かれました。そのことがあったので眞保さんに光圀の話をぜひしてみてくれということだったのです。

眞保　全国的には、「栃木県」よりもどちらかというと「日光」とか「那須」の方が著名であり、特に那須には御用邸があり、毎夏天皇家がご静養になるなど身近な雰囲気が感じられるところです。また、光圀による国造碑や侍塚での、わが国で初めての発掘調査、記録化、保護管理が行なわれるなど歴史研究の原点でもあり、この地で文化財を担当する者として常に重い責任があることも認識しています。

斎藤　私は、那須にある侍塚（車塚）の学史的研究に関連する光圀や佐々介三郎宗惇あるいは大金重貞についていろいろと研究しました。

ついでに申しあげますが、光圀というと、「水戸黄門漫遊記」がテレビで放映され、人気をよんでいますが、私は大学にいたとき、学生諸君にテレビの時代劇はあまり見るなと言ったことがあります。テレビの中にあらわれた本人の人物像を、つい実際のように印象づけられてしまうからです。

とにかく、光圀は侍塚などの発掘態度を見てもわかるように立派な人物です。

特に私が偉いと思うのは上侍塚、それから下侍塚古墳を発掘させ、ちゃんと図面を取っているんです。考古学者がこういう図面を取るのは当たり前ですけれども、当時ちゃんと発掘の前に前方後方の図面を取っていること。そして発見した品物も埋め戻しているということ。

光圀がもし古物愛玩者だったら、あれを私蔵して愛玩したかもしれないけれども、ちゃんとこれを元に収めた。そしていろいろ散らばしたものをきちんと元のように直し、そして木を植えさせた。それで私たちは光圀は考古学史上で偉い人物だと思うんです。

椙山　何か一言ありますか。

眞保　なす風土記の丘資料館は、那須郡役所である那珂川町の那須官衙遺跡に隣接して小川館、大田原市の那須国造碑、侍塚古墳に隣接して湯津上館の二館で構成されています。「風土記の丘」とは、現地にある遺跡とそこから出土した遺物を一括的に調査研究保護活用していくという構想に基づくものであります。元禄期に光圀が行なった発掘や現地への埋め戻し、整備はこの構想に先駆けること三百年という文化財発掘、保護のいわば原点となるものです。このようなことから湯津上館の常設展示はこれら光圀の偉業が主要な要素となっております。また、平成十六年第十二回企画展「水戸光圀公の考古学―日本の発掘那須に始まる―」では、斎藤先生がまとめられた『那須国造碑・侍塚古墳の研究』の前後の部分のところに重点を置かさせていただきました。前段は、光圀がどうして国造碑や侍塚古墳の調査を着手することになっていったのか、『大日本史』編纂とは直接結びつくものではないが、編纂にともなう歴史的素養や光圀の人倫的哲学が基礎となって、水戸藩でも「静神宮印」「神崎寺の経筒」「古墳（川子塚）出土品の保護」などすでに多くの文化財の発見や調査保護、記録化が行なわれており、那須を舞台にそれらの集大成が実施されたのです。これらには偶然の発見や誤読なども重なりましたが、それを整備保護して必然的な結果に結びつけるという光圀の認識は当時としては、傑出しています。

また、元禄五年に一連の保護が完了した翌年、隣藩である烏山藩主の永井伊賀守直敬ら一行が、光圀の偉業を讃えるため国造碑堂へ大名行列を行なっています。また、那須は、源平屋島の合戦で名高い那須与一の本貫地であり、与一を祀った野州恩田社（御霊神社）が旧烏山領恩田村にあったことから、元禄六（一六九三）年与一の偉業を讃えた銘文を刻んだ銅製香炉を寄進しています。

このように、元禄の世に、光圀が行なった文化財保護や先人顕彰事業が那須の地で普及されていったことが明らかになってきています。

椙山　最後に藤貞幹のことについて。阪本是丸さんは熊本出身の阪本家なんですけれども、それが京都にいたこともあって、今回話を頼む時に、藤貞幹の話については阪本さんが一番よいということで話をしていただきました。阪本さんも藤貞幹についてはいろいろと思い入れもありますので、貞幹をよろしく。

阪本　いや、私は椙山先生と斎藤先生に、昭和天皇がお亡くなりになってすぐに神道文化会で十八年前に座談会をしていただいて司会をして以来お目にかかっていないんですけれども。

藤貞幹と言いますより、今日の先生の一から十二まで見て、まあ強引ではありますけれども、ほとんどは藤貞幹にゆかりのある人ばかりだということにも拘わらず、先生以外では、もちろん藤貞幹のファンはかなりいるんですが、このようにいろいろなご本で藤貞幹の資料を使って彼の素顔と言いますか、学者としての姿勢をお書きになっているのは先生だけだと私は思います。

私自身も先生より父は三つほど上で、生きていれば一〇二歳になるのですが、京都の時代から——北野天満宮におりましたものですから、さっきの藤貞幹の『衝口発』であるとか、『好古小録』とかが家にあったものでして、大学に入って演習で梠山さんなんかと考古学の勉強をしているうちに、こういった一風変わった考古学者に子どもの頃からなじんでおったものですから勉強しだしたのですけれども。

先生のご本やあるいは資料集を拝見しまして、今日は嬉しいのはあちこち資料がある。考古学なんかは大体の本は清野謙次先生が紹介しておられるものを含めて全部見て廻って、私も何点か持っているのですけれども、何と言いますか、数から言いましても、清野先生も書いておられますけれども、段々絞って、「これは偽物だなぁ」と思うものは棄てているというような傾向があります。

皆安永年間で同じ年月で出しているんですけれども、一本一本が違っているという。そこに彼の何と言いますか、まじめさと言いますか。それを私が書簡で確信したのは、実はここにも出ております小宮山楓軒とか立原翠軒、柴野栗山といった人たちの書簡などをあちこちで、静嘉堂であるとか昨年は淡路島の洲本の資料館まで行きまして、柴野栗山関係を見てきましたが、貞幹の自筆の、法隆寺の伽藍縁起を写した、これは上田秋成も一緒にやっているんですけれども、そういったもので知られていないものがずいぶん出てきました。

先生がおっしゃっているように、この頃日野龍夫という人がもう何十年前から藤貞幹の悪口を書いて、宣長記念館なんかでも人非人みたいなことを書いているので、そういうのもありまして余計、私は藤貞幹の本当の姿というものを見たいと思うのです。

先生のご意見を一言だけお聞きしたいんですけれども。私は彼に何か一種の思い込みのようなものがあって、その思い込みがあのような偽物を作らせる、あるいは自然とそういう風になってしまう。

つまりですね、いつも私は『古瓦譜』を見ていて、あるいは古印なんかもそうですが、自分の手元にあるので、大宰府をやはり「太」にしちゃうんですね。これを、ここにあるいはないかと思いますけれども、今日持ってきた中にも大宰府で古印なんだけれども「太」にしている。草稿なんか見るとやはり思い込んで作っているのかそれとも元々先輩たちがそういうのを作ってそのまま染み込んだのかわかりませんけれども、どこかに何か、何割か学者として評価が、清野謙次さんにしろ高橋健自さんにしろ褒めたりけなしたりですけれども、どちらが本当なのかと思います。

斎藤　清野謙次先生にせよ高橋健自先生にせよ、貞幹のほんとうの人物を知らなかったのでないですか。とくに、高橋健自先生が貞幹の取り扱った古瓦に偽物が多いとしているのは、少し書き過ぎでなかったのでないですかね。

阪本　それをお伺いしたかったんです。どうもありがとうございました。

棡山　今日、斎藤先生にお話いただいた訳ですけれども、やはり江戸時代から日本の学問というものは、徐々に発達してきていることもあって、明治になってから外国人の学者が来て刺激を受けたことは明らかであります。しかし、それだけではなかったということをぜひ、学史をやる以上はやはり丁寧に見ていかなければいけない。

そして、斎藤先生がずっとこのような、今日わざわざお持ちいただいたんですけれども、いろいろな資料を集めておられる。その資料を集めて、現物と言いますか、当時の状況を資料で見るということはやはりどうしても必要なものですから、そのことを見ながら江戸期の学者達がどう研究していったか。確かに今のようにコピーがある訳ではない、写真がある訳ではない、そういう時代で、また、交通の便も非常に悪いと。それを皆承知と言いますか、我々が承知していなければいけないことであって、その中で彼らは一生懸命拓本を利用したり、筆で描いた絵ですね。そういうものを書き残しているということが、当時とするならば最大の努力だろうと思います。

そういうことを見ながらどうも評価がまだ低いのではないかというようなこともありまして、今日名前が挙がった人たち以外にも、地方でも結構それぞれ、いろいろな研究者がやっていますので、こういう人たちもできれば探し出して検証していきたいと思うのです。中央で知られた人だけではないということを、今後もぜひ考えていかなければいけないと思うのです。

時間が延びて申し訳ございませんが、今日はとりあえずここで閉じさせて頂きたいと思います。どうも斎藤先生、ありがとうございました。（拍手）

講演 近世四人の学者

黄門様の考古学

――一六九二年光圀、侍塚を発掘調査する――

眞保昌弘

ただいまご紹介いただきました、栃木県立なす風土記の丘資料館の眞保と申します。

本日は「黄門様の考古学」ということで、椙山先生からこの機会を与えられ誠にありがとうございました。本日ここにお集まりの方々も、「黄門様」ということでご存じだと思いますが、「水戸黄門」なのに、なぜ栃木の人間が説明するのだということ、たぶん疑問に思われた方がいらっしゃるかと思います。

実は水戸は茨城県、私どもの那須は栃木県ということになりますが、水戸黄門の領した水戸藩は、那珂川をさかのぼり那須までのびてきていました。

諸国を漫遊していろいろな事件を解決している「黄門様」がテレビでも有名ですが、本当はあのように全国を津々浦々漫遊したことはありませんで、かなり限定された地域で、しかも歴史編纂や文化財保護に素晴らしい成果を上げたというのが実像であります。

その中で、今日話をさせていただきます「侍塚古墳」や「那須国造碑」においては、学術的な目的により発掘調査を行ない、そして、それを絵図や記録に止め、出土品は私することなくそれをまた埋め戻し、墳丘の壊れた部分は改修し、墳丘が崩落しないために松を植林するという整備までいたしました。また、国造碑の場合は、碑を再建し、土地を買い上げ、覆い堂を造り、管理人まで選任しています。

そういう一連の発掘のみならず文化財保護の偉業は、日本では始めての行為であり、今日このテーマの話を栃木県那須の私がするということになったのです。

よく黄門様、水戸の黄門と呼ばれますが、この「黄門」というのは中国唐の官名「黄門侍郎」のことであります。これは日本では「中納言」の位にあたり、実は水戸藩の藩主、歴代十二人ですけれども、若くしてお亡くなりになった方以外はすべて「水戸の黄門」になります。ですから黄門は光圀一人だけではないのですが、「黄門」は「光圀」の別名に固定化されています。きょうは「黄門様」こと水戸光圀の事跡、とくに考古学というか文化財保護の部分につきましてのご説明にしぼって申し上げたいと思います。

宣伝になりますけれども、風土記の丘資料館というのは全国に十七ほどあります。その中で栃木県には「しもつけ風土記」と「なす風土記」というのがあります。全国十七のうちの二つが栃木県にありますが、「なす」は実は那須国造が置かれたということで、栃木県の中にあってもまったく異質な文化があった、そういう地域が那須でありまして、それを保存していくために、風土記の丘資料館というものができました。風土記の丘資料館も小川館と湯津上館の二つがありますが、小川館のほうがどちらかというと通史的な展示をする。そして湯津上館は一連の水戸光圀公の那須地域での考古学をメインテーマとして二館は、機能分化しています。

まず、光圀の生涯につきまして若干触れていきたいと思います。光圀がいろいろ歴史的なことに興味をもつ、またそれをライフワークにしていくのはいったいどういうことからなのか、それが以後の光圀のいろいろな文化財保護事業にかかわるポイントになってきます。とくに少年期の光圀の置かれた環境、また、その処遇が生涯にかかわってくるということになります。

そしてそのあと、光圀は志を立てます。これが十八のときです。十八の「志」により、その後一生涯かけて後に

『大日本史』と呼ばれる歴史書をまとめていくことになります。そして一連の歴史や地理的調査を実施していく。そういうことを着々と進めていきました。

また、いわゆる諸国漫遊ということが言われていますけれども、本来は諸国ではなくて、主に水戸藩領内の巡村を行ないました。その領内でいったいどういう活動をしたのかということを次に触れたいと思います。

そして次に、水戸藩史を編年体でまとめた『水戸紀年』に出てくる名称である「古碑・大墳墓」が先ほど申し上げました那須国造碑と侍塚であり、この二つの調査、保護について触れます。

そして、いったい光圀はどういうことでこれらの調査をしたのか、その目的に触れまして、最後まとめという形で進めさせていただきたいと思います。

一　光圀の生涯とその時代

光圀の説明をする前に、家康の子孫について説明をしたいと思います。

光圀は徳川家康の孫にあたりますが、家康には全部で十六人子供がいたということが言われております。そのうち十一人が男子でありまして、女子が五人ということです。

見ていきますと、長男は織田信長によって殺されたといいますか、自刃を迫られました。そして二番目は養子に出してしまいました。三番目の秀忠が二代将軍になります。その次の四番、五番は早くしてお亡くなりになります。六番目の忠輝というのは非常に個性的な方でありまして、伊達政宗の娘を妻にしているのですが、この方は家康の逆鱗に触れまして、最終的には川中島に蟄居されるという、非常に不遇な生涯を送ります。その次の松千代、仙千代という方も、早くしてお亡くなりになる。そして九男義直、十男頼宣、十一男頼房がいわゆる御三家と呼ばれる方々になります。

表1　家康の子　将軍家と御三家

家康の子と御三家

長男	信康（岡崎）	天正七（一五七九）年二十歳で母築山ともに信長より自害命じられる。
次男	秀康	（羽柴、結城の養子ののち越前福井六十万石）慶長十二年三十八歳で没
三男	秀忠（将軍家）	徳川二代将軍
四男	忠吉（尾張四十二万）	慶長十二（一六〇七）年二十一歳で没
五男	信吉（武田姓、水戸二十五万石）	慶長八（一六〇三）年二十一歳で没
六男	忠輝	（佐倉十万石のち川中島）
七男	松千代	慶長四年（一五九九）五歳で没
八男	仙千代	文禄五年（一五九五）一歳で没
九男（御三家）	義直（尾張家）	尾張六十一万九五〇〇石　従二位権大納言
十男（御三家）	頼宣（紀伊家）	紀伊五十五万石　従二位権大納言
十一男（御三家）	頼房（水戸家）	水戸二十五万石後三万石加増　水戸従三位中納言　家康六十二歳の子　関ヶ原のち伏見城で生まれる。母お万、養母お勝（英勝院）

家康の晩年、二代将軍となった三男秀忠のほか生き残って徳川の名を辱めなかったのは、九男義直、十男頼宣、十一男頼房の三人でした。

御三家の序列は石高第一位の尾張が従二位権大納言、第二位の紀伊は従二位権大納言、第三位の水戸が従三位権中納言といった長幼の順となっています。

ですから徳川家康の子供には男子が十一人いるのですけれども、忠輝を除いて結局この四人が徳川時代になっても生存していたといいますか、残っていた男子が、将軍の秀忠と、そしてこの御三家のみだったことになります。そして、将軍に何かあった場合は、この御三家が将軍を助ける、もしくは将軍になる、そういうような位置づけが形成されてきました。

よく尾張、紀伊、水戸という順番で呼ばれますけれども、それは九番目、十番目、十一番目ということで、兄弟の順序が、石高の順序にもなっています。尾張は六十一万石、紀伊は五十五万石、そして水戸は三番目、二十五万石というような形で、長幼の序によりまして、石高も異なったわけであります。ですから御三家の中の一番ということを、いつも尾張が気にしているのは、このようなことからになります。

江戸時代の制度に「定府」制があります。これは基本的に勤務地が江戸だということです。「参勤交替」という制度がございますが、すべての大名が参勤交替をするかといいますとそうではありません。水戸が江戸から近いということもあるのでしょうけども、御三家の中では水戸藩主は定府という形で江戸詰めになります。ですから光圀のことをドラマで「天下の副将軍水戸光圀公にあらせられるぞ」というようなときにいう「副将軍」、これは制度上には見当たりませんが、いつも将軍の側にいるそういう立場にあることから生み出されたものなのかもしれません。

【水戸光圀の生涯】

続きまして、「光圀の生涯」を見ていきたいのですけれど、生まれたのが一六二八年、そして死んだのが一七〇〇年。七十三年の生涯を六期に分けることができるといわれております。光圀は先ほど申しました御三家の中の十一男頼房の三番目の子供として生まれるのですが、二番目の方が早くお亡くなりになりまして、長男を追い越して光圀が世子（お世継ぎ）となるわけです。これまでを幼年期と言われております。そして十八までがいわゆる「青春期」、今で言えば青春時代、非常に活発な方でした。そして十八で「修史」と「譲国」の志を立てます。それからがいわゆる「立志期」と呼びたいと思います。

そして、父の頼房がお亡くなりになって光圀が三十四歳で藩主となる「藩主期」。そして今度は六十三歳になりますと、いわゆるご隠居さんと呼ばれるように、自ら隠居いたします。そして水戸に帰るのですが、水戸から北の常陸太田に自分の隠居所「西山荘」を構えまして、そこで悠々自適な隠居生活を送ります「隠棲期」。この時期が光圀の最も充実した時代ではなかったか、この段階で領内巡村を活発化させていきます。そして最後は、死後ですけれども今も私たちの心の中で脈々と「光圀伝説」というのが生き続けていて、おそらくこれからもいろんな伝説がつくられ、また、新たなストーリーがつくられていく、死後も光圀は生きているということで「伝説期」。大きく六つの段階が設定できるのではないかと思われます。

その中で特徴的なことについてお話をしたいのですけれども、先ほど申しました六歳のときに世子といたしまして、お世継ぎに決まります。それはだれが決めたのかと申しますと、実は御三家には附家老がおり、水戸藩では江戸幕府から中山備前守信吉が命ぜられていました。そして基本的に江戸詰ですけれども、江戸から水戸にきて、だれがお世継ぎに相応しいかということで長男頼重ではなく光圀を世子としたほうがいいのではないかということで、光圀がお世継ぎに決まるわけです。

ところが光圀はお兄さんを追い越して藩主になるということが非常に許せませんでした。それによって悶々とした青春時代を送るわけであります。これは当時のルール違反であり、そのことを自分の中で許せない気持ちでいっぱいでした。

その後、十八歳で志を立てますが、その段階で光圀は、兄の四国高松藩主の子を水戸藩の養子に迎える「譲国」を決意します。ですから兄の子に水戸藩をお返しするという、そういうような考え方に発想転換をいたしました。それほど、きょうのキーワードになります「義」・人としての筋道、これがまさに水戸光圀が一生背負って生きていたものになります。この「義」は義理であるとか正義であるとかの「義」ですね。これを大切に守り、これを通す。正すために歴史の編さんも行なうというような状況が、非常によく見てとれるわけであります。

表2　光圀関連年表

年号	天皇	西暦	将軍	内　容	備考	区分
天文11	後奈良	1542		家康　岡崎城で誕生		
永禄9	正親町	1566		姓を徳川と改める		
天正7	正親町	1579		三男秀忠（二代将軍）誕生		
天正10	正親町	1582		本能寺の変で信長死す		
慶長8	後陽成	1603	家康	十一男頼房（水戸家初代藩主）誕生		
慶長8	後陽成	1603	秀忠	家康征夷大将軍となる		
慶長10	後陽成	1605	秀忠	秀忠二代将軍となる		
慶長19	後水尾	1614	秀忠	頼房水戸入封		
元和9	後水尾	1623	家光	家光三代将軍となる		
寛永5	後水尾	1628	家光	頼房三男光圀（水戸家二代藩主）水戸で誕生	長丸のち千代松	幼年期
寛永10	明正	1633	家光	附家老中山信吉、水戸家嫡子に光圀を選ぶ	6歳	
寛永12	明正	1635	家光	参勤交代制確立		青春期
寛永13	明正	1636	家光	光圀元服「光」字を三代将軍家光より賜う　従五位上	9歳	
寛永17	明正	1640	家光	従三位　光圀に三人の「傅」（守役）をつける	13歳	
寛永20	明正	1643	家光	頼房と熱海へ『小野言員諫草』粗暴な行動	16歳前後	
正保2	後明正	1645	家光	『史記』伯夷伝を読み感銘を受ける	18歳	立志期
承応3	後光明	1654	家綱	前関白近衛信尋息女尋子（泰姫）と結婚する	27歳	
明暦3	後西	1657	家綱	駒込中屋敷に「史局」修史開始	30歳	
寛文元	後西	1661	家綱	頼房死去　光圀二代藩主となる	34歳	藩主期
寛文2	後西	1662	家綱	参議となる	35歳	
寛文3	霊元	1663	家綱	水戸領内巡村　兄頼重の嫡子と次弟を養子	36歳	
寛文12	霊元	1672	家綱	史局を小石川本邸内に移し「彰考館」とする	45歳	
延宝8	霊元	1680	綱吉	綱吉五代将軍となる	53歳	
天和3	霊元	1683	綱吉	「光国」を「光圀」に改める	56歳	
貞享4	東山	1687	綱吉	生類憐れみの令を出す（以後頻発）	60歳	
元禄3	東山	1690	綱吉	光圀隠居　権中納言	63歳	隠棲期
元禄4	東山	1691	綱吉	西山荘完成　「那須国造碑」碑堂竣工	64歳	
元禄5	東山	1692	綱吉	車塚（侍塚）古墳調査、兵庫湊川「楠公碑」	65歳	
元禄7	東山	1694	綱吉	家臣藤井紋太夫手討ち　多賀城碑修理を願い出る	67歳	
元禄11	東山	1698	綱吉	彰考館の大部分を水戸城内へ	71歳	
元禄13	東山	1700	綱吉	領内巡村　西山荘で没「義公」となる	73歳	
天保3	仁孝	1832	家斉	従二位権大納言		伝説期
明治2	明治	1869		従一位		
明治39	明治	1906		『大日本史』完成する		
現在		2000代				

光圀には、三人の守り役である「傳」がつけられました。しかし、十八歳になる前に非常に手のつけられない時代があり、その時の守り役の中に小野言員《おのときかず》という者がいて、それが『小野言員諫草』という書物を記しています。江戸で光圀がいろんな悪さというか遊びをし、あまりにも将来の藩主として、御三家として相応しくない行動をとりますので「それでいいのですか」という説教をとくとくと、口頭ではなくて文章にして『諫草』として、諫めているものです。それを読んで光圀は変わらなければいけないと思ったと言われています。

立志を決定づけたのが、実は中国の司馬遷の書きました『史記』との出会いです。そこに「伯夷伝」というものがございます。この「伯夷伝」はいったいどういうストーリーかといいますと、中国殷の時代に孤竹という国がありました。そこに王がいて子供がいました。長男がいわゆる伯夷、その弟が叔斉という名前でした。そして王は叔斉に国王の位を譲りたいと言い残しました。そしてお父さんが亡くなってしまい、叔斉が王になるというときに、叔斉は「お兄さんがいるので私は王にはなりたくない」と言いました。しかしそのお兄さんの伯夷は、「いや、お父さんの命令だからそれは守らなければいけない」ということで、固辞いたします。そして二人ともその国を出ていってしまった。そして二人は周の国に行きました。そして周は殷の国を滅ぼそうというところでした。周の王に「臣下である周が王である殷を倒すということはいかがなるものか」ということでその二人が諫めるもかないませんでした。最後に二人は人里を離れ、餓死するというストーリーです。伯夷伝を読んで感激した光圀も兄弟による「譲国」と「このような歴史書を日本でもまとめなければいけないのだ」という「修史」の志を確信したのが十八歳になります。この志により光圀が子供から大人に変化した段階ということになります。

そして、一六五七年ですけれども、光圀が三十歳のときに駒込の中屋敷に「史局」がつくられ、ここで志の一つである歴史編纂を始めたということになります。

その史局という形で歴史編纂がスタートいたしましたものが、今度は上屋敷の小石川であるいまの後楽園ですけれども、そちらのほうにいきまして「彰考館」という形になります。それが四十五歳のときです。一六五七年に修史を始めましたが、いわゆる『大日本史』という書物が出来上がるのが明治三十九年の一九〇六年です。ですから光圀の代どころか江戸時代でも完成しなかったということになります。完成は明治になってからになり、二百五十年間この『大日本史』という歴史書を彰考館では作り続けていたということになるわけです。

「光圀」といって「圀」という字を使います、国構えに八方と書きます。これはなんという字とよく言われるのですけれども、これは「則天文字」といいまして、中国唐の則天武后のときの文字でした。ところがこの則天武后は「義」を通さない、本来光圀が最も恥ずべき人と考えられています。唐の高宗の后が「武則天」という形で自分が皇帝になってしまうからです。その時代の文字がこの「圀」という文字ですから、水戸光圀が目指す本当の「義」、人としての正しい道筋というものを外れた人がつくった文字をなぜ使うのかというのが、最大の疑問ですけれどもこういう文字を使っています。この文字に改めるのが五十六歳のときです。

また、六十三歳で隠居後もいろんな調査に携わっていくわけですけれども、このへんに関しましてはあとでまた詳しく触れたいと思います。

このほか、よく諸国漫遊をしていますが、いったいどこからどこまでを光圀が歩んだのかといいますと、最も遠くは熱海、これは父の頼房と一緒に出かけています。これはまだ「立志」の前です。非常に問題な行動をしているときに、お父さんの頼房が熱海に一緒に連れていっています（光圀が同道していないという説もある）。鎌倉には頼房と光圀がお世話になった家康の側室、英勝院の元を何回か訪れています。あとは東照宮、東照宮へは御三家の藩主は必ず社参しています。そのほか勿来関・八溝山・那須黒羽というのは、基本的には自分の領内近辺であります。ですからいちばん北では八溝山や勿来関、そして那須、日光、それと南では熱海までが水戸光圀がお歩きになったところで、よく九州ですとか、北陸のほうまでテレビではおでかけしていますが、そういうのはいっさい行ってはいないということになります。

二　光圀の立志・『大日本史』の編纂

では、どういう形で光圀が修史を志したのかというところを見たいと思うのですけれども、『大日本史』の序文に「綱條記」とありますが、この綱條というのは三代水戸藩主であり、光圀の兄頼重の子を光圀が養子としたものです。「先人（光圀）十八歳、伯夷伝（史記）を読み、蹶然《けつぜん》として、その高義を慕うあり。……史筆によらずんば、何を以て後の人をして観感する所あらしめんやと。ここに修史の志を立つ。」まさに「史筆」、歴史をまとめることによって、後々の世につなげることができるのだということを、前文で語られております。

この中で、光圀は生涯にわたりまして、まさに「義」を正すといいますか、義を通すといいますか、そういう生き方をしていきます。「義」とは人としての筋道、そういうようなものは「歴史や伝統を踏まえてないと正しい道筋は付けられない」というような姿勢で臨んでおります。

さっきから「義」と繰り返して使っていますけれども、水戸光圀が死んだときにその徳を讃え、諡されます。これは「義公」というものです。光圀は生涯、義を通した、歴史を通じて義をしめしたことからそれが最も相応しいということを、彰考館の総裁であります安積覚兵衛澹伯、これが実はテレビでは「格さん」ということで呼び表わされていますが、綱條からの相談に「義公というお名前がよろしいでしょう」という答申を出しております。

【大日本史について】

当初史局と言っていた段階では四人でスタートしました、それが序々に増えていったわけでありまして、元禄十六年、最後といいますか、光圀がお亡くなりになるときには四十人の方がこの彰考館で働いております。

史局は途中から彰考館という名前になりましたが、なぜ「彰考」という名前がつけられたか、これは光圀の歴史観を示すものであります。「彰往考来」という四文字の熟語があります。この文字、光圀がものすごく好んだ熟語です。これはどういう意味かと言いますと、「往《ゆ》くを彰《あきら》かにして、来《きた》るを考える」というもので、「過去を彰らかにして、来たるこれからの将来を考える、そのために歴史がある」というような考え方をとっております。ですから歴史は過去を見ることだけではなくて、未来を見通すためにあるというようなことを光圀は考えていたということが、ここで言えると思います。そういうところからこの「彰考」という二文字を取って、そこで歴史を編纂したということになります。

『大日本史』を編纂する中で、光圀が彰考館の職員を各地へ派遣いたします。派遣される調査員はだれがいちばん多いかといいますと、特徴といたしましては京都が非常に多いです。この宗淳がテレビ「水戸黄門」の「助さん」とされているのですが、佐々介三郎宗淳（以下宗淳）が非常に多いわけです。なぜ京都にたくさんの方が遣わされたかというと、実は徳川の世で廃れた朝廷の儀式をもう一度きちんと復興させようという意識が、光圀の中にはありました。今は故あって御三家という地位ですけれども、本当は天皇の臣下だというような位置づけを守って接しておりまして、そういうような形で天皇のために儀式を再び興さなければいけないということで、京都に派遣をしています。

まさに『大日本史』というのは、日本の歴史すなわち、天皇家の皇統、その正しい筋道をつけようとしたものであるというようなことになります。

また北方の探検もいたしました。これはとくに有名な事柄ですけれども、北方に興味をもっています。これもやはり光圀本人が行きませんで、大きい船を造ります。「快風丸」は光圀が命名しております。総工費七千両とも言われ、五十メートルの十六メートルという非常に大きな船を造らせました。このような船で三回蝦夷地のほうに行っています。

この狙いは何なのかということがよく言われますが、一説に奥州へ行った源義経の足跡を求めたとか、異国との貿

表3　彰考館員らの派遣先一覧

彰考館員等派遣先一覧

【調査年】	【採訪地域】	【調査員】	【採訪資料・記録・その他】
延宝4年（一六七六）	京都	板垣宗憺	
延宝6年（一六七八）	京都	佐々宗淳・板垣宗憺	
延宝7年（一六七九〜）	京都・吉野	板垣宗憺・鵜飼真昌	
延宝8年（一六八〇）	河内・奈良・高野山・熊野・吉野	佐々宗淳・鵜飼真昌	
天和元年（一六八一）	奈良・京都	佐々宗淳・鵜飼真昌・吉弘元常・内藤貞顕・秋山久積	南行雑録・両京日記
貞享2年（一六八五）	武蔵金沢称名寺		金沢蠹（と）余残高篇
貞享2年（一六八五）	九州・中国・北陸	佐々宗淳・丸山可澄	西行雑録・筑紫巡遊日録・古簡雑纂
貞享2年（一六八五）	京都	鵜飼真昌	
貞享3年（一六八六）	河内・和泉	鵜飼真昌	
貞享3年（一六八六）	蝦夷地（途中で引き返す）		快風丸
貞享4年（一六八七）	伊勢・京都	鵜飼真昌	
貞享4年（一六八七）	蝦夷地・松前		快風丸
元禄元年（一六八八）	蝦夷地・石狩川流域	総勢六七人	快風丸
元禄2年（一六八九）	京都・奈良	大串元善・安藤為章	続南行雑録
元禄4年（一六九一）	東北	丸山可澄	奥羽道記
元禄5年（一六九二〜）	河内・京都・奈良	佐々宗淳	又続南行雑録

水戸市史・中巻Iを一部改変

易というのですか、当時は長崎でしかできないわけですけれども、北方のロシアですとかそういうような地域を見据えていたということがいわれています。

若干、物語的な部分も多かったのですけど、だんだんときちっとした歴史的な方向に戻していきたいと思います。

三　光圀による一連の文化財保護事業

表4は歴代の水戸藩主一覧になります。頼房が初代で、光圀が二代、そして光圀の養子綱條が三代、そしてあと有名な人といたしますと九代斉昭ですか、烈公と言われました、これは幕末の外交方針の違いから幕府から永蟄居を命ぜられたり、徳川十五代将軍慶喜の父にあたる人でした。

先ほど「定府」というお話をいたしました。基本的には江戸にいることを「定府」といい、幕府の許可をもらって国元に帰ってくることを「就藩」といいます。「定府」と「就藩」というのが対義語のような形になるのです。この就藩の回数をみたいのですけれども、頼房と光圀が十一回と特に多いわけです。中には一回も水戸にこないで水戸藩主を勤めていたという方もいるぐらいでありまして、光圀は地元によくお帰りになったということが、この表からおわかりいただけると思います。

そして水戸にいる期間も非常に長く、「五年八カ月」というのは、藩主の時代に光圀が水戸にいたのが五年八カ月で、「プラス五年」というのは幼年期の五年です。そして「プラス十年」これは隠居してから水戸にいますので十年間、それを合わせますと二十年八カ月あまりの間光圀は水戸に戻っていたということになります。これは歴代藩主の中でもトップだということが言えます。人生の三分の一近く水戸にいたというようなことになります。そういったことでいろんな形で、領内の人々とのつながりがあり、いろんなエピソードがあり、そういうのがおそらく過大といいますか、拡大解釈されて光圀の「黄門漫遊記」というような形になっていったのではないかと考えられています。

もう一つの特徴として、初代は仕方ないのですけど、光圀以外は基本的には水戸では生まれておりません。三番目の綱條は兄の子ですから、水戸で生まれないのはしょうがないですが、それ以降も江戸でみんな生まれています。光圀のみ水戸生まれということも光圀が非常に水戸といいますか、自藩に対しての愛着があった理由の一つにあげられるのではないかと思います。

皆さんのほうが東京は詳しいので、あまりこういう話をする必要はないですね、私のほうがわからないぐらいだと思います。確認の意味で、後楽園は水戸藩江戸上屋敷の庭園のことです。「後楽」とは「先憂後楽」というやはり四文字の熟語ですけれども、「君主たる者、先に憂い、そして後で楽しむ。」と、君主たる者先に自分ばっかり楽しいことをしてはいけない、常に領民のことを考えなければならないという意味で、後で楽しむために「後楽」という、「後楽園」という文字を使いました。それは水戸光圀がまさに戒めのためにそういう名称を使ったということが言われております。

そして、いちばん最初に史局というのが興ったのが駒込の中屋敷ですけど、これは東大の農学部があるところにあたります。ちなみに隣りには加賀前田の赤門があります。加賀と水戸が隣り合わせにあったということになります。下屋敷は隅田川沿いにあったというような位置関係になります。

表4　歴代水戸藩主比較

歴代	藩主名		在籍年数	就藩回数	就藩等期間	中納言(黄門)就任	生誕地
初代	頼房(よりふさ)	威公	53年	11回	4年3カ月	24歳在職中	山城・伏見城(家康第11子)
2代	光圀(みつくに)	義公	30年	11回(うち2回世子時代)	5年8カ月＋5年＋10年	63歳　隠棲後	水戸・三木邸
3代	綱條(つなえだ)	粛公	29年	4回		45歳　在職中	江戸・高松藩邸光圀実兄頼重の子
4代	宗堯(むねたか)	成公	13年	2回		45歳以下で没す	讃岐・高松　綱條の弟の孫
5代	宗翰(むねもと)	良公	37年	2回		45歳以下で没す	江戸・小石川藩邸
6代	治保(はるもり)	文公	40年	1回		45歳　在職中	江戸・小石川藩邸
7代	治紀(はるとし)	武公	11年	1回		45歳以下で没す	江戸・小石川藩邸
8代	斉脩(なりのぶ)	哀公	14年	0回		29歳	江戸・小石川藩邸
9代	斉昭(なりあき)	烈公	16年	3回	5年3カ月	38歳	江戸・小石川藩邸
10代	慶篤(よしあつ)	順公	25年	1回		19歳	江戸・小石川藩邸
11代	昭武(あきたけ)	節公				幕府崩壊	江戸・駒込藩邸

表5　水戸光圀と文化財（考古学）との関わり

年号	元号	光圀年齢	内　容
1657	明暦3年	30歳	駒込中屋敷に「史局」を設け後の『大日本史』編纂開始
1660	万治3年	33歳	『水戸紀年』臺渡村長者舊宅古瓦を出す、硯となして幕府に献せらる、古老相伝長者は源将軍義家の為に滅さる、姓氏を詳にせす。
1662	寛文2年	35歳	『水戸紀年』（義公）今秋、平磯村（那珂湊）の民、古塚を発て石棺をえたり其の中種々の器あり。甲冑旌旗竿の如きもの。或は太刀短鋒陶器の類あり。塚外四面数百歩皆陶器を埋む其形牆の如し、父老相伝これ磯前明神の墟なりと。
1664	寛文4年	37歳	『水戸紀年』市毛村古沢平之丞重正、古塚を穿て経筒を得たり、後に一寺（無二亦寺）を創らせる。
1667	寛文7年	40歳	『水戸紀年』11月　吉田静両祠を修造する。此時静社老桧の下を穿て古銅印一枚をえたり、方二寸題して静神宮印と云う、公自ら記を作りてこれを祠中に蔵せらる。
1670	寛文10年	43歳	『水戸紀年』前浜村（那珂湊）民、古墳を発て石郭をえたり、刀鏃銅器を損す、里民小祠を建てて祀る。
1677	延宝5年書写（和銅6年）	50歳	『常陸国風土記』那賀郡 平津の駅家の西一二里に岡あり。名を大櫛という。いにしえ、人あり。躰（かたち）は極めて長大（たけたか）く、身は丘壟（おか）の上に居ながら、手は海濱（うみべた）の蜃（おほうむぎ）を摎（くじ）りぬ。其の食（くら）いし貝、積聚（つも）りて岡と成りき。
1683	天和3年	56歳	『水戸紀年』公、馬頭、小砂及び那須七騎の旧館を観玉ふ、此時大金重貞『那須記』を献ず。
1687	貞享4年	60歳	『水戸紀年』9月　公、馬頭村に至り玉ひ那須国造の碑を修造せしむ、里正大金重貞に命じてこれを司らしむ。
1687	貞享4年	60歳	『水戸紀年』今年城南笠原山（水戸）神崎寺の境内妙法崎より、長正2年の経筒を得たり、公其古刹なることをしり玉ひ、仁和寺末になされ殿堂を修し玉ひ、自ら立像の釈迦を刻ておさめ、経筒の記を作り蔵（おさ）め玉へり
1688	貞享5年	61歳	馬場村（常陸太田）稲荷塚古墳・勾玉、鉄器が出土『新編常陸国風土記』。太田蓮華寺に寺宝として保管。
1690	元禄3年	63歳	玉里村岡岩屋古墳・太刀、鎧、鏃が出土、光圀が発掘したという『新編常陸国風土記』。
1691	元禄4年	64歳	『水戸紀年』正月　公、旧事本紀・古事記・日本書紀・続日本紀・続日本後紀・文徳実録・三代実録の刊本訛謬（かしん・校訂）を参考し玉ひ、都下昌平学舎に蔵めらる毎部御自作の跋あり。
1692	元禄5年	65歳	『水戸紀年』3月朔　下野那須郡柚津上（湯津上）村に大なる墳墓二つあり　公これを発て見玉ふに鋒劔の朽損（きゅうそん）するものあり誌なし何人の墓なることをしらず又えい蔵（えいぞう）して新たに封築を加えられ古鋒劔の朽たるを松の箱に蔵（おさめ）て其箱の上に此事を識（しる）され又佐々宗淳をして祭文を作て共に蔵（おさめ）て封築す四周に松をうへしむ
1692	元禄5年	65歳	6月20日　小野田村（美和村）玉泉寺に布目瓦をみる。『美和村史』
1692	元禄5年	65歳	『水戸紀年』 6月23日　公、馬頭、湯津上等処々遊覧、此時古碑大墳墓上覧あり。
1692	元禄5年	65歳	『水戸紀年』8月　公、摂津湊川楠木正成の墓に碑を建て「嗚呼忠臣楠子墓」と題し玉ふ、側の田を買て　廣厳寺の僧千厳に附せられ永く香火の料となし玉ふ
1692	元禄5年	65歳	馬場村（常陸太田）稲荷社より石剣出土、若宮八幡に保管『葬礼私考』。
1694	元禄7年	67歳	多賀城碑修理、覆い堂造成を願い出る。仙台藩主伊達綱村あて手紙より
1695	元禄8年	68歳	『水戸紀年』8月12日小田野村藤福寺に三浦介の像を見玉ふ
1696	元禄9年	69歳	辻村（潮来町辻）硯宮神体（石枕）出土地不明『郷土史』。

いままでみてきたとおり、水戸光圀は、「考古学」というのはいまのことばですが、「歴史」を明らかにすることだけをただやっていたわけではないということです。だんだん皆さんおわかりいただけたのではないかと思います。そういう「人としての道筋を立てる」うえで、先人の残したお仕事というものをものすごく大切にする。そういった形で歴史を明らかにし、そして文化財を保護していくというスタンスが、まさに光圀のとってきた方向であります。

そういった中で、いろんな事業が、実は水戸藩の領域内でも続け実施されています。

【水戸光圀と考古学との関わり】

表5は光圀が関連した、または関連したと推定される、現在考古学としてとりあつかう資料との関わりを一覧にしたものです。

光圀三十三歳の時、水戸領内に臺渡村（台渡）というところで「古瓦」が出土しております。「ここは、長者が源義家の為に滅ぼされた居館か」とされているわけですけれども、実はいまでも水戸市のほうで発掘調査をしている「台渡廃寺」という遺跡がございます。そこは古代の寺院、そして役所があるところで、多量に瓦が出てくるところであります。そこの瓦を水戸藩では入手をしている、そしてそこに評価を与えているということを指摘できます。

さらに今のひたちなか市に磯崎というところがあります、阿字ヶ浦海水浴場のすぐ南のところで、その地域で「古塚をほって石棺を得たり」というようなことが『水戸紀年』に書かれております。ここには墳丘長八十一メートルの前方後円墳の川子塚古墳をはじめとする古墳群があります。この古墳から掘り出されたものが、そばにある延喜式内酒列磯前神社の跡、もしくはそれとの関わりのあるところではないかというような考察がなされています。

三十七歳の時、「無二亦寺《むにやくじ》」というお寺が、後々水戸光圀によって創られますが、そこでやはり「経筒」の発掘が行なわれました。これは水戸光圀が行なったのではなく偶然経筒が発見されまして、水戸光圀はそれを喜んでそこにお寺を創ってやったというものです。

実は水戸光圀は寺社改革を盛んに行ないました。自分の藩の中で寺院を併合したり、神社を改廃したりしております。基本的には水戸藩の神社は「静神社」と「吉田神社」という大きな二つのグループにどんどん塗り替えられていきました。もともと佐竹氏が水戸を治めていたわけですけれども、その時代にあった八幡神社というものも、どんどん改称していきました。寛文七年、四十歳のとき、そういった寺社改革の中で「静神社」の境内を造成したとき古木の根っこの下から「銅印」が出てきました。この銅印は方二寸の「静神宮印」であり、これが現在重要文化財になっています。この発見に感激した光圀が漆塗りの印箱を造り、そこに「宰相中将水戸公」「源朝臣光圀謹記」と領内の文化財修復にたびたび用いられる光圀の公称を記しています。それを社宝としていまでも祀らせているというようなことになっております。光圀の寺社改革は、「残すものは残す。無くすものは無くす」という徹底的なものであったようです。

『常陸国風土記』は、奈良時代に編集され、その後、鎌倉時代末まではある程度流布していましたが、室町・戦国時代で行方不明となってしまいました。それが、光圀の大日本史編纂事業で諸家に伝わる文献を集める中で、写本が加賀前田家に伝わっていたことが明らかになったもので、延宝年間水戸藩により書写されました。その中に「大櫛《おおくし》の巨人伝説」というものがあります。水戸の郊外には現在整備されている「大串《おおくし》貝塚」がありまして、そこには巨人がいて、海から取って食べた貝が丘になって、歩いた跡や小便の跡が数十メートルに及ぶという記事が『常陸国風土記』に載っております。『水戸紀年』には、「『旧事本紀』『古事記』『日本書紀』『続日本紀』『続日本後紀』これらを一切読んで、校正をかけてそれを昌平坂学問所に置いた」というような記事があります。そういう古代の記録類を光圀は目を通していることから、おそらく大櫛の巨人伝説のようなものも知っていたのではないかということが考えられるわけです。しかし、残念ながらそれにまつわる発掘や保護のエピソードなどは現在知られておりません。

また、水戸の市内、偕楽園の隣に常盤神社があります。光圀と斉昭を祀りました神社ですが、この神社の隣に「神崎寺」というお寺がございます。庭から平安時代の長正二（長承二）（一一三三）年銘の「経筒」が発見されました。そういうものも光圀は厚く保護しているということが、『水戸紀年』に書かれているわけであります。

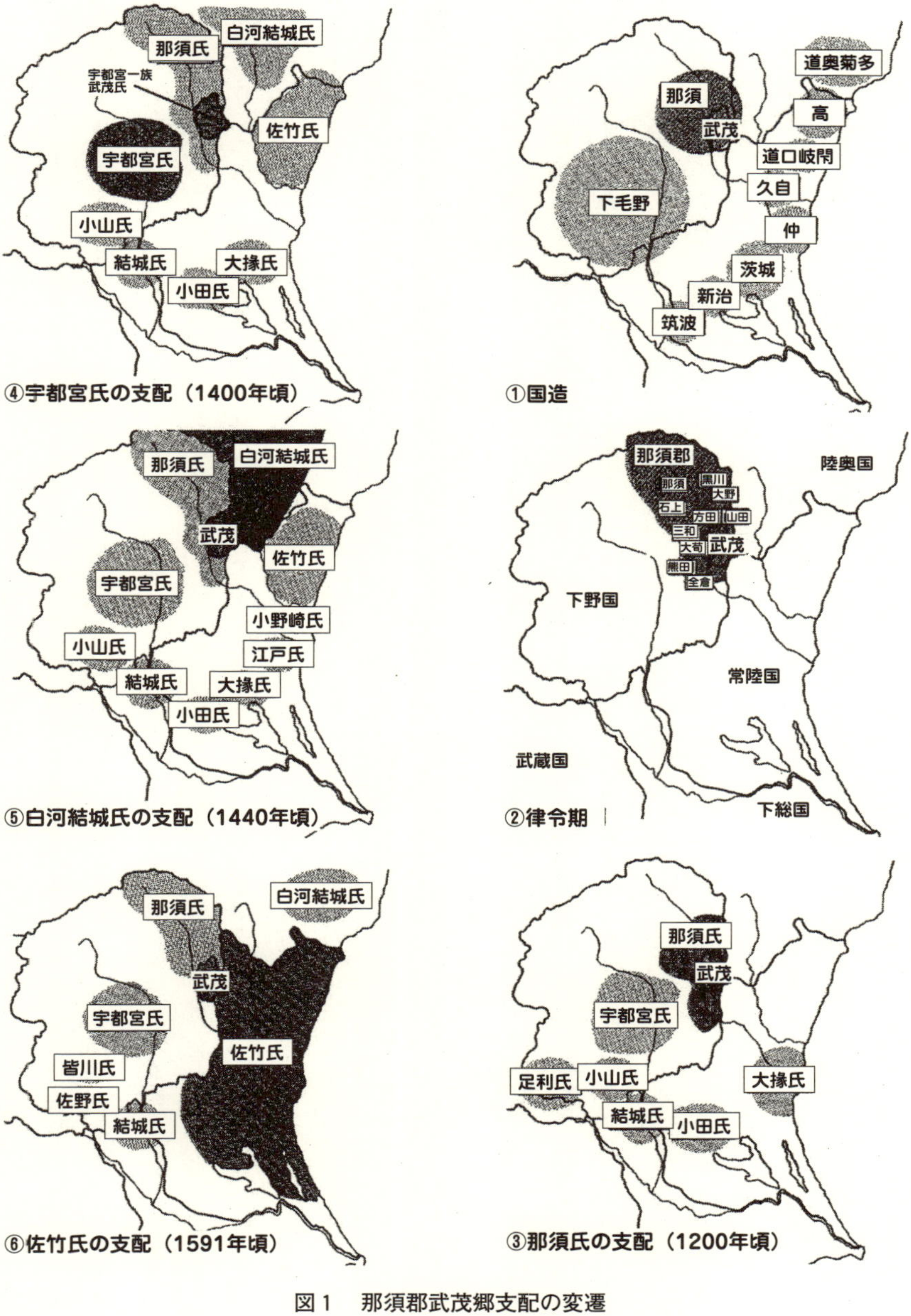

図１　那須郡武茂郷支配の変遷

そのほか、非常に有名なものといたしましては、「日本三古碑」の「多賀城碑」の存在とその保護についても光圀は伊達二代藩主綱村に手紙を書き送っています。「自分は国造碑を立て小庵を構え、堂守を置いて管理している。貴殿の領内の碑はまぎれもない名碑で、碑亭を建て修復したいが、領民にわからぬように出家僧を一人頼み、その浄財をもって修理させるような形をとりたいのでお許しいただきたい」というものです。そういう経過後、覆い堂が架けられ、現在のような形となっているようです。

あともう一つは、「楠木正成」。江戸時代以前はどちらかというと逆臣といいますか、天皇に逆らった人というようなとらえ方をされていたのですけれども、光圀の段階でそうではないのだというような形で、少しずつ歴史観が修正されたようでありまして、そういうようなものを祀る湊川楠公碑なども、実は光圀がつくっているわけであります。

四　水戸藩領武茂郷巡村と古碑・大墳墓の調査保護

いわゆる「水戸藩」ですけれども、実はもともと中世の段階は佐竹領でした。佐竹氏は常陸国守であり、関ケ原で西方についたというか、旗色を見ていたというような状態になり、家康の不評を買い、秋田に転封されます。その後いく代かを経て、御三家の中の水戸徳川家ということになります。佐竹のときには常陸全体ですから五十四万石ぐらいあったと言われているわけですけれども、水戸藩になりますとその半分の二十五万石ぐらいになってしまいます。

この水戸領の中で若干南のほうにあるのが水戸になります。水戸藩の真ん中にあるのが西山荘になります。そして西山荘といいます光圀の隠居所は、ちょうど常陸太田というところになります。

那須武茂郷はどこにあるかということですが、図2の網カケの地域になります。いまは栃木県ですけれども、近世では水戸領になっていたということになります。なぜかというと実は那珂川という川が流れております、おいでいただいた方もいらっしゃるかと思いますけれども、那珂川という川は栃木県を源にしまして、水戸を通りまして那珂湊

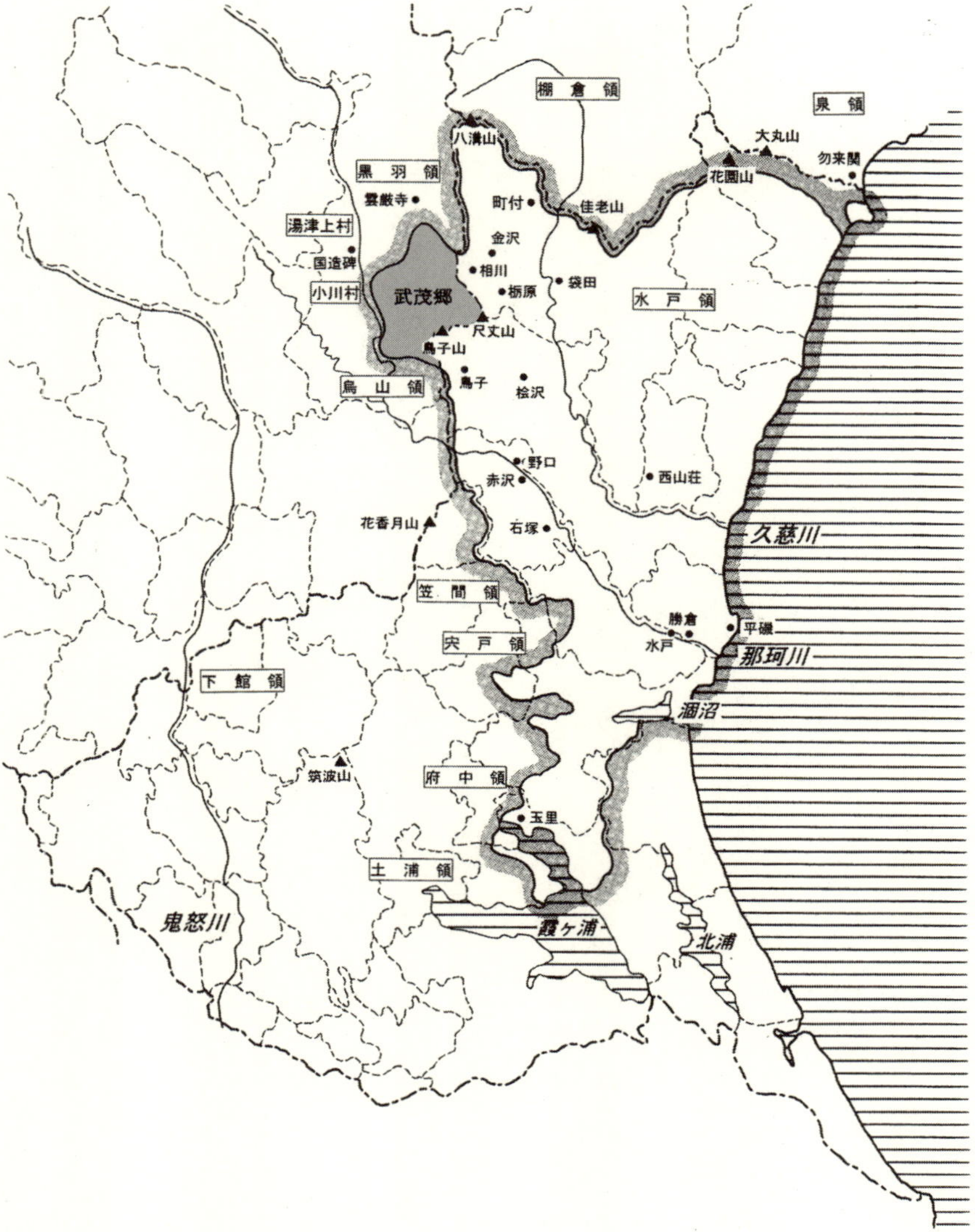
棚倉領
泉領
八溝山
大丸山
黒羽領
花園山
勿来関
雲巌寺
町付
佳老山
湯津上村
金沢
国造碑
相川
袋田
小川村
武茂郷
栃原
水戸領
尺丈山
鳥子山
烏山領
鳥子
桧沢
野口
赤沢
西山荘
花香月山
石塚
久慈川
笠間領
勝倉
平磯
宍戸領
水戸
那珂川
下館領
涸沼
筑波山
府中領
玉里
土浦領
鬼怒川
霞ケ浦
北浦

図2　水戸藩領国図

まで流れます。ほかの栃木県の川は基本的には現在の利根川水系に流れていきます。この那珂川に関しましては常陸のほうに流れ、どちらかというと河川からのつながりといたしましては、那須は水戸とのつながりが強い地域になるわけであります。この地域に古墳時代「那須国造」が置かれ、奈良時代には下野国那須郡となり、その中に「武茂郷」が置かれます。

そのあと、先ほど椙山先生から「那須与一」という話が出ました。古代から中世にかけまして那須氏という非常に武力的に強い集団がここで形成されますが、その段階には那須領ということになります。那須与一が四国屋島の合戦で扇を射抜く時、「日光権現宇都宮、那須のゆぜん大明神、願わくはあの扇の真ん中射させたばせ給へ」と祈ります。それが『平家物語』に書いてあるわけですけれども、その中で「日光権現宇都宮」は二荒山神社のことを指すと考えられます。その祈願のおかげで見事に扇の的を射落とすことができて、源氏を勝利に導いた。そこで武茂郷を宇都宮二荒山の神領に寄進したということが言われております。確かにこの武茂は那須にあって、那須でない、宇都宮領になっている時期がございます。

そして宇都宮領武茂郷は、家督争いの混乱の時に白河結城の影響下となりました。また、先ほど申しましたように那珂川つながりでこの地域が佐竹領になったりとか、そういうような紆余曲折する、栃木県の中でもとくにこの武茂郷というのは茨城の地域になったり、福島の地域になったり、また那須の地域になったり、非常に微妙な地域ということになります。結論から申しますと光圀の段階では水戸領になっていたのが、現在は栃木県の那須の武茂ということになるわけであります。

【武茂郷巡回の経路】

武茂郷への水戸光圀公の巡村は八回あったことが『水戸紀年』に記されてあります。さらにあと一回、合計九回だと考えられています。すべての経路がわかるわけではないのですけれども、ある程度は経路を推定することができます（図3）。

これは何が示したいかといいますと、水戸から武茂郷への入り方には三通りあるということです。いわゆる大子の方面、烏山方面、黒羽方面から入る方法、そして帰り方もそれぞれの三方向とさらに先ほど申しましたここは水戸につながっている河川があるという話をしましたけれども、来るときは陸路でくるわけですけれども、帰りは舟で帰ることも可能でした。このように水戸と非常に直結している地域だということが、ここからわかると思います。

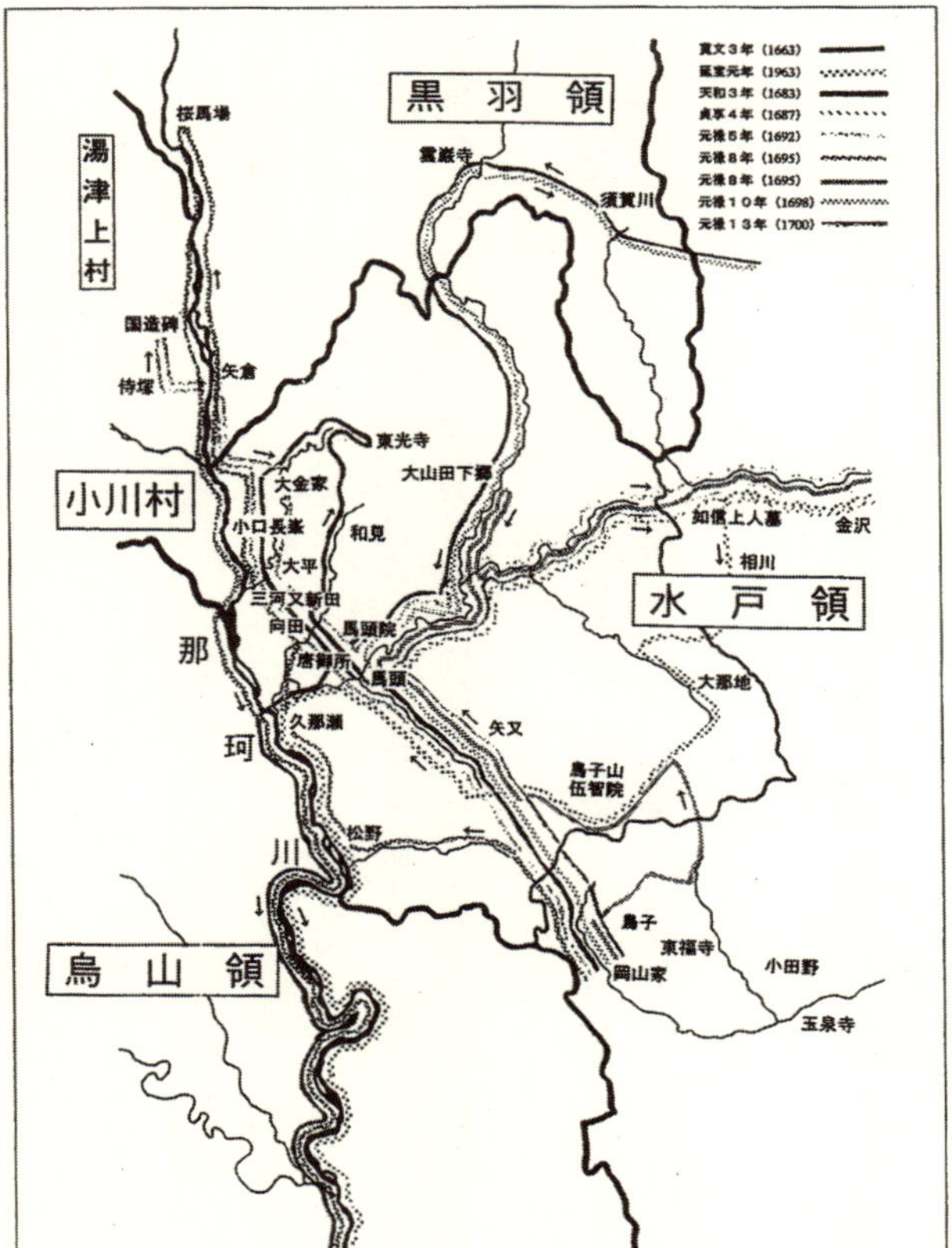

図3　武茂郷巡村の経路

それで武茂郷巡村の中で、実はこれからお話いたします「古碑と大墳墓」の調査という考古学的調査と関わりが深いのが、第三回（天和三年）と第四回（貞享四年）、第五回（元禄五年）のときであるということになります。

【古碑・大墳墓の調査保護】

この墳墓の調査、また古碑の調査を見ていくときに、非常にいろんな書物がございます。先ほどから申しております『水戸紀年』、これは、水戸藩の正史であります。

そのほかに那須武茂郷に大金重貞（以下重貞）という名主がいて、この方は学者でもありました。この方が個人的に那須地域の豪族の盛衰や伝説を記した『那須記』、そのほかに、『小口村久左衛門旧記』『笠石御建立起』『湯津神村車塚御修理』『光圀公御成顚末旧記』というような、光圀の「古碑大墳墓」調査保護に関し、それぞれのジャンルごとにまとめた書物が、この大金家に残っているわけであります。この辺を見ていけば、日本で初めて行なわれた発掘調査の経緯というものがわかります。

そのほか、『下野国誌』ですとか、また宗淳の書簡も大金家、湯津上村の永山家にあり、宗淳が光圀の意向をうかがいながら、碑や墳墓の調査保護を行なっていることがわかります。

そして、これらの資料を用いて『那須国造碑・侍塚古墳の研究』として斎藤忠、大和久震平両氏がその辺のところを詳しくおまとめになっております。

若干大きな流れだけを説明したいと思います。

まず基本的には、延宝四（一六七六）年に碑が発見されます。碑文を解読して、重貞はそれを『那須記』に書き記しているわけであります。その後、重貞は天和三（一六八三）年光圀に『那須記』を献上します。光圀は『那須記』を見て驚きます。そして光圀は古碑を評価し、これはまさに守らなければならないというようなことを感じます。そして碑の保護に貞享四年から動き出すわけであります。

そして碑を調査していくなかで、調査だけでは、光圀の道義的、学問的目的を達成させることができず、さらに大墳墓である古墳の発掘に入っていきます。そして出土品については図をとらせ、遺物保護のため原位置に埋め戻し、墳丘についても修復し、松を植え保護をしています。また、碑についても再建し、碑堂を建て、周辺を買い上げ、管理人である別当も配置させます。

この一連の事業が完了した際、重貞は西山荘の光圀を訪ね完了の報告を行ない、さらに光圀がまたその保護の状況を確認しに来るわけです。

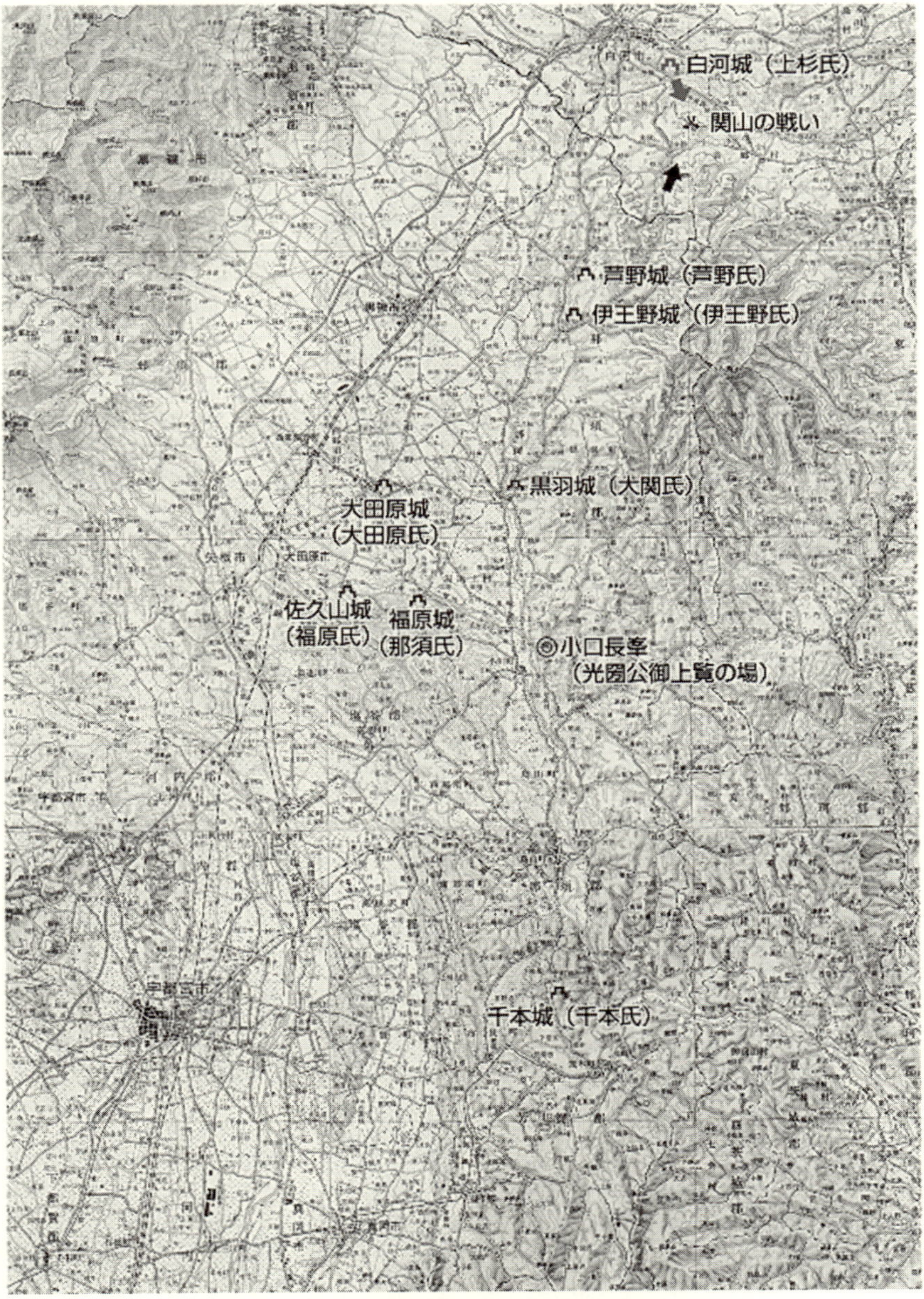

図４　光圀上覧の地と那須七騎居館跡

では最初から細かく見ていきたいと思います。「碑の発見」段階ですけれども、旅僧円順という岩城のお坊さんが、延宝四年に発見しています。湯津上村のある那須地域は福島県と栃木県と茨城県の境ですので、非常に行き来しやすいところであり、湯津上村を訪れた際、碑が倒れていることに気付きます。「これはおそらく高貴な碑であるから、きちんとしなければいけませんよ」というお話を、武茂郷の名主であります重貞のお宅に伝えにきたわけです。そこで重貞は学者ですから、国造碑に行き、碑文の存在を確認します。その後、息子たちを連れて、苔を落として、この文字の判読に努め、それを『那須記』に記しました。『那須記』にはこの地域の伝説として残っている「草壁皇子」との関連に結びつけ、皇子の墓と位置づけています。

天和三年六月に光圀が武茂郷巡村に来ます。これは那須七騎の居館跡の上覧のためでした。那須七騎とは「大関、大田原、福原、千本、蘆野、伊王野、那須」の那須地域の武将のことです。那須氏が領主としてもともと那須地域を治めていましたが、秀吉の小田原攻めに応ぜず、所領没収のところこれらの家臣の取りなしでようやく身分をたもたれました。その後、関ケ原の戦いのときには七氏とも東軍、家康の側につきます。関ケ原の戦いで石田三成に呼応いたしました会津上杉景勝勢に江戸を攻められることが、家康は心配だったのです。、白河関から上杉景勝軍が南下するのを防ぎ、その役目を見事果たしたのがこの七騎であり、この人たちがそういう重要な役割を担いました。また、『水戸紀年』延宝三年には、那須七騎の末裔大田原伝内が水戸藩に仕え、後大番頭となる、という記事もみえます。この人たちは徳川家にとっては恩義のある存在であり、これらの居館をみるために光圀は武茂郷小口長峯に参ったわけであります。

重貞は小口村の名主であり、長峯からの上覧を案内することになり、ここから光圀と重貞の関係がはじまりました。ここで重貞は『那須記』を献上し、その中で光圀が碑について興味を抱き、『那須記』を持ち帰ったことが古碑と大墳墓の発掘につながっていくわけです。

この僧円順が見つけた碑を重貞に伝え、重貞がその碑の内容を書き写した『那須記』を、那須七騎の居館をみにき

表6　光圀古碑大墳墓の調査年表

延宝4(1676)年	4月　岩城僧円順が古碑の倒れていることを知り、那須郡武茂郷小口村名主大金重貞をたずねる。重貞は現地で判読につとめ、那須国造碑として、これを『那須記』に草壁皇子の御廟碑と記す。
天和3(1683)年	6月　光圀(武茂郷巡村3回目・藩主時代)小口長峯より大金重貞案内で那須七騎の旧館を眺める。重貞、光圀の宿舎へ『那須記』献上。光圀、碑について重貞に細かく訪ね『那須記』を持ち帰還。
貞享4(1687)年	9月　光圀「本邦の碑の中でこれより古なるはなし、奇絶世に冠たり」として佐々宗淳に捜索(碑主など)命じる。光圀(武茂郷巡村4回目・藩主時代)国造碑堂の建設に重貞を『名代』とする。天領と旗本領が入り組んだ湯津上村との折衝開始。湯津上村名主より代官に願い出る。承諾を得るまで普請引延ばし。
元禄4(1691)年	2月　願いが承諾され、重貞湯津上村名主と証文交わす。佐々宗淳、梅平小右衛門所(重貞宅)に逗留し、工事を監察する。また、西山へ度々おうかがいし、光圀のご指示によりご普請し、金子、材木、人足、入用道具は水戸藩領御郡(那須武茂郡)お役所より調達する。
	3月　国造碑堂御普請着工。石碑下の塚の発掘から開始。埋め戻して地業を行ない、堂の基壇造成にかかる。
	11月から国造碑堂周辺の土地買収を進める。
	12月　国造碑堂完成。(境内地買収、碑堂別当の人選、侍塚古墳の発掘と整備を残す)
元禄5(1692)年	1月　碑文によって那須国造の存在を明らかにしたが、碑文中にも石碑の下にも碑主の書き付けなく、その名を明らかにするために、地元では車塚(侍塚)古墳が那須国造の墓との伝承に基づき、発掘、墳丘修理、周囲に垣を巡らせたいと湯津上村名主ほかあて願い出る。
	2月13日　侍塚発掘につき、武茂郷馬頭村地蔵院(馬頭院)で地鎮祭
	14日　代官所より、光圀湯津上村への御成り風聞につき、重貞へ手配と依頼。
	15日　人足を出して発掘実施。両古墳発掘。上侍塚矢の根、鏡、高坏、太刀、石釧。下侍塚太刀、ナタ、鏡、花瓶(有段口辺壺)など出土。墓誌などは発見されなかった。図をみると前方後方墳として記す。
	3月1日　古墳よりの出土遺物を絵師を派遣図取り後、埋め戻す。遺物を松板の箱に入れ、釘付けの上、松脂で密封し、人足、名主立会で墳丘に埋納。蓋には光圀の一文、箱には佐々宗淳の一書を封入
	4月7日　碑堂完成　碑再建の下に鏡入れる。ほか関連事業すべて完了。
	心越禅師石碑石摺り遊ばされ候、ただちに重貞所へお帰り、三日御逗留遊ばされ、水戸にお帰り遊ばされる。
	6月23日　光圀(武茂郷巡村5回目・西山隠居時代)馬頭着、 24日地蔵院(馬頭院)へお成り、 25日碑堂侍塚へ重貞案内。小口長峰より矢倉御通り、湯津上村へ、石碑御上覧ご機嫌良くお帰り。梅平小右衛門所にてご飯献上。 献立　御なます　大こんおろし・かつおぶし 御汁　ねいも・白みそ 煮物　むしなす・しその葉で包みかんぴょうで結う 焼物　鮎の焼びたし 御飯　塩梅を特に賞味　『水戸紀年』『重昭童依調年記』『笠石御建立起』
元禄6(1693)年	3月9日　石碑へ烏山城主永井伊賀守直敬ご参詣。御侍上下100人程　大名行列、御家老、物頭、目付、御徒頭、中小姓、御徒、お持筒二挺、鑓弐筋、立笠弁当押足軽、六尺、石碑別当大宝院へ御徒頭……重貞方へ祝儀

表7　宗淳書簡にみる古碑大墳墓の調査、保護の進捗状況

年	月　日	内　容
元禄4(1691)年	2月27日	碑堂建立は近日中に着工したいという光圀の御意であるから相談のため、そうそう水戸へ来ていただきたい。碑の覆いと思われる石(笠石)の寸法と湯津上村名主と建立に関する手形(約定書)を取り交わし、これを持参するように。
	3月14日	無事に着工したことと思う。石の切り出しや運搬には人数をかけて、工事をはかどるように精を出してもらいたい。墓(碑の下の塚)を掘る時になったら、あらかじめ連絡してもらいたい。自分は立ち会いのため、そちらに出向く。
	覚(月日なし)	[墓(碑の下の塚)の寸法、国造碑石の寸法を示し、これによって台座、玉壇、惣地形、碑堂の寸法、石段の寸法を割り出して仕様を示す]
	覚(月日なし)	[碑石の基礎工事の細かい指示を示し、台座の掘込み、鉛の充填、石の洗い出し、古い台座石を玉壇の下につき込むこと、ちきりの使用を求める]
	3月20日	碑堂の木工事は水戸で行なう。碑堂下の基礎などに使う石は、小口村でとらせても良いが、馬頭村の石はくさりが入り、役に立たない。他領の山田村で切らせるか黒羽領で求めるか現地産を使うこと。石切工は信濃者を雇ったそうであるが、光圀から毎日お尋ねがあるので、人数をさらに増やして、来月中には石工事を終えるようにしてもらいたい。私共も今月末か来月初には、一泊でそちらに参る予定である。
	7月23日 永山正樹文書 (宗淳書簡写)	碑堂建立の件につき、代官衆が見分の上、許可の見通しが立ったならば、すぐに一報願いたい。私共は早速そちらに下るつもりでいる。ただし、八月中は無理なので、潤八月にしようと思う。八月には駿河に行くので、私への連絡は坍和庄兵衛に廻送を頼むように。湯津上村役人にも折に触れて、建立の件を頼んでもらいたい。堂の方は水戸で木組みをしており、見通しが立ち次第建立するつもりである。
	閏3月20日	公儀代官が滝十右衛門から樋口又兵衛へ交替し、湯津上村から碑堂建立の再申請を行なっている由、その様子を西山へ参られ、光圀に物語ってもらいたい。この件の見通しができたら、当方へ一報願いたい。私共はすぐそちらに行くつもりである。
	閏8月20日	建立再申請の結果が不明のため、毎日心もとなく過ごしている。もう検見の季節であるから、代官所より手代衆が湯津上村へ来ていると思うので、問い合わせて、見通しを知らせてもらいたい。もし、万一埒が明かなければ知らせてもらえば当方で算段するつもりである。
	9月23日	碑堂建立の再申請の許可に関する取り交わしの手形二通、確かに拝見した。光圀へは杉浦孫右衛門が報告し、光圀の御意により普請に取りかかることに差し支えはないといえども、なお念を入れて代官樋口又兵衛へ申し入れを行ない、村の者どもへも言いつけられるよう、また、前代官の滝十右衛門へも現代官に対する口添えを頼むつもりでいる。とにかく、私共が現地に着くまでは工事に取りかからないよう心得てもらいたい。
	11月7日	けこみ石の件がどうも合点できないが、大工がいなくてはわからないので、水戸に手配した。その間、石垣の石など切らせるなどしてほしい。寒に入っているので、十分に暖をとるようにしてもらいたい。墓を開くようならば前日に一報願いたい。
	11月11日	水戸からの大工に設計図を持参させたので、よく尋ねて施工してもらいたい。ちきりの件、台座の恰好なども石工に指示するよう願いたい。旧い台座の穴の直径、深さがどれくらいか、大工に計らせて図面にし、当方に持参するよう申し付け願いたい。穴の中に入れるものがあるので。
	11月14日	明日より石垣を作り始めるということ大変にめでたく、また御祝儀として酒、赤飯で祝う由、結構である。旧い台座の件は、光圀に伺いを出してあるので、そのまま差し置いてもらいたい。旧い台座の事があるので、堂づきは中止して、当方からの連絡を待つように。
	11月16日	旧い台座の件につき、光圀よりの指示があった。台座の穴の中に鏡を入れるが、鏡は江戸に発注してあるので、これができてくるまで、台座をうめるのは待つように。
	11月16日	旧い台座を地形の上におき、上に石垣をつくれば、敷石が動かなくて具合が良いというが、それでは大切な納め物(鏡)の意義が軽くなってしまう。地形なりに、四尺下に台座を掘込むように。一応、旧い台座は地形の上に置いたままにしておき、鏡ができてから、深く掘込むように。とにかく一両日中にそちらに参る。
	11月19日	玉壇をもう五、六寸低くしたい。碑の上の笠石を上にあげれば、堂の天井につっかえて見苦しいと思う。石屋とよく相談してもらいたい。

表7　続き

年	月　日	内　　容
元禄4(1691)年	11月19日	石碑の向きに合わせて石垣を作ると、道に対してすこし筋違いになり、手直しには二日かかるというが、二、三日かかってもよいから、塚の外形も一緒に直し、石垣は十分に築かせるようにしてもらいたい。光圀は少しのゆがみも大嫌いな性格なので、十分注意して工事をするように。
	11月21日	石垣の方向修正は大変だと思うが、堂ができ上がってしまってからでは手直しができないので、石屋ばかりでなく、大工を雇って見せ、塚の形も直すようにしてもらいたい。ちきりも水戸へ発注した。二三日中にまた現地に行くが、念を入れて手直ししてもらいたい。
	12月朔日	代官所手代衆が工事の見廻りにきて村役人に精を入れて働くよう指示した由、またお礼のため宿所へ行き手代衆へ心付け、手土産を持参してくれた由、大変結構である。一両日中にそちらへ参る。
	12月8日	昨今は大雪にて容易ではないと思うが、大工の件は水戸へ手配したので、一両日中に現地に着くと思う。鉄のほぞも早くに注文したので、大工と一緒ぐらいに着くはず。先日申した通り湯津上村三村の名主達ほかに銀子を褒美に遣わした件、結構と思う。塚の形は石垣から計って、四方を同じように着き固めるように。
	12月14日	碑堂建立の大役が終了するので、明朝西山に帰る。拝殿、庵の件はそこで打ち合わせる。堂の内がすけ、柱下に隙間があるから石灰で埋めるように。なお、昨日碑堂の普請(木工事)が見事にでき上がったのを拝見した。明日中に屋根の方も完了すると思う。貴殿のお骨折はつぶさに光圀へ申し上げる。光圀参詣の件は、年も押しつまり百姓共が迷惑するので、来年の一月末か二月初めにするとの御意であるから、左様心得たい。
元禄5(1692)年	正月3日	碑堂完成、私(宗淳)は十二月十六日に西山荘に参上し、褒美拝領した。湯津上石碑別当(碑堂堂守)の件につき、光圀は馬頭の大宝院を別当にとお考えだが、人選を地元三村の名主達と相談し、三村から代官所へお願いするように。また、光圀には拝殿建立の意向がある。碑の下の塚からは誌石などが出なかったので、侍塚古墳を掘って確かめたい。地元と協議に入り、地元から代官に願い出すように。
	2月21日	下侍塚古墳の出土遺物の処置は、光圀の意向待ち。御覧になるというならば西山荘へ持参、そうでなければ箱に入れて埋め戻す。上侍塚古墳の方は掘り足らないと思うので、墳丘の地ぎわまで掘り下げるように。
	2月21日	下侍塚古墳の発掘が終わったら、出土遺物を紛失しないよう始末し、木の箱に納めて埋め戻すように。塚を元通りにし、芝を張り、修理記念に小松を植えるように。碑堂の周囲に松、桜などを植えるように。
	2月24日	出土遺物は光圀が見ないことになったので、箱に入れて埋め戻すように。箱は丈夫に作り、蓋に光圀の一文を書く。光圀より遺物の図取りの指示があったので、絵師を現地に派遣する。墳丘の周囲に小松を植えるようにとの御意であるから、処置するように。上侍塚古墳の方も、何も出てこないと思うから、ほどほどにして発掘を終わるように。碑堂別当手作り畑や境内の林など、買収費は金十四、五両、二十両程度でおさめるよう。また、碑堂の石段を早く仕上げるように。
	3月7日	両侍塚古墳の発掘の跡をよく整地すること。境内地の買収費は二十両。碑堂周囲に柳そのほか大木二、三十本を植樹すること。賽銭箱を設置すること。拝殿と別当の住宅の件、決まり次第報告すること。自分が江戸へ上っている間も西山荘への連絡を欠かさないように。
	4月22日	西山荘にて御褒美の金子拝領めでたく思う。国造碑堂建立、侍塚古墳発掘整備の一連の出納簿は、明白であるから署名捺印を澄ませた。御勘定所へ差し出すように。
	8月13日	御一同御無事かどうか伺いたい。私の方は病気をしたが今は回復し、西山荘で留守居をしている。そちらの方へ何回も出張したので勝手もとが逼迫し困っている。なんとか三両ほど都合してもらえないだろうか。今年の暮れには元利共必ず返済する。手形にして、馬頭方面へお供した御用部屋の鹿野文八に渡してもらいたい。なお、その後、国造碑堂はどのように賑わっているか、承りたい。
	9月6日	先日お願いした借金の件、金一両お送り頂き誠に有難く、今年の暮れに間違いなく返済する。重貞翁四月に江戸出府のまま帰宅なき由、よろしく申し伝え願いたい。内々で湯津上村に参ろうと思うが、暇がとれなく、諸事は馬頭村北条伊兵衛に頼んでおいた。なお、ただいま光圀の共で大子に来ている。

『佐々介三郎宗淳書簡』と『那須国造碑・侍塚古墳の研究』をもとに作成。

た光圀に献上し、光圀が知るところになりました。この経過が一つでも欠ければ、光圀のわが国初、世界初でもあるという方もいらっしゃるぐらいですけど、この考古学的な調査は行なわれなかったということになり、重要なポイントとなってきます。

『那須記』を水戸に持ち帰り、そこで読み返す中で、国造碑に対する評価というものを光圀がしております。「本邦の碑の中でこれより古なるものはなし」と、国内でこれが一番古い碑であろうということを光圀は確信しました。これは碑文の書き出しの「永昌元年」が唐新羅の年号で日本では、持統三（六八九）年となることを理解していたということです。現在では宇治橋断碑・山の上碑に次いで三番目の古さとされています。

そして、貞享四年に宗淳に捜索の命令が下されます。この「捜索しろ」というのは何を捜索するかというのは、のちほど触れるわけですけれども、この碑に書いてある人物の名前であり、言い換えれば光圀がいちばん知りたかったのは「この碑はだれの墓なのか」ということだったのです。

そして湯津上村は武茂郷から那珂川を隔てた水戸領外にあります。ですからそこの調査であるとか、また、遺跡の保護をしていくことは、直接水戸家ではできないというようなことから、光圀は宗淳に命じて、宗淳は重貞に命じ、この事業が進められました。

そして元禄四年になりますと、発掘調査の許可が下りて、それにかかる「費用はすべて水戸藩が持つ」というような文書が残っておりまして、そういった形で水戸藩の負担による発掘調査が徐々に進められてくるというようなことになります。

【那須国造碑について】

碑文については「国造碑」といわれているぐらいですから、ここには「那須国造」というような文字が書いてあります。十九文字の八行、碑には、中国北朝に通じる書体と和（前三行）漢（後五行）の文章が刻まれています。

上部に笠が載り、「笠石」というふうに地元では呼んでおります。材質としては地元の八溝産の御影石で造られています。碑を建てる習慣、石の加工、碑文の書き出しの「永昌」や書体・内容など、渡来人との関連が指摘されています。しかも光圀の「圀」が則天文字「圀」というお話をしましたけれども、「永昌」は則天武后のときの年号になります。そのへんで光圀が「圀」という文字を使う経緯と重なってくるのかもしれません。そして「飛鳥浄御原大宮」これは持統天皇の大宮のときの「那須国造」、「追大壱」という位は四十八階中三十三等です。「那須直韋提」という人の名前が書かれておりまして、「那須直韋提」が、「評督」を賜ったことがここに書かれています。「那須国造」が「評督」を賜ったのがちょうど六八九年であるということであります。これは、古代史研究上の中で、国造制から評督・郡司制への転換がいつかという議論の中でいつも議論される部分でもあります。

「那須直韋提」というふうに読まれておりますとお伝えしましたけれども、当時光圀および宗淳・重貞も、異なる解釈をしており、ここが第二点目の大きなポイントになってくるわけです。国造の那須直

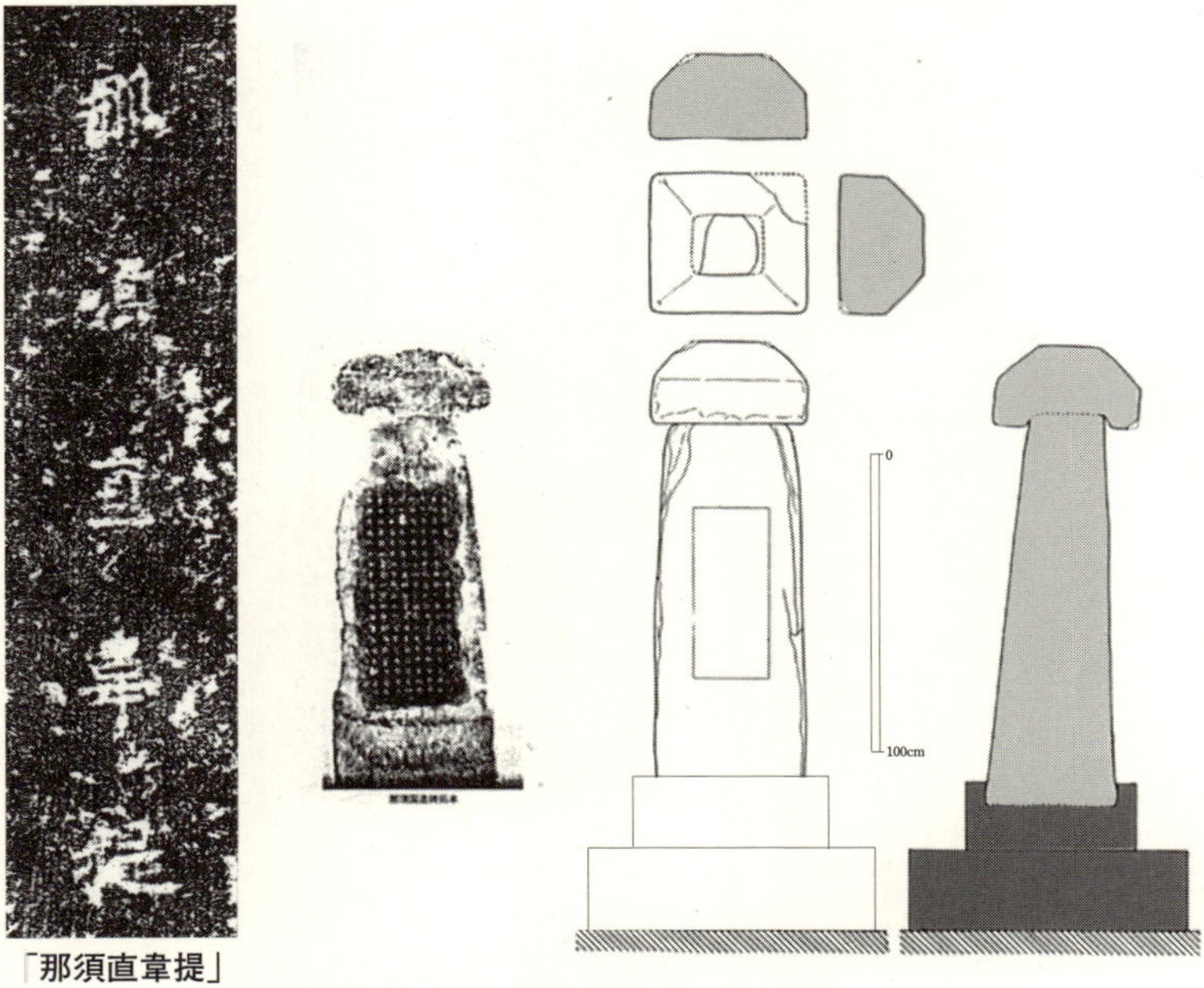

「那須直韋提」
（光圀らは「那須宣事提」と解釈したと考えられる。）

図5　那須国造碑

那須国造碑　碑文　釈文

永昌元年己丑四月飛鳥浄御原大宮那須国造
追大壹那須直韋提評督被賜歳次庚子年正月
二壬子日辰節弥故意斯麻呂等立碑銘偲云尓
仰惟殯公廣氏尊胤国家棟梁一世之中重被貳
照一命之期連見再甦砕骨挑髓豈報前恩是以
曽子之家无有嬌子仲尼之門无有罵者行孝之
子不改其語銘夏尭心澄神照乾六月童子意香
助坤作徒之大合言喩字故無翼長飛无根更固

永昌元年己丑《つちのとうし》四月、飛鳥浄御原《あすかきよみがはら》の大宮より、那須の国造《くにのみやつこ》の
追大壱《ついだいいち》なる那須の直《あたい》韋提《いで》は、評督《こおりのかみ》を賜《たま》はり、歳《ほし》は次《やど》れる庚子《かのえね》の年正月
二壬子《みずのえね》の日辰《たつ》の節《とき》に弥《みまかり》ぬ。故《かれ》　意斯麻呂《おしまろ》等《ら》、碑銘を立て偲《しの》びて尓云《しかい》ふ
仰ぎ惟《おも》ひみるに殯公《なきぎみ》は廣氏の尊胤《そんいん》にして国家の棟梁たりき。一世の中《うち》重ねて弐《じ》
照せ被《ら》れ、一命の期《とき》連ねて再甦せ見《ら》る。骨を砕き髄を挑《かか》げ豈《あ》に前恩に報《むく》いむ。是《ここ》を以ちて
曽子の家には嬌子あること无《な》く、仲尼の門には罵者有ること无《な》し。孝を行ふの
子は其の語を改めざりき。夏《おほき》なる堯《ぎょう》が心を銘し神《こころ》を澄《きよ》め乾《とく》を照やかし、六月の童子も香を意《おも》いて
坤《とく》を助《なす》け徒《たみ》の大《にぎはひ》を作《な》さむ。合《まさに》言《ここ》に字を喩《つ》ぐべし。故《かれ》　翼《つばさ》無くて長《とこしな》へに飛《かけ》り、根无《な》くて更に固まると。

【大意】　永昌元年己丑の四月に、飛鳥浄御原の大宮から、那須の国造の追大壱でありました那須の直葦提は、「評督」との官職を授かりました。そして庚子の年の正月二日壬子の日の辰の節に、長逝しました。そこで遺嗣子の意斯麻呂を首とします私共は、碑銘を立て遺徳を頌し、故人を偲び祀りました。

うやうやしく仰ぎ奉りかえりますと、長逝した公は、広氏の尊い後胤で、那須国の柱、朝廷の重鎮とも言うべき方でありました。その一生は、浄御原の大宮より追大壱にあげられ、さらに評督職を下賜されて、二度にわたっての光栄にあづかり、光輝ある命脈を高めました。「骨を打ち砕き髄をつかみ挑げ、身を尽くして大宮よりの恩顧に報いよう」。これは公の言葉でありました。孝・忠に基づき恩顧を敷衍し人徳を具体化しました。ですから、日に三省の孝人曽参の家門に驕りたかぶる者が一人もなく、その師人間宗師の仲尼先生孔夫子の門流に人を罵りけなす者が全くいませんように、わが門流、家門にも、孝・忠を覆す愚輩がいませんのです。「孝を行なう子というのは、亡くなった父の語（道）を三年が間は堅く守り鎮魂して遺徳を高め広める」と言われますが私（共）も、父君の語を変えはしませんでした。治水、治民、忠・徳を具体化しましたあの偉大な孝子聖帝堯の心を肝に銘記し、心を澄め正して先君の徳を照やかせ、六箇月の喪にあります遺嗣子（私共）も、先父君の遺徳を思って、己が徳をのばし、下民への治績をあげ、家と人とを殷賑させるでありましょう。ここに結びの文字が告げられる次第です。そこで、「魂魄の化された鳥ではない人間に翼はありませんが、肉声に尽くされていた故人の遺徳は、翼なしに永劫無窮、どこまでも徳化を自在に飛翔させ、霊性を横溢させる樹木ではない人間に根茎はありませんが、余情、名望、遺馨は張りめぐらされ、磐石のように、さらに堅固不滅となる」と記すのです。

（田熊信之・田熊清彦『那須国造碑』より）

韋提、これは現在人名であろうということが定説となっておりますが、江戸時代の国造碑研究の初期段階には「那須宣事提評督」というような読み方で、那須国造追大壹と「那須宣事」として「宣事」は国造を補佐する官職名ではないかという読み方をされました。ですから碑文の中には人名が記されていないということを光圀らは考えたのだと、すでに江戸時代の木曽武元が『那須拾遺記』に記載しています。

【古墳発掘の目的】

光圀は宗淳に、「この碑の主が、誰なのかを突き止めなさい」と命じ、「誌石」と言われる葬られた人の名前を記した出土品を求めるという目的で発掘調査が行なわれました。国造碑に隣接する侍塚古墳は地元の農民の伝承によると、国造の墓といわれており、宗淳がここに目を付けました。

「下侍塚古墳」は、前方後方墳、八十四メートル。そして、那珂川沿いに下っていきますと百十四メートルの前方後方墳の「上侍塚古墳」がございます。百十四メートルという大きさは全国でも七番目ぐらいの大きさの前方後方墳ということがいわれております。前方後方墳が那須に六基ありまして、全国で最も前方後方墳が集中するところの一つであるということが言われています。

『湯津神村笠石御建立起』に書かれております絵図には「京方にある故に上塚と云」として、京に近いほうを上侍塚と呼んで、京から遠いほうを下と呼ぶということになっておりまして、国造碑に近い川上の下侍塚古墳そして上侍塚古墳の順で発掘が行な

図 6　『湯津神村車塚御修理』にみる上・下侍塚の絵図

われていくということになります。非常によく古墳の墳形をとらえた図も作成されていると思います。
話がちょっと複雑になりますけれども、国造碑が倒れていたところであり、現在の碑堂の下も実は小高い丘になっています。いちばん最初はそこが墓だろうということで、発掘をしています。「何も出なかった」ことから、そこを造成していままで倒れていた碑を立て、碑堂を建設したというようなことになりましたが、その次に掘ったのがこれらの侍塚古墳だということになります。

【塚の名前】

塚の名称については、「車塚」と「侍塚」の両者の呼称が使用されています。しかし、『湯津神村車塚御修理』では、

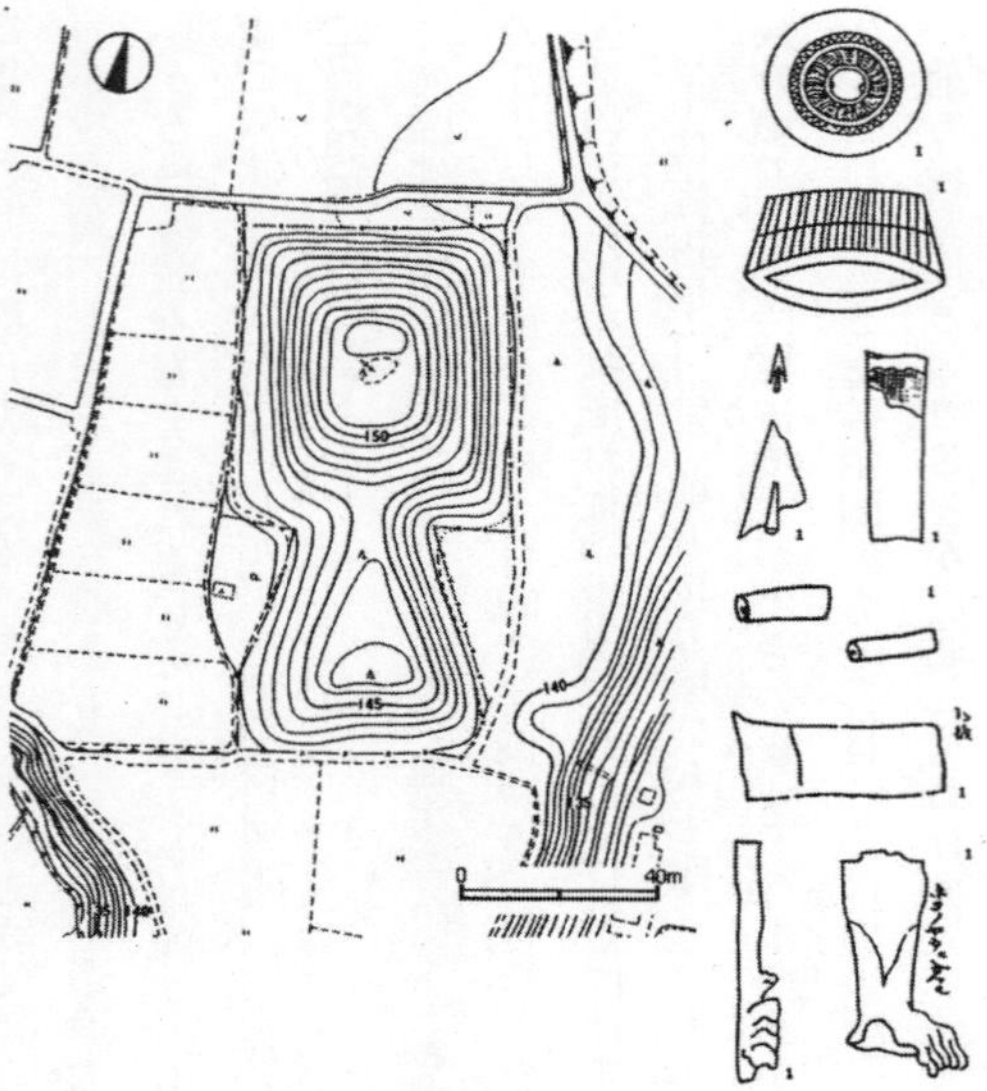

図７　上侍塚古墳と出土遺物

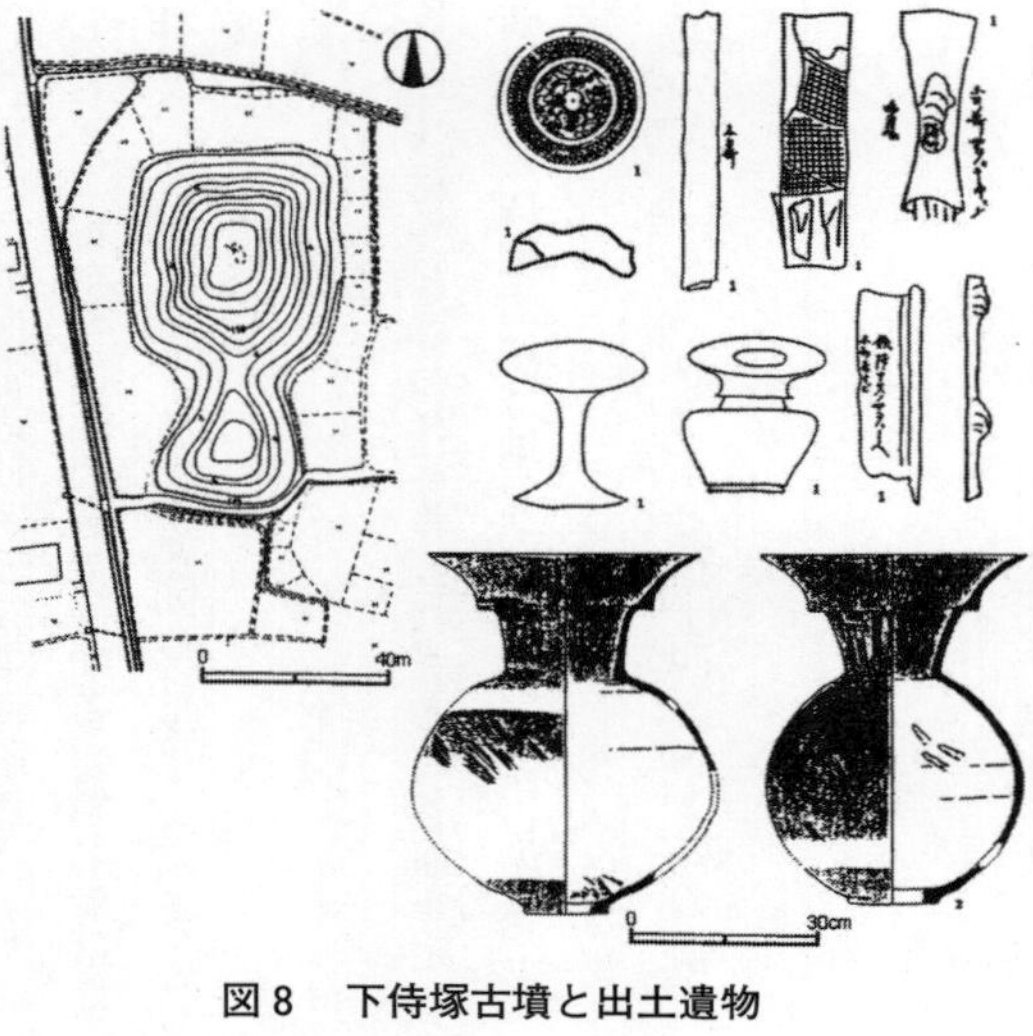

図８　下侍塚古墳と出土遺物

「川下ニ車塚有、是ヲ上侍塚と世言ニ申伝也」「是ハ川上ノ塚也、此塚ヲ世言ニ下侍塚ト申伝也、是ハ車塚と云也」の表現があり、他の資料からも「侍塚」が世間一般や地元など周辺地域での呼称であり、本墳の固有名称と考えることができます。そして、この名称が現在も史跡名称や字名の「侍塚」として用いられています。これに対しまして「車塚」は、光圀や宗淳、重貞など調査を実施する側での呼称となっているようです。前方部を付設する古墳の総称、代名詞としての「車塚」とする「学術」的な表記とみることができるのではないでしょうか。このことは、碑堂付近図への記載に「石碑ゟ三百間　南　大車塚二ツ上侍塚下侍塚」が見え、用語の使い分けもうかがえます。興味深い点としては、宇都宮生まれの江戸後期の学者である蒲生君平が名付けた「前方後円」墳という名称は、古墳を「宮車」とみたことによるものです。この種の前方部をもつ古墳をその形態から「車」とみての「車塚」の名称は、蒲生君平の「車・前方後円」という発想へと発展していく前段をしめすものとすることもできるのかもしれません。これらのことから、従前からの「侍塚」と「車塚」の名称は、元禄期双方の呼称が用いられていたとするより、呼称する地域や呼称する側の違い、固有名詞と代名詞の違いの現われとすることができそうです。

元禄五年の二月の地鎮祭により侍塚の調査を開始します。馬頭町に馬頭院というお寺があるのですけれども、そこに行きまして地鎮祭を行ないます。その辺の手筈は光圀、宗淳はきちんとやっておりまして、現地でも地鎮祭を行なったあと、十五日から人足を出して発掘を実施しております。おそらくこれは上侍塚でなくて、碑のそばにある下侍塚から発掘調査をしていったのではないかということが言われています。

そこで後方部の五尺、いまの一メートル五十センチ掘ったところで、こういうようなものが出てきたというようなことですけれども、実際出てきたものは、いまはまた古墳に納めてしまっていて見られませんが、絵図によりそれをある程度推定することができております。

【出土品について】

出土品は光圀に御覧いただくかを問い合わせたところ、現物を見ないことから絵師により図取の指示があり、作成

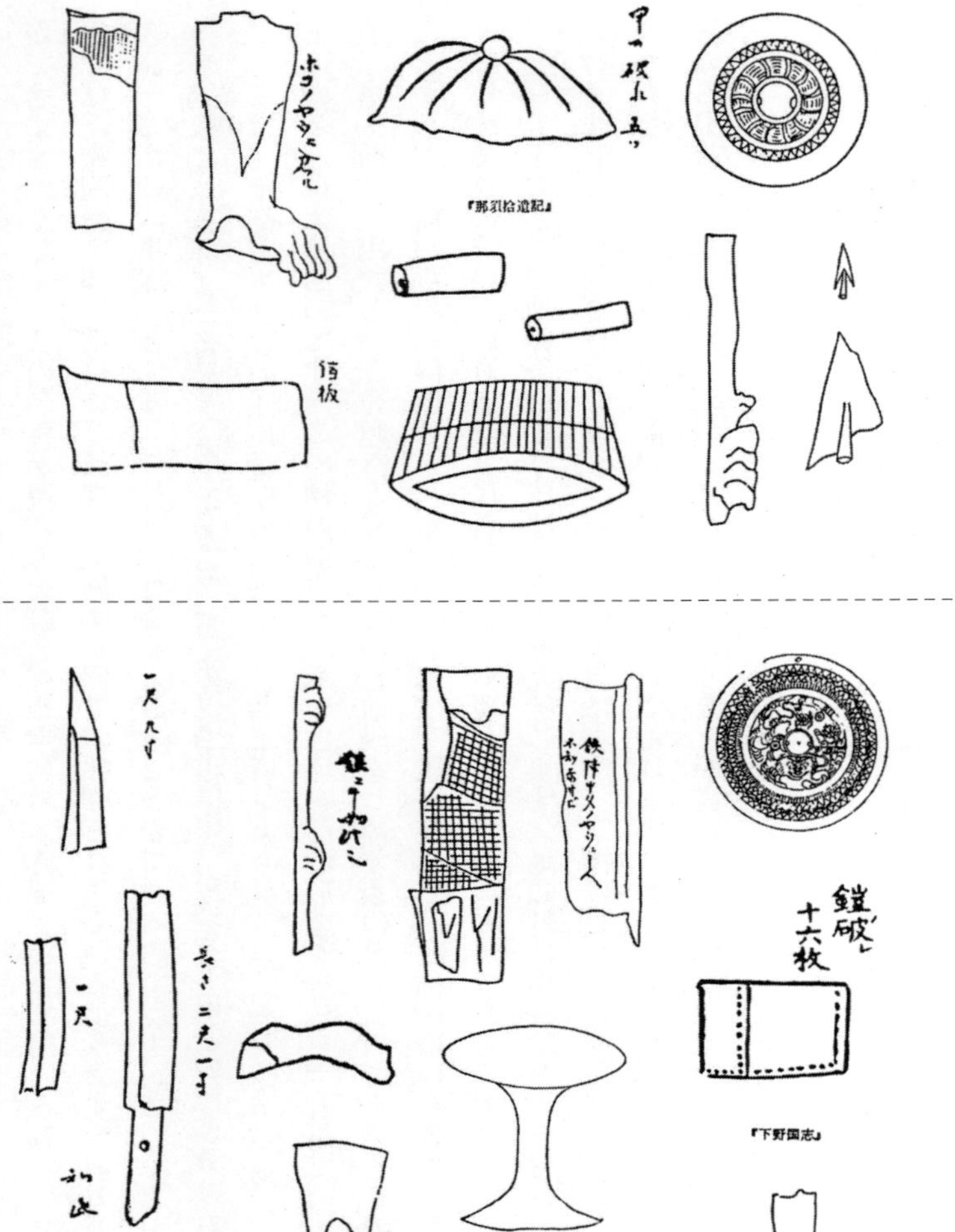

図９　上・下侍塚古墳出土品絵図（上段　上侍塚、下段　下侍塚）
※記載のないものは『湯津神村車塚御修理』

されました。絵図としては、『車塚御修理』鏡の絵、『葬礼私考』という水戸家にある文書に書かれたものが非常にきれいに精巧に描かれておりまして、これらがどうも江戸時代に図取された絵図を見て描いたのではないかということが言われております。

最も信頼される『車塚御修理』においては文章の記述と絵図において「上」と「下」が入れ替わっておりまして、どうも絵図の下侍塚と書いたほうが実は上侍塚のもので、上侍塚と書いたほうが実は下侍塚のものだということが指摘されています。これは文献と絵を直接照らし合わせてそれがわかっているわけですけれども、そういうことになっております。

特徴といたしまして、おそらくこういうような下侍塚の「鏡」は中国製の鏡になるのではないかと森下章司氏が指摘されております。中国製の鏡の日本で一番東の出土地は那須です。那須までがどうも中国鏡の分布域になるわけですけれども、現在の那珂川町の駒形大塚古墳と那須八幡塚古墳で二面出ておりまして、もしこれが本当にそうであれば三面那須で出てくるというふうに考えられます。そういったものがいわゆる下侍塚古墳から出土しております。

それから「花瓶」というふうに書かれているのですけれど、これはいわゆる「有段口辺壺」とい

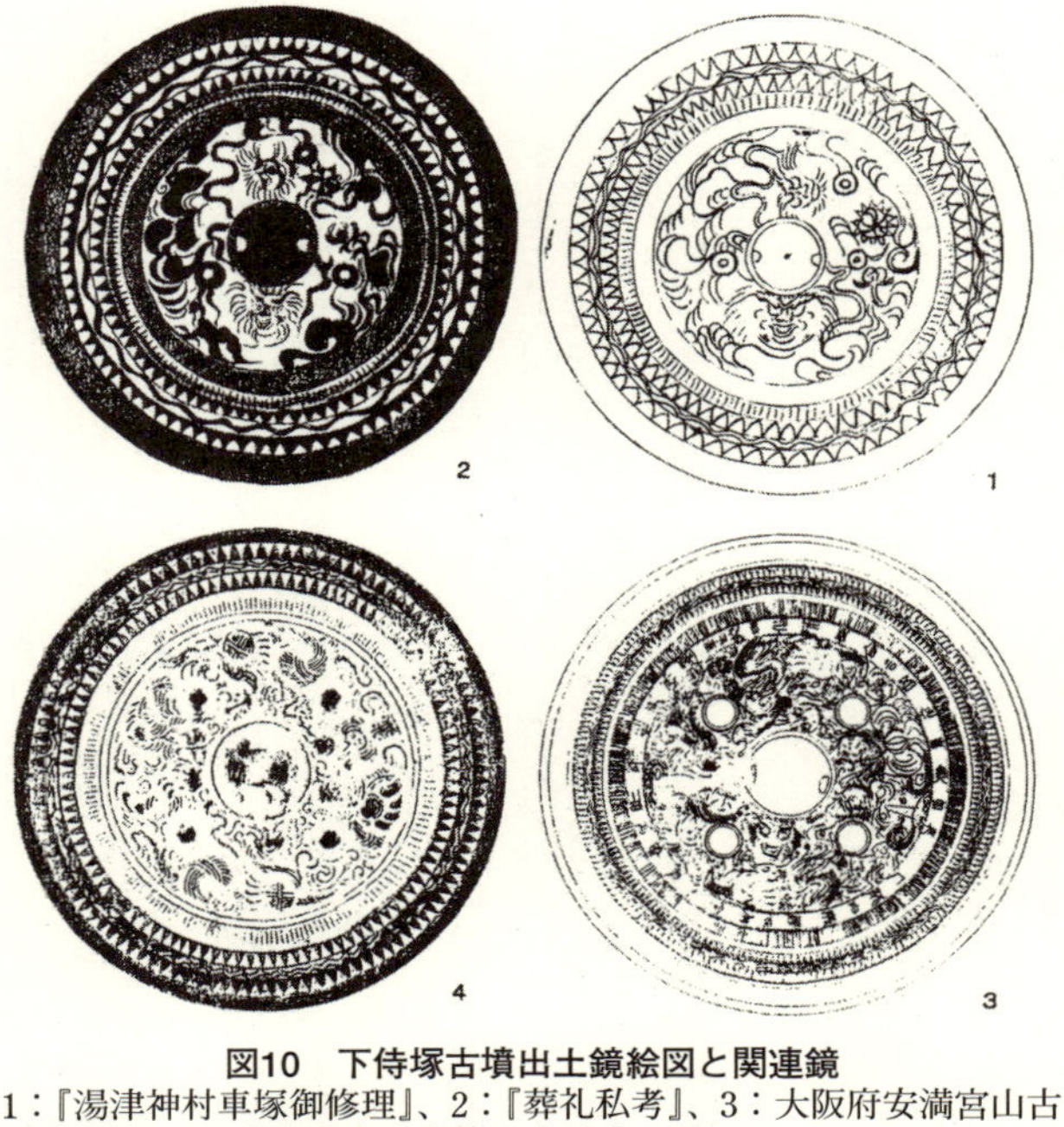

図10　下侍塚古墳出土鏡絵図と関連鏡
1：『湯津神村車塚御修理』、2：『葬礼私考』、3：大阪府安満宮山古墳出土鏡、4：滋賀県安土瓢箪山古墳出土鏡

う、いわゆる埴輪が出てくる直前、壺を埴輪の代わりとして古墳の墳丘に並べる習慣がありますが、そういったものも出ているわけでありまして、実はこの辺の出土物を見ますと大体考古学をやっている方は、ああ、古墳時代の前期、いわゆる西暦三〇〇年から四〇〇年ぐらいのものだなあということが、わかってまいります。

先ほど申しましたように、那須国造碑は七〇〇年に建てられたわけですから、古墳と碑にはどうも三百年ずれがありました。これはいまだからこそわかるのですが、当時の光圀らはそこまではわからなかったわけです。碑の主を明らかにするためにした調査は、実は残念ながら三百年ずれたものだったということです。

見ていただきましたように、ここには碑の主を記したようなものは残念ながらなかったのですが、碑の主を捜索するという非常に純粋な目的をもって発掘調査を進めた、これがまさに光圀の日本ではじめての発掘調査というようなことになってくるわけであります。

光圀は調査の後、出土遺物をまた同じ位置にお返しします。これが光圀の非常に立派なところです。それを自分のものにしません。

そして松の板で箱を作り出土品を入れます。そして松の箱に蓋をして、釘を打って、「四方に松脂をとろめかす」というような文章が書いてありまして、松の脂で密閉をいたします。それをまた古墳の中にお戻しいたします。その蓋に光圀はこの発掘の目的を書いています。「これは宗淳に調査をさせて、惜しいかな碑の主を表わすようなものはなくて、折れた刀などしか出土しなかった」ということを、この箱の蓋の裏に書いているわけであります。また宗淳は、一連の発掘の中で、その古墳の主に「いまから発掘をいたします」「碑の主を明らかにするために発掘をしましたよ」というようなことばを述べ、その文章をやはり箱の中に文書として納めています。

【古墳の保護・顕彰】

古墳を発掘します。それは碑の主を明らかにするためで、そして発掘の状況や出土品をレポートといたしまして文献に記しました。出土品はまた元通りの位置に埋め戻しました。その後に墳丘を整備するために松を植えました。いま日本でいちばん美しい古墳として「侍塚古墳」があげられますが、これは、一連の光圀のお仕事と言えるわけであります。

では今度「碑」のほうにまた戻りたいのですけれども、元禄四年叢に倒れていたものを起こしまして、碑に覆い堂を造ります。光圀はその地域の買収をします。そこには「地元の人が賛成してくれるのであれば、管理人を置け」と指示し、「修験者大宝院」を国造碑堂別当とさせております。そういうような形で管理人の生活費を賄うため田畠の費用も水戸家が支出しています。

そして実はここに、光圀はやはり文章にして残すのが好きといいますか、常にしておりまして、国造碑の下に光圀は江戸に発注して特製の鏡をつくりまして「那須国造碑の名を明らかにするために発掘した」という文言が記されております。そういうような鏡を国造碑の下にも納めているわけであります。

若干駆け足になってしまったわけですけれども、そういった形で碑の主を明らかにする過程で古墳の発掘も行ない、なおかつそれらを保護する。そして当時から引き続いていまもこの国造碑に見学に行きますと「笠石神社」として、神主さんがお出迎えしてくださいます。

【光圀の巡見】

いままで発掘調査の指示命令をしてきまして、その後調査も終わって、記録も終わって、埋め戻しも終わって、修築、最後の造成も終わりました。その後元禄五（一六九二）年北領武茂郷第五回巡村で光圀はそれを確認に行きます。その行程は陸路、大子町のほうから行きます。そして馬頭村星百助宅にきて、馬頭院、大金家、それから那珂川を渡って国造碑に行って、

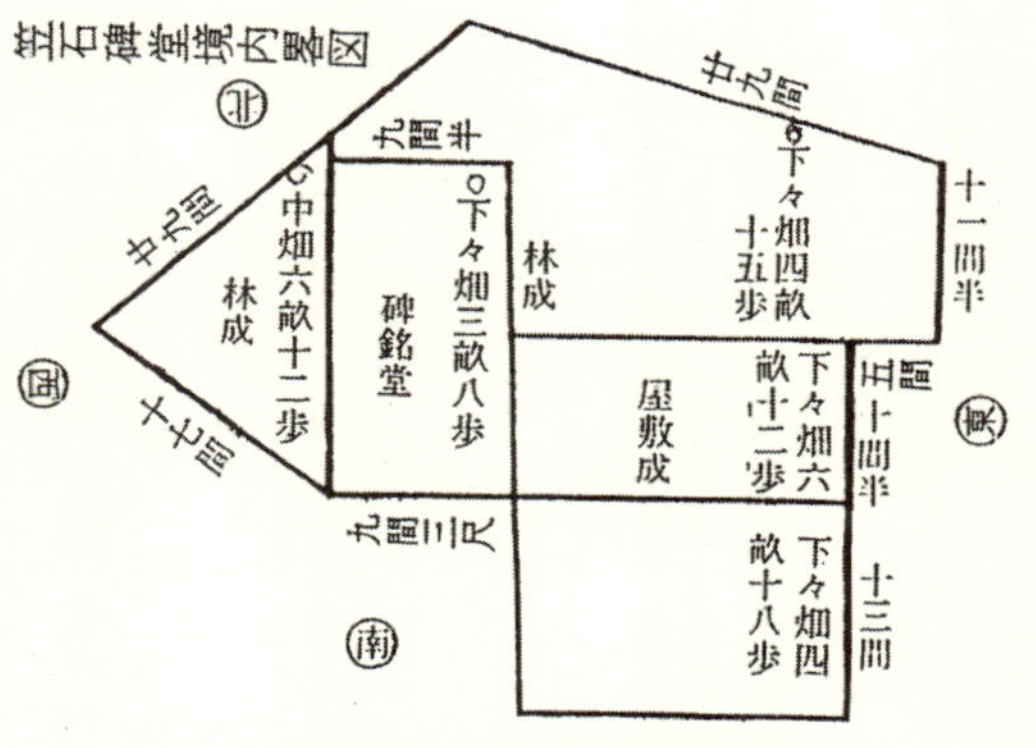

図11　国造碑堂　周辺地域と買収地

それが完成したのを見届けて、たいへん満足して帰っていったというようなことになります。

　また、光圀の一連の調査保護に感激いたしました、隣りの烏山藩主永井伊賀守直敬が大名行列で国造碑まで行きまして、国造碑別当と大金家に祝儀を授けています。この藩主は光圀のこれらの文化財保護や先人顕彰事業を見習って那須与一が祀られた神社、御霊神社が那珂川町にあるのですけれども、その神社に与一の偉業を讃えた「銅製香炉」を奉納します。水戸光圀の文化財に対する考え方が、こういうような地域の藩主にも徐々におよんできたというようなことになります。

図12　那須国造碑に納めた光圀特注の鏡

五　光圀の目的とは

まさに水戸光圀というものは、歴史を明らかにするために歴史研究をしたということではなくて、人間の筋道といいますか、きちんとした天皇家の流れや、人の歩むべき道という道徳的立場から歴史的資料を非常に大切に扱って、それを敬うためにいろいろな保護策をしてきた、というようなことになると思います。

　そして動機としてよく言われるのは、「英雄の死をもって治平のときに生まれ、力を出すにところなし、故に死に、逞しゅうす」というふうによく言われております。これはまさに戦国時代が終わって泰平の世の中になって、どういう形で私はこの世の中に貢献していくのか、そういったときに私は歴史を通して人の道を説いていくのがいいのではないかというような、この辺に光圀の発想といいますか、思想を見ることができるのではないかということになります。

そしてこの彰考館の「彰考」というのが、まさに歴史は未来を見通していく、人の正しい筋道・行ないを見通していくためにまとめるのが歴史であり、まさに現代の考古学とはちょっと観点の違う形でありながらも、結果的には考古資料や諸文化財資料を調査・保護・記録化してきたというようなことが言えるのではないかと思います。

そして一連の文化財保護活動の中で行なわれました調査の中で、とくに有名というか、これだというものが、実は那須郡の武茂郷、また湯津上村、この地域で行なわれた碑や古墳の発掘調査です。そこには碑の主をまさに明らかにしようという目的の下に調査をされたということになりまして、日本の考古学史上はじめての出来事といえます。

ですからいま、お茶の間で皆さんの想像していた光圀と、かなりかけ離れた光圀像というものを今回御理解いただくのが、私の役目だということで、私に命ぜられたわけですけれども、そういうような一連の行動をとったのが光圀なんだということであります。

最後になりますが、なす風土記の丘資料館の二つのテーマは、那須の古代文化と光圀による那須国造碑・侍塚古墳の調査保護です。このテーマは企画、常設展を問わず、当館では絶えず関わり続けることになろうかと思います。資料館と共に是非、光圀が、わが国最初の発掘調査を行なった那須の古代文化の地へ足をお運びいただければ幸いです。

以上、ご清聴ありがとうございました。

参考文献

(1) 新井敦史 二〇〇五「もう一つの関ケ原—関ケ原合戦と那須衆—」『知られざる下野の中世』

(2) 茨城県立歴史館 二〇〇〇『光圀—大義の存するところ如何ともし難し—』

(3) 斎藤　忠・大和久震平　一九八六『那須国造碑・侍塚古墳の研究』吉川弘文館
(4) 鈴木瑛一　二〇〇六『徳川光圀』人物叢書、吉川弘文館
(5) 田熊信之・田熊清彦　一九八七『那須国造碑』中國・日本史文研究會
(6) 栃木県　一九七六『栃木県史』史料編中世五
(7) 栃木県教育委員会　一九九三『那須の歴史と文化』栃木県立なす風土記の丘資料館
(8) 栃木県教育委員会　二〇〇四『水戸光圀公の考古学』栃木県立なす風土記の丘資料館
(9) 馬頭町古文書会　一九九五『佐々介三郎宗淳書簡集読下』
(10) 針生宗伯編著　一九七〇『那須拾遺記』木曾武元撰

前方後円墳の名付け親

――蒲生君平と宇都宮藩の山陵修補――

篠原祐一

只今ご紹介に預かりました篠原でございます。先の第一回「黄門様の考古学」に続いては、寛政の三奇人・蒲生君平と、幕末の宇都宮藩山陵修補についてでございます。前回の水戸光圀の精神が、本日お話する蒲生君平に引き継がれておりますので、決して無縁なお話ではないのです。

はじめに

まず、蒲生君平についてお話をする前に、蒲生君平を教科書などで習った方はいらっしゃいますか。あっ、結構いらっしゃる。蒲生君平は高山彦九郎・林子平とともに「寛政の三奇人」として有名ですが、数奇な運命に翻弄され、生前よりも、没後、時を経て国民的に有名となった方です。今回お越しで蒲生君平をご存知ない方は、政治的な力による知名度の浮沈と真実の業績を、すでに蒲生君平をご存じの半数以上の方は、以前習った内容との違いをご確認いただければと思います。

本日の前半は、蒲生君平と著書『山陵志』について、後半は、君平が没して約五十年後に、宇都宮藩が実施した山陵修補について、という二部構成でお話を進めさせていただきます。

「寛政の三奇人」の「奇人」は、四年前までは耳慣れない言葉でした。しかし、三年前（平成十三年）の自民党総裁選挙で、田中真紀子さんが小泉純一郎さんの応援に「奇人・変人」の語を使用したため改めて注目されました。その後、内閣総理大臣になられた小泉さんは「変人」を「ストレンジ（strange=奇妙）やエキセントリック（eccentric=風変わり）ではなく、エクストゥディナーリー（extraordinary=並はずれた・非凡）と理解している」とおっしゃっています。「寛政の三奇人」の「奇人」も「数奇なる人」「人並み以上の才能を持ち得る人」の意味でご理解下さい。因みに、以前は、「寛政の三奇人」に交流がなかったと考えられていた時期もありましたが、それぞれは交友関係を持ち、様々な形で思想的に関わっていた側面のあったことが知られています。

さて、「蒲生君平は宇都宮で大変有名であった」と過去形で語らなくてはなりません。それほどまでに今は地元でも忘れ去られているのです。

蒲生君平という人物は、明治時代に入って直ぐに顕彰されます。以降、宇都宮では蒲生君平を見直そうという動きがあり、明治二十二年、宇都宮二荒山神社境内に、君平の碑が建てられました。その時には知事以下官僚が参列したと伝わっています。それから明治四十四年には三島吉太郎編の『蒲生君平全集』が上梓され、昭和十三年までの間に五版が重ねられます。よく聞いてみますと、風潮で皆さん挙って買われたそうですが、格調高い難解な文章が多く、あまり読んではいないという状態だったようです。

大正元年、蒲生君平九十九年祭に、神社創建の願いが起こり『蒲生会』が結成され、昭和十五年十月二十七日には蒲生神社の上棟式が斎行されました。この時は大工全員が烏帽子直垂姿で木遣り行進し、在郷軍人会・青年団・市職員・教員・生徒などの奉仕動員が行なわれています。奉仕動員された方々は「蒲生先生は男の誇りさネ」「武士じゃ君平、桜じゃ軍道」と歌われたそうです。「武士じゃ君平」については、君平が士分を得ていなかったので、武士道精神と解すべきなのでしょう。また「桜じゃ軍道」というのは、宇都宮に明治十四年から陸軍第十四師団が置かれ、その軍道沿いに桜並木があったことに由来します。今でも桜通りという名称が残っています。

昨日、このお話をさせて頂くので、蒲生君平の御霊にご挨拶をしなくてはと思い、蒲生神社へ参拝いたしました。蒲生神社は栃木県庁裏手の山の頂上に鎮座されております。蒲生神社の存立する丘陵は、もともと古墳群が多い地域です。『山陵志』を成した蒲生君平が、その古墳群の中に祀られているというのも奇しき御縁と申せましょう。現在、蒲生神社の御神徳は「学問向上・合格祈願」とされております。まだ、受験には早いためか、また、雨という天候もあってか、広い参道に「学問の神様・合格祈願」という旗ばかりがはためいて、寂寥の感禁じ得ませんでした。

蒲生君平は、本日お見えの半数の方が習われたように、戦前は「忠臣」「尊皇の志士」として扱われていました。只今お話してきた部分も、そうした蒲生君平観から生じたところでございます。では、果たして蒲生君平という人物が、本当に思想家だったのでありましょうか。

その前に、皆さんの身近に生き続けている蒲生君平のつくった有名な用語から、蒲生君平物語を説き明かしてまいりましょう。

一　蒲生君平と『山陵志』

1　一般教養語の前方後円墳

本日の主題は、「前方後円墳の名付け親」となっております。現在、小学校六年生の社会科では、「前方後円墳」の用語が、古墳時代を特徴付ける墳墓の代表格として取り扱われています。

例えば、平成五年度に使用された教科書（大野連太郎ほか　一九九二『国土のあゆみ』6上、中教出版）では、「大和の豪族」の節の「大和の古墳」の項本文中に、古墳の中でも、とくに大きいものは前方後円墳で、四世紀のはじめごろ、大和地方につくられ始めました。このあたりには、大ぜいの人たちを使うことのできる、力の強い豪族がたくさんいたからです。

とあります。さらに、古墳築造の様子を想像した図や、奈良盆地・大阪平野の古墳群分布図を載せています。また、前方後円墳の平面・断面の模式図を示し、「前方部」「後円部」の用語と古墳での位置、埴輪列の様子、「遺体をおさめる部屋」として主体部の位置などを解説しているのです。

平成九年度に使用された教科書（宇沢弘文ほか 一九九六『新しい社会』6上、東京書籍）では、「大きな墓をつくる」の節本文中に、

長野県更埴市（現千曲市）に、当時のように復元された古墳があります。長さ約一〇〇m、はば約五〇m、四角形と円形を組み合わせた前方後円墳です。

とあり、森将軍塚古墳の完成時の想像図と、築造の様子を図示しています。同頁中には、小さく「大仙（仁徳陵）古墳」の写真と模式化した平面図で大きさを解説しています。さらに、次節の「王たちがまとまる」では、頁の半分を全国の前方後円墳分布図にあてています。この図は、前方後円墳を赤い点で示し、墳長百二十メートル以上の前方後円墳を県別に何基あるか数値を挙げ、「今の奈良県（大和）、岡山県（吉備）、島根（出雲）、福岡（筑後）のあたりには、勢力の強い大豪族がいたと考えられています」と解説されています。

つまり、義務教育で覚える「前方後円墳」の用語は一般教養の語と言っても間違いはないでしょう。ただ、この言葉を蒲生君平が最初に使用した造語であることはほとんど知られていません。考古学を学ばれている方は、学史としてご存知と思いますが、一般的の方はまず知らないでしょう。

現在、考古学での前方後円墳は「平面形が円形の主丘に四角形（方形）に近い突出部が連接した墳丘をもつ古墳」（白石太一郎 二〇〇二『日本考古学事典』）と、事典に概念規定されています。蒲生君平は何故方形の部分を前とし、円形を後ろとしたのでしょうか。これは後ほどお話申し上げますが、今日、忘れ去られた蒲生君平の言霊は、「前方後円墳」という言の葉に宿り生き続けていることを、ご認識いただければと思います。

2　蒲生君平、特旨を以て贈位あらせられる

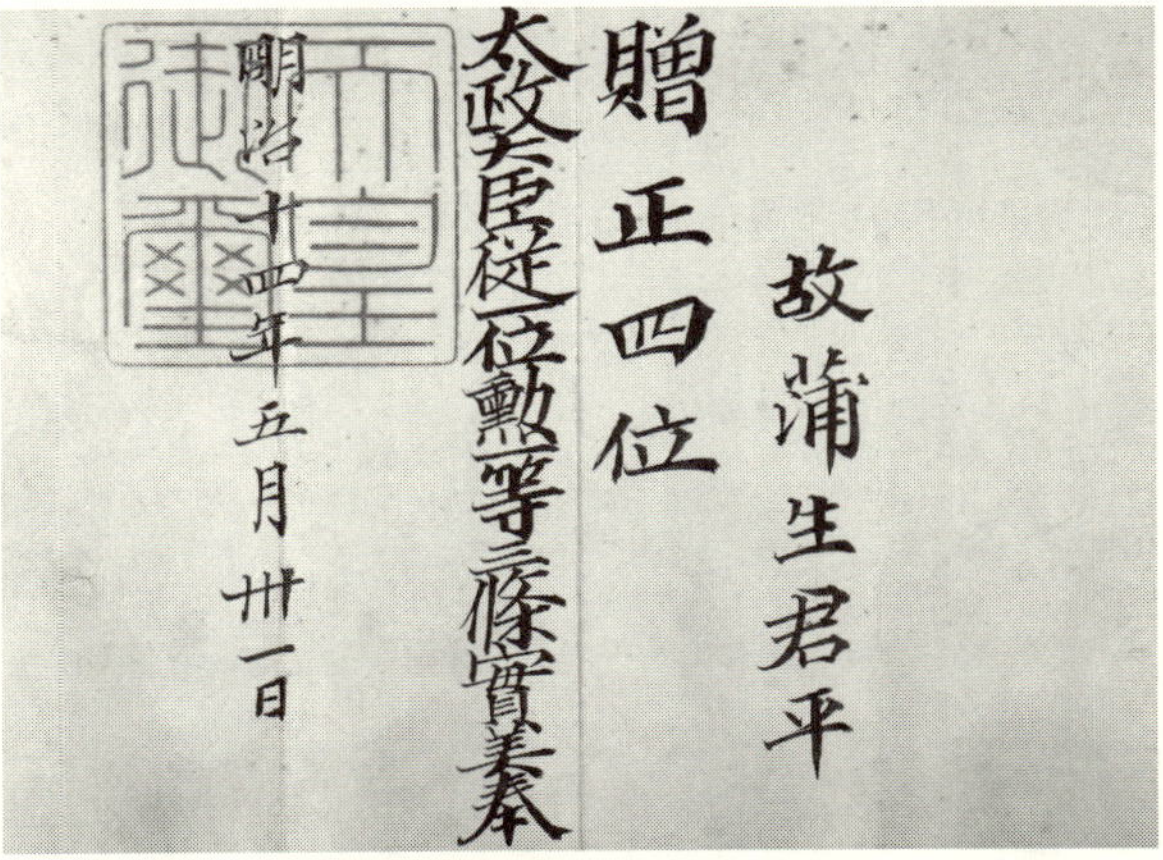
故蒲生君平
贈正四位
太政大臣従一位勲一等三條實美奉
明治十四年五月卅一日

図1　追贈位記（蒲生正行氏蔵）

それでは次に、蒲生君平の名が歴史上翻弄された事実をご確認いただきます。冒頭に申し上げましたとおり、蒲生君平は教科書に載っていたことがありました。その前段として、明治十四年、明治天皇ご巡幸の折り、蒲生君平の忠功を賞して、「正四位」を贈られております。

故蒲生君平

贈正四位

太政大臣従一位勲一等　三條實美奉

明治十四年五月卅一日

故蒲生君平

特旨ヲ以テ正四位ヲ被贈候事

明治十四年五月卅一日

太　政　官

図3　三人扶持下賜状写書（蒲生正行氏蔵）

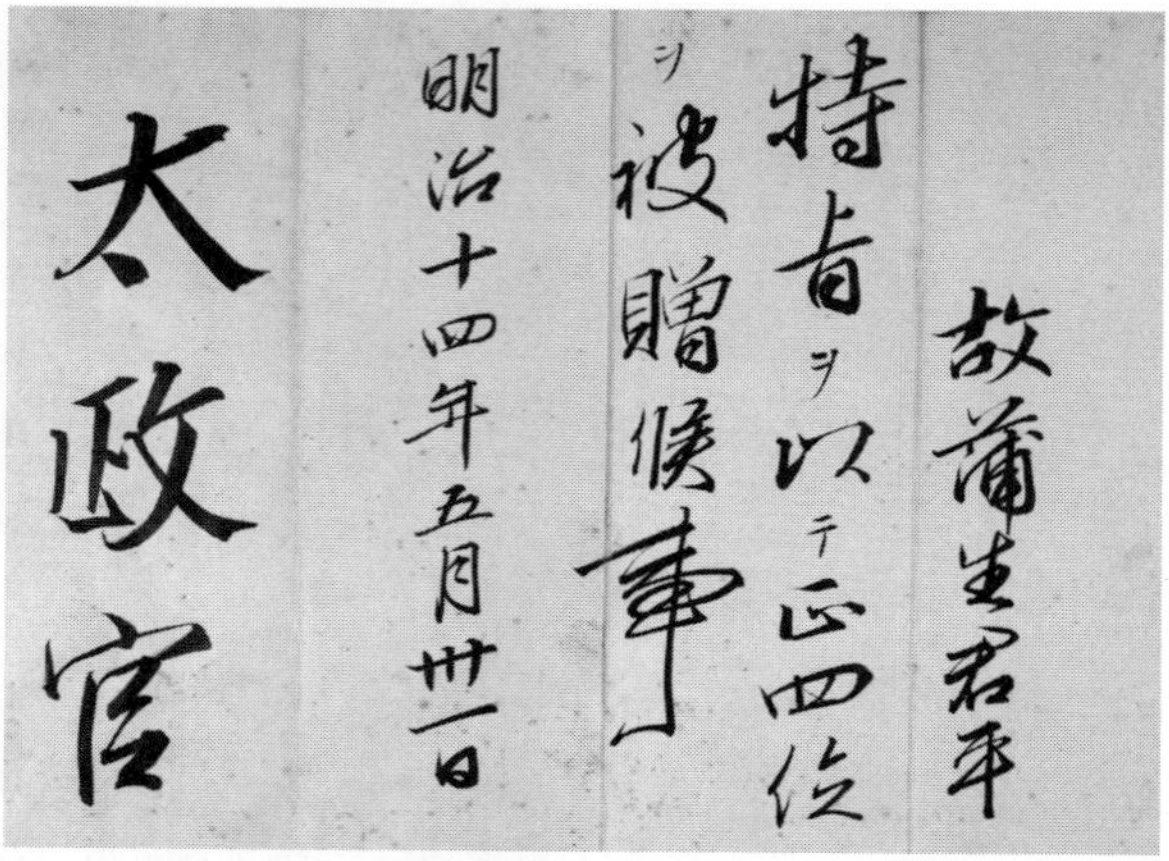

図2　追贈太政官符（蒲生正行氏蔵）

これより前、明治二年十二月には太政官が追賞を行ない、「勅旌《せい》の碑」というものが、当時の宇都宮市街地の入口南新町に建立されました。太政官令には、

故蒲生君平

草奔一介之身ヲ以テ綱紀ノ衰弛《ち》ヲ慨シ名分ノ紊《びん》壊ヲ憤ス然レドモ時ノ不可ナルカヲ著述ニ専ニシテ以テ　朝廷ヲ尊崇シ世教ヲ補裨《ひ》ス其風ヲ聞テ興起スル者不少其気節深ク御追賞被為在依之里門ニ旌表シ子孫三人扶持下賜候事

太政官

祭粢料金十五圓

とあり、要するに「身分低く貧する者が、皇室の衰退を嘆き、それを糺さんとして『山陵志』を書き記した。その尊皇の姿勢は多くの者に影響を与えた。ここに功を追賞し、旌を街道入口に立て、子孫に恩給を与える」と、すでに尊皇の忠臣に位置付けられていることがわかります。特に「興起スル者不少」は、蒲生君平著書の『職官志』を、吉田松陰が禁固中に読破し、松下村塾で同書を板刻、また、同じく『不恤緯《ふじゅつい》』も板刻したことと無縁とは申せません。幕末長州の志士と吉田松陰の関係から考えても、松陰が板刻までした書物の比重が軽かろうはずもなく、そうした結果が明治二年という早い時期の追賞と、尊皇思想家としての評価となったもので

しょう。

3　蒲生君平、尋常小學國史に一章を立てられる

大正十年十二月五日、文部省発行『尋常小學國史』下巻に「第四六　高山彦九郎と蒲生君平」の章が立てられました。この教科書は、国定歴史教科書の第三回改訂版にあたります。

第三回改訂版以前の歴史教科書は、高山彦九郎ひとりで一章となっていますから、蒲生君平が割り込んだことになります。つまり、明治期の顕彰作業を終え、蒲生君平を思想的に利用する評価が定まり、大正十年の改定時期に登場したということです。

大正十年教科書の「第四六　高山彦九郎と蒲生君平」の章全文を読んでみましょう。

蒲生君平順徳上皇の御陵に詣づ

図4　大正十年『尋常小學國史』所載挿絵

蒲生君平は下野の人なり。幼より學問を好みしが、ある時祖母より其の家柄を聞きて、大いに志を起し、それより日夜讀書にふけり、外出する時も、歩みながら書物を讀めるほどなりき。

君平廣く和漢の書を讀むにしたがひて、朝廷の久しく衰へたることをなげきしが、殊に御歴代の御陵のすたれたるを悲しみ、自ら畿内をめぐりて、神武天皇の御陵をはじめ數多の御陵を取調べ、遠くは讃岐の崇徳上皇、佐渡の順徳上皇の御陵にも參拜し、山陵志を著して、之を朝廷及び幕府にたてまつれり。君平の家はもと

より貧しく、日々の生計にも困りたれば、夜は按摩を業として僅かの金を得つつ、遂に其の書物を作りあげたりといふ。此の書出でて、今まで世に知られざりし御陵は明かになり、多くのすたれたるものも後に修めらるゝに至れり。明治に及び、朝廷彦九郎・君平の忠節を賞して、之を表彰したまへり。

その後、昭和十年二月二十三日付文部省発行『尋常小學國史　下巻』「第四六　高山彦九郎と蒲生君平」では、語句を平易に変更したのみで、大正十年版をほとんど踏襲しています。昭和十六年三月三十一日文部省発行の『尋常科用　小學國史　下巻』「第四二　高山彦九郎と蒲生君平」になると、「國髄の尊いゆゑんが、明らかになるにつれて、幕府がほしいまゝに政治を行ふのは、正しくないと論ずるものが、つきつぎにあらはれるやうになつた」にはじまり、「朝廷が長い間、御自由をしのんでおいでになることを知り、たいそう悲しんだ」「御歴代の御陵が荒れてゐることをもつたいなく思ひ」と続き、「明治の御代、朝廷では、式部・大貳・彦九郎・君平らの忠節をおほめになつて、正四位をお贈りになつた」で結ばれています。昭和十八年三月三日文部省発行『初等科國史　下』では、山陵巡拝と『山陵志』を世に出したことに重点が置かれ、「明治の御代、朝廷では、尊皇の志の厚かつた、これらの人々に對し、その功をおほめになつて、それぞれ位をお授けになりました」となり、「君平の家はもとより貧しく」から続く君平の生活の部分が外されています。

こうして、戦前の尊皇・国威掲揚の一翼を担ってきました蒲生君平と高山彦九郎は、昭和二十一年九月十日発行の『くにのあゆみ　下』で完全に姿を消します。

もうすでにおわかりのとおり、蒲生君平が国定歴史教科書に登場した背景には、政治的な思想誘導がありました。こうして、国民すべてが知るところとなった大忠の指標たる人は、戦後、過去の思想誘導への反動が強い分だけ抹殺への力も強く、冷静な歴史的再評価をされることも多くないまま、今日に至っています。再評価の現実としては、「受験教科書」と呼ばれるような高等学校歴史教科書に「寛政の三奇人」のひとりとして記載され、丁寧な場合でも

『山陵志』を記した」とあるだけです。

では、明治から戦前に至るまでの「尊皇の志士」「忠臣」の評価は正鵠を射ていたのでしょうか。次に蒲生君平の生い立ちを追いつつ、人間蒲生君平像にお話を変えていきたいと思います。

4　蒲生君平の生い立ち

蒲生君平は、もともと福田姓です。何故蒲生になったかと申しますと少々複雑な事情があります。君平が生まれた福田家は、戦国末期の常陸国の小豪族福田壱岐守義継の末と語られています。福田義継は、佐竹義重と戦い敗死し、その子、宣国は宇都宮に逃れて土着し町民となりました。宣国が宇都宮に落ち着いた頃の慶長三年（一五九八）、蒲生氏郷の世嗣秀行が會津百二十万石から宇都宮十八万石に移されて来ました。この秀行の腹違いの弟に帯刀正行という方がおり、禄三千石で宇都宮に在住していました。そして、福田宣国の娘を妾としました。関ケ原の後の慶長六年、蒲生秀行は再び會津に六十万石で復します。いよいよ宇都宮から離れんとする時、帯刀正行に、福田宣国の娘は懐妊

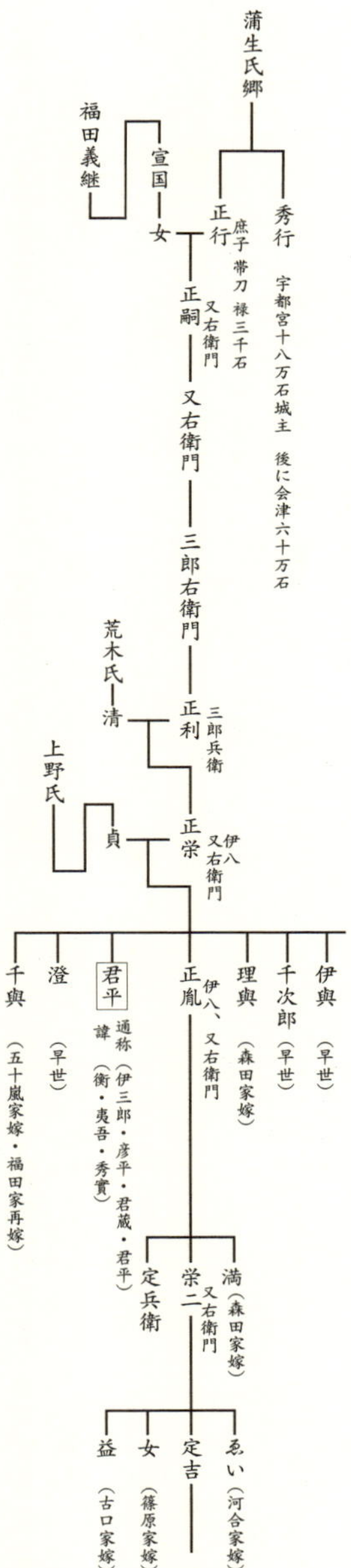

図5　蒲生君平系図

の由を告げます。「宇都宮から會津への移動は身二つには危険が多すぎる。子供のことも考えてあなたは宇都宮に残りなさい」と正行は言います。そして、宇都宮に残った福田宣国の娘は、翌春男子を出産します。會津で知らせを聞いた正行は、「會津の春は遅いから、しばらくはそちらで養育していなさい」と返事をよこします。しかし、次に届いた手紙は、「會津へ来い」ではなく、「四月十七日、正行急死」の報でした。正行の跡は違う腹の男子が取ることになりましたので、生まれた子は母方の福田姓を継ぐことになりました。この男子が又右衛門正嗣と称しました。君平の五代前のことです。

なお、このくだりには、異説があります。正行に懐妊の由を告げると、「男子ならば會津に、女子ならば福田家で育てよ」の言を受けます。しかして、男子が誕生すると手元で養育したい気持に駆られ、正行には女子誕生の報を届けたというものです。

先ほどの教科書の中では「日々の生計にも困りたれば」とありましたが、生家は逆に裕福な商家でありました。福田家は代々油屋として財を成しておりました。君平の祖父は檀家総代をつとめ、姉・姪が町年寄の家に嫁ぎ、母貞の実家は上野氏の出で、木綿屋を営んでいた状況から考えても、決して食うに困るような家ではなかったということは明らかです。

蒲生君平は、福田屋当主福田又右衛門正栄の六男として生まれました。兄伊八、姉理与以外は早くに亡くなり、実質的には次男として育ちました。

君平が十三歳の時、祖母から「福田家は蒲生家の血を継いでいる」という話を聞かされました。すでに『太平記』を愛読していた君平は、名将蒲生氏郷の末裔であることに感激しました。そして、蒲生氏が藤原氏の枝であることを知る君平は、大織冠鎌足以来、国に大功を立てた先祖が多くいる中、我が身は寂れた一介の町人にすぎないと嘆きます。せめて学問にて身を立てようと志を立てるのでした。

十五歳（一説には十四歳）になると、宇都宮の隣にある鹿沼の鈴木石橋という方のところへ弟子入りします。この鈴木石橋は十四歳年上の儒学者で、名は之徳、字は沢民、通称四郎兵衛と言い、鹿沼の石橋町に住んでいたので号を「石橋《せききょう》」と名乗っていました。たいへんな秀才で、昌平黌に学び助教まで務めましたが、君平入門の一年前（十四歳説では入門の年）に鹿沼に戻り、麗沢之舎《りたくのや》という塾を開いて門弟を集めました。石橋という方はたいへんな博愛の人で、飢饉の窮民に財を投げうって救恤すること頻繁で、後に宇都宮藩の藩校ができた時、教授に迎え入れられました。また、松平定信は石橋を江戸城中に招き書を講じさせたこと三度と伝えられています。

君平は人間形成に大切な時期の五年間を石橋に師事して学びました。石橋は儒学の山崎学派と申しますか、春秋学の範疇に入る学風でしたので、君平の基底をなしていた学問も同様であったと考えられます。

図６　蒲生君平秀實大人之影（故長嶋元重氏蔵）
君平の死後18年目に描かれた最も古い肖像画

十八歳の時、君平の才たるや奇才なりと見抜いた石橋は、学問ばかりではなく、人としての師にと、黒羽の鈴木為蝶《いちょう》軒という方を紹介します。鈴木為蝶軒は、諱を正長といい、後に黒羽藩の家老にまでなる人です。執政としても優秀で、天明三年（一七八三）の大飢饉に領内から一人の餓死者も出さなかったという徳政を敷いた人です。また、豪傑で林子平・高山彦九郎・水戸藩有志との交わりがありました。君平は政治の教えを受けたばかりではなく、そうした人脈も授かりました。

君平は黒羽から水戸に流れる那珂川の河川交通を利用して水戸に赴きます。水戸に入ると水戸光圀の遺命『大日本史』を編纂する彰考館に足を運びます。その時、立原翠軒、藤田幽谷（藤田東湖の父）などに会います。

藤田幽谷は齢わずか十二歳でしたが、翠軒門下の神童をもって聞こえ、皆一目を置いていました。その幽谷も君平の風格にただならぬものを感じたと、後に會澤伯民に告げております。

こうして黒羽藩、水戸藩との親交を深めながら学問を進めた君平ですが、学を志す者、一度は江戸に出なくてはならないと、寛政元年（一七八九）、二十二歳で江戸に上がり、山本北山の奚疑塾《けいぎじゅく》に入ります。同門として太田錦城なども交友を深めています。また、この年に高山彦九郎と知己を得ているようです。

君平は北山のところで『孝経』を中心に学んだと思われます。それは、妹の千代が嫁に出るにあたり与えた『女誡《じょかい》国字解《こくじかい》』の随所に『孝経』の影響が認められることから知ることができます。

先にも触れましたが、君平は高山彦九郎や林子平との交わりから、精神的、思想的な部分を成長させていったのは間違いありません。この三奇人の交わりはあまり多くなかったとの研究があったようですが、今日では、多くの手紙類が見つかり、特に彦九郎との交友が深かったとわかっています。先ほど、教科書に二人が一章として記載されていたことに触れましたが、生前からのご縁なのかもしれません。

寛政二年（一七九〇）、高山彦九郎が東北地方に旅立つを知るや君平は後を追い、漸く石巻付近で追いつき、会飲痛談しています。帰路、仙台の林子平宅を訪ね、不在のため立ち去ると、今度は子平が君平の後を追い、今のいわき市湯元の温泉宿で追いつき、時事談笑して別れました。その三年後に、林子平は幽死し、高山彦九郎は慷慨屠腹しています。寛政七年（一七九五）、君平は再度、北遊しています。ロシアの北辺侵犯の見聞を目的とした旅ですが、何よりも君平を衝き動かしたものは、五年前の二人への想いだったのでしょう。

この時の北遊で、君平の考証史学的な一面を垣間見る『吉野先帝塔碑考』が残されています。石巻に多福院という寺があり、そこに「吉野先帝御菩提碑」があります。碑文には、

梵字　奉為　吉野先帝御菩提也
延元二年巳卯霜月廿四日　白敬

とあり、南朝公卿の墓と信じられていました。

　君平は『吉野先帝塔碑考』で、陸奥の石巻に吉野の初代後醍醐天皇の塔碑がある。石巻はもともと伊寺の水門で、「水門《みなと》」は「港」と同義語であるため、「港」の偏旁三水《さんずい》を省けば「巻」となることから、後世「石巻」に転じたものである。水門の里は広くないが、大海に面し奥州の東部を抑える要である。後村上天皇の皇子が奥州大守に命ぜられた時、本拠としていた場所がこの地である。故に皇子の御所跡には礎石が残り、近習の日野や日下部らの子孫もいた。そのためこの碑が建立された。延元二年紀年銘として読むと後醍醐天皇の崩御年と合わないが、二と二を合わせての四であれば、延元四年八月十六日の崩御から三カ月の追善供養と考えられる。京都東寺の古硯や江戸浅草寺の梵鐘銘も二と二に分けていることも証左となろうと書いています。この内容は、聞き取り調査、現地踏査、そして文献考証によって総合的に碑文の意味を検証する作業が含まれています。現在の考古学でも現地踏査や発掘調査があり、類例の検討、論文などの文献調査、出典の確認など、基本的に変わるものではありません。研究とは、その研究者が生きた時代での知識・情報を根拠に考えられたものです。君平の考えの是非は時代のなせるものであって、現在の考えから見て同様であれば卓見、異なるものであれば学史と評価されます。しかし、本当に評価すべきは、資料、情報の収集量とその論理的組み立てが整然となされていることでしょう。この姿勢は『山陵志』にも一貫して認められるものであります。

　さて、話は君平の生い立ちに戻りますが、君平は武道の修練も怠りありませんでした。裕福な油屋の次男の立場が幸いして、時間はいくらでもありました。その時間を、藤姓蒲生氏の末裔との誇りから、学問と武術に費やしていました。武術は刀・槍・砲術など知識・鍛錬を重ねています。余程の自信があったのでしょうか、知人の仇討ちに旅立

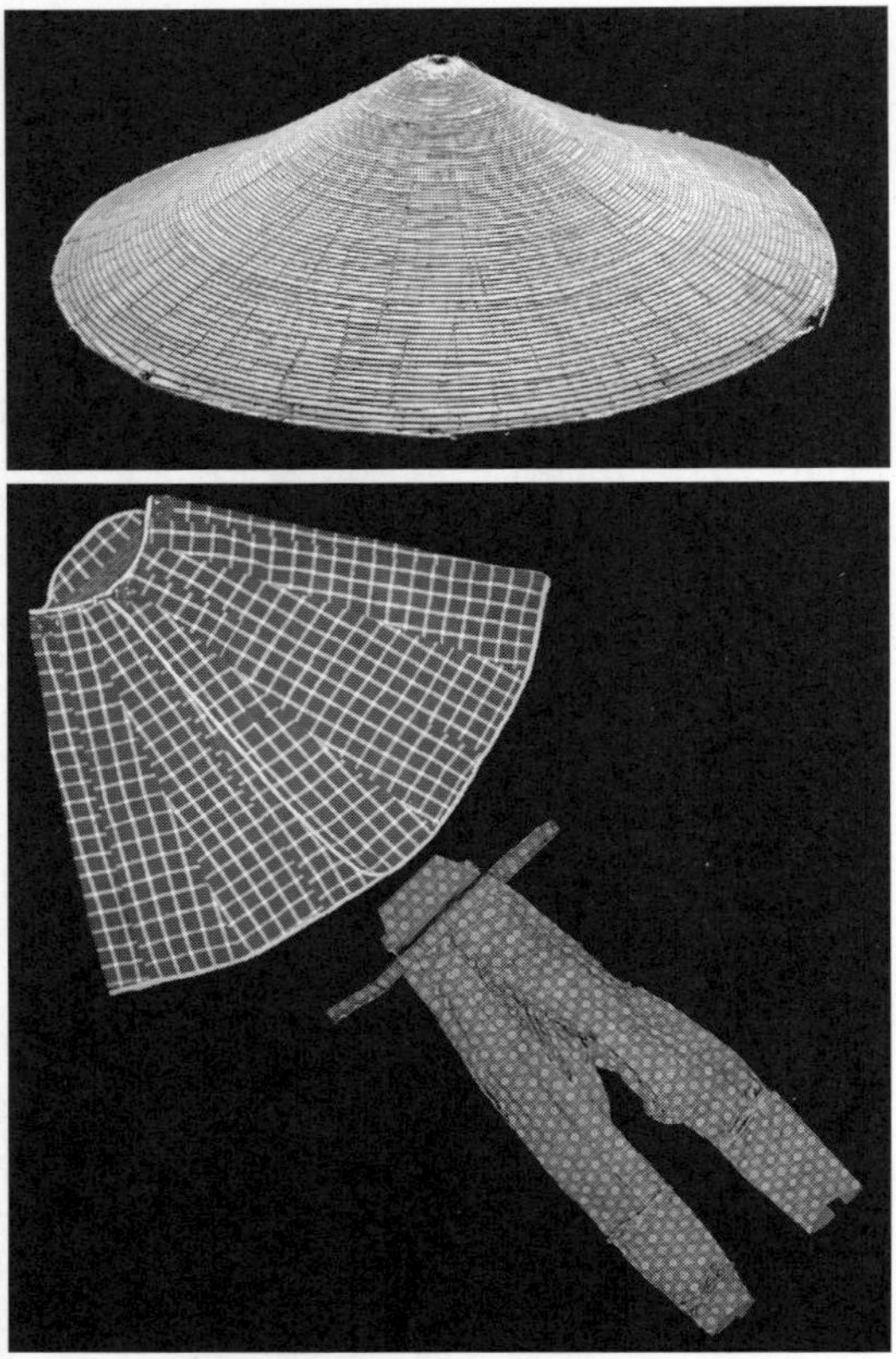

図7　蒲生君平遺品（蒲生正行氏蔵）

ったこともありました。君平は水戸と宇都宮を頻繁に往復していましたので、途中、茂木村の医儒片岡竹卿宅を定宿としていました。ところが、寛政十年（一七九八）七月、訪れると竹卿は賊に殺され三日目とのことです。残された子は幼少で、甥一人が仇討ちに出かけると聞きます。すわ助太刀と賊を追って仙台に到達し、探索の結果宿に賊がいることをつきとめます。いよいよ仇討ちの本懐をと言う時、仙台の友人に仙台藩の掟は私事を禁止しているので、たとえ賊でも殺めることは許されないと諭されます。君平は、道理が通らない、たとえ内国にそうした法があるとしても、殺人に対しての義は仇を討つことである。法が間違っていると憤慨します。友人に説得されている間に賊は逃げてしまい、再び追跡して、下野国佐野に似た人がいると聞き付けますが、結局人違いであったため、竹卿の甥を関東郡代附出役に紹介し矛を収めます。君平義侠の一面です。

君平は水戸有志との交流から、義公光圀を尊敬していました。したがって、『山陵志』の動機にも義を著わす目的がありました。話は仇討ち前の寛政八年（一七九六）、君平二十九歳に遡ります。十一月、君平は最初の西遊に就いています。この時、伊勢国松阪の本居宣長を訪ね、山陵の荒廃を教えられます。そして、父祖の地、蒲生旧領の水口を通り、入京して歌聖小沢蘆庵宅に定宿します。小沢蘆庵は本居宣長から紹介されたようです。蘆庵宅を拠点として山陵調査に没頭し、半年を過ごします。この間、隠岐や湊川まで足を延ばし、大和・河内・和泉・摂津の御陵調査を主に実施しています。京都から江戸への帰路は、君平にとって、生涯最も貧窮に喘いだ旅になりました。路銀が途中で尽き、箱根山中で大いに飢えたのであります。そこを茗荷屋宇右衛門に救われ、「忘らめや　よしや茗荷の　屋の名とも　飢えにし旅の　その情をば」の狂歌を贈っています。漸く江戸に着いた君平を見て、山本北山は、「遊学した成果と無事な姿があったとしても、その風体では孝行の道から外れる」と言って、財嚢から金を鷲づかみにして君平に与えました。君平は涙ながらにそれを受け取り、旅装を整え、宇都宮に帰着したのでありました。帰着後直ぐに『山陵志』を書き上げ草稿が成りました。寛政九年（一七九七）十月の頃です。

第二次西遊は、仇討ち事件が一段落した寛政十一年（一七九九）の暮れに出立しています。第二次は『山陵志』の目的を具体的に説き、資金援助の取り付けを多方面に依頼していますので、『山陵志』の進行具合が佳境に入っていたことを知ることが出来ます。君平は終生安定した収入を得る仕事には就いていません。しかし、他人の家に寄寓すること、資金を得ることには長けていました。言も弄したでしょうが、何よりもそれだけの人物であり、魅力があったことは間違いないようです。国定歴史教科書にあった「夜は按摩で稼いで」は作り話であります。

第二次西遊による補完の後『山陵志』の推敲を重ねますが、享和元年（一八〇一）一月、兄が病に倒れ看病の日々を送ります。三月には會津で蒲生正行二百回忌が行なわれましたが、不参を謝す書状を會津の隆存上人《りゅうそんしょうにん》へ届けています。兄の看病の先が見えてきた五月、君平は江戸に出て、吉祥寺の辺りの貧乏長屋に居住し、「脩静菴」という庵を結びます。以後、『今書《こんじょ》』『職官志』『不恤緯』などに筆を進めたのでありました。

文化五年（一八〇八）、君平四十一歳、『山陵志』の稿本を暖めること七年、漸く出版に漕ぎ着けます。『山陵志』の出版には、凡そ三十五両から四十両の費用が必要とみられ、予約者からの前金も思うほど集まらず苦慮している時、日本橋の商人鍵屋醒斎（「酔うて然るに後に醒む。醒むるは、酔うことに因るなり」から醒斎と言う）が不足金を援助することとなり、実現の運びとなりました。そして四月には念願の『山陵志』が百部上梓されたのであります。しかし、十一月に幕府から『山陵志』の出版を「身分を憚らぬ行為」と咎められ取調を受けます。二十四日には答申書を提出しますが、その内容と予約者のみの頒布が幸いして、罪は免れることとなりました。十二月、友人御牧篤好《みまきあつよし》の妹が、大奥に仕えていることを聞き、請い願い妻とします。君平より十歳年下でありました。

それから五年後の文化十年（一八一三）六月、『刑志』脱稿後体調を崩し、そのまま赤痢となってしまいます。七月五日、君平四十六年の生涯を閉じます。法名は文山義章居士、谷中の臨江寺に葬られます。

君平は晩年、詩賦に「一妻一子を生み、安撫して其の成るを待ち、講学・儒学を伝えん」と願っていますが、実際には子に恵まれず、残念ながら蒲生君平の子孫はおりません。

5 『山陵志』以前の山陵修補

ここで少し、蒲生君平が『山陵志』を著わす前の山陵修補状況に触れておきたいと思います。

『延喜式』「諸陵寮」以降、律令体制が崩壊すると、陵戸・守戸も有名無実となり、陵墓も盗掘や取り壊しによる開墾の対象となっていました。江戸時代は、儒学を重んじたため、勤王思想は早くから芽生え、陵墓の荒廃を糺す施策は幾度か行なわれています。

早いものとしては、松平直政が信州松本より雲州松江に転封の際、領内の隠岐島にある後鳥羽天皇陵を修補したという例があります。また、徳川光圀は、元禄七年（一六九四）、史臣森儼塾《けんじゅく》尚謙に命じて上表文を作らせ、歴朝山陵の修補の意を顕わされました。しかし、この上表文は上奏されることなく、光圀は没したため水戸藩の遺志として伝えられることになります。同じ頃、細川廣澤が、柳沢吉保に呈した建白書には、山陵不明なものは二十五に及ぶと記され、元禄九年（一六九六）、松下見林は、それを補うために『前王廟陵記』を記しています。しかし、実地調査は少なく、『延喜式』との異説を併記する程度で、考証・比定を成すほどのものではありません。

元禄十年には、幕府独自で山陵治定を行ないます。その方法は、地元村役に命じて、山陵との伝承があるものを答申させ、それに基づき、周囲を竹垣で囲み、高札を建てて陵墓を知らしめるというものでした。その後、宝永六年（一七〇九）と八代吉宗の享保期（二～四、十、十七年）に、竹垣を結い直し、高札の建て直しを実施しています。

蒲生君平が山陵を見て歩いた頃は、それから漸くたっているので、ほとんど朽ちていた状態だったと思われます。

6　蒲生君平『山陵志』を記す

蒲生君平は寛政元年（一七八九）二十二歳の時に『山陵志』の構想を持っていました。版刻は文化五年（一八〇八）ですから、実に十九年の長きに亘って『山陵志』に取り掛かっていたことになります。

図8　『山陵志』と帙（蒲生正行氏蔵）

『山陵志』を起こすにあたり、先ほど申しました徳川光圀という大きな存在がありました。それは、『山陵志』百部を刷り朝廷・幕府有志・予約者に頒布した際、幕府から受けた咎への答申書によってもわかります。答申書には、『大宝律令』を挙げて山陵の廃滅を聖代の一大欠陥とし、徳川光圀の遺意を汲んで山陵を後世に遺すため版に刻したと言っています。

君平は光圀が着手し、以降水戸藩の藩務として編纂され続けている『大日本史』の補完として、「志」と「表」を作る必要があると考えていました。『大日本史』は中国歴代の正史体裁に倣い、本紀と列伝が進められていました。君平は個人で「志」を受け持とうとしたのです。「志《し》」という字は「誌」と同じで、志《こころざし》ではなく、資料編と思っていただければよろしいかと思います。現在でも「県史」や「市史」などの編纂は、「通史編」と「資料編」で構成されることが多いのですが、君平も『大日本史』は、本編と資料編があってはじめて成立すると考えたのです。因みに「表」は、年表・事件の列記とお考え下さい。蒲生君平の構想では、志を九つの項目に分け、最初に書き上げたのが『山陵志』だったのです。この『山陵志』は、九志構成の第二冊目ですから、発刊の順番はこだわっていなかったようであります。

蒲生君平が『山陵志』で引用した書物は、製作年代順不同で、太子伝暦・徒然草・喪大記・列子・礼記・西京雑記・甘露寺親長日記・文徳実録・三代実録・史記・誉田八幡縁起・皇年略記・養老律令・小右記・帝王物語・史記・新撰姓氏録・漢書音義・暁筆記・延喜式・神皇正統記・大和志・前王廟陵記・多武峯記・性霊集・応仁記・年中行事秘抄・太平記・鳩嶺雑事記（岩清水八幡記録）・観心寺記・本朝皇胤紹運録・東鑑・増鏡・保暦間記・百錬抄・明月記・吉続記・白峰寺縁起・一代要記・後中記・平戸記・万葉集・扶桑略記・皇年代略記・貞信公記・李部王記・山桜記・帝王系図・大鏡裏書・仁部記・中右記・江家次第・古今集・康富記・伏見中陰記・歴代編年集成・長秋記・愚管抄・拾芥抄・皇年代私記・名勝志・日本略記・発心集・山槐集・左経記・栄華物語・皇代記・道長記・今鏡・園太歴・大歴目録・平家物語・源平盛衰記・玉海・元亨釈書・養老律令・令義解・聖徳太子伝・旧事本紀・和名類聚抄・古今著聞集・真言伝・永正年代記・指南抄・吉記・由来記・御室相承記・源氏物語弄花抄・文応帝外記・山霞・古事記・日本書紀などです。これだけの書物を用いると言うことは、それ以上の書物を読んでいたということになります。そして、これらの参考図書の知識を踏まえて、現地踏査や聞き取り調査を実施し、比定・治定の作業を行なったのが、『山陵志』なのです。

先ほどの「九志」についてお話致しますと、「神祇志」『山陵志』「姓族志」『職官志』「服章志」「禮儀志」「民志」『刑志』「兵志」を編む予定でした。「九志」全体の序文では、国家の紀綱を立て、事理を貫く法則をあきらかにし、人倫の道や名分を正す教えを生じさせ、政治・刑罰の指針、風俗淳化に効果があると記しています。根本には儒教思想が横たわっています。「九志」の一は「神祇志」です。国家の祭祀を司るのが統治者の第一義です。次が『山陵志』です。歴代天皇を敬い、天皇の君徳を偲ぶ、そして御霊を祀るということです。第三が「姓族志」、それぞれの家系を明らかにして、家毎の秩序を重んじることです。そして第四が社会維持秩序の官職変遷史を記した『職官志』。第五が有職故実に代表される服制の「服章志」。第六が人の徳としての「禮儀志」。第七が治世者は、民のことも知らなくてはならないとの考えで、庶民を記録する「民志」。第八が刑罰・法律を留める『刑志』。最後の第九に、当時頻繁であった外国からの侵入への備えとして、軍備を記す「兵志」。これらが資料編に不可欠の内容と君平は考えていました。

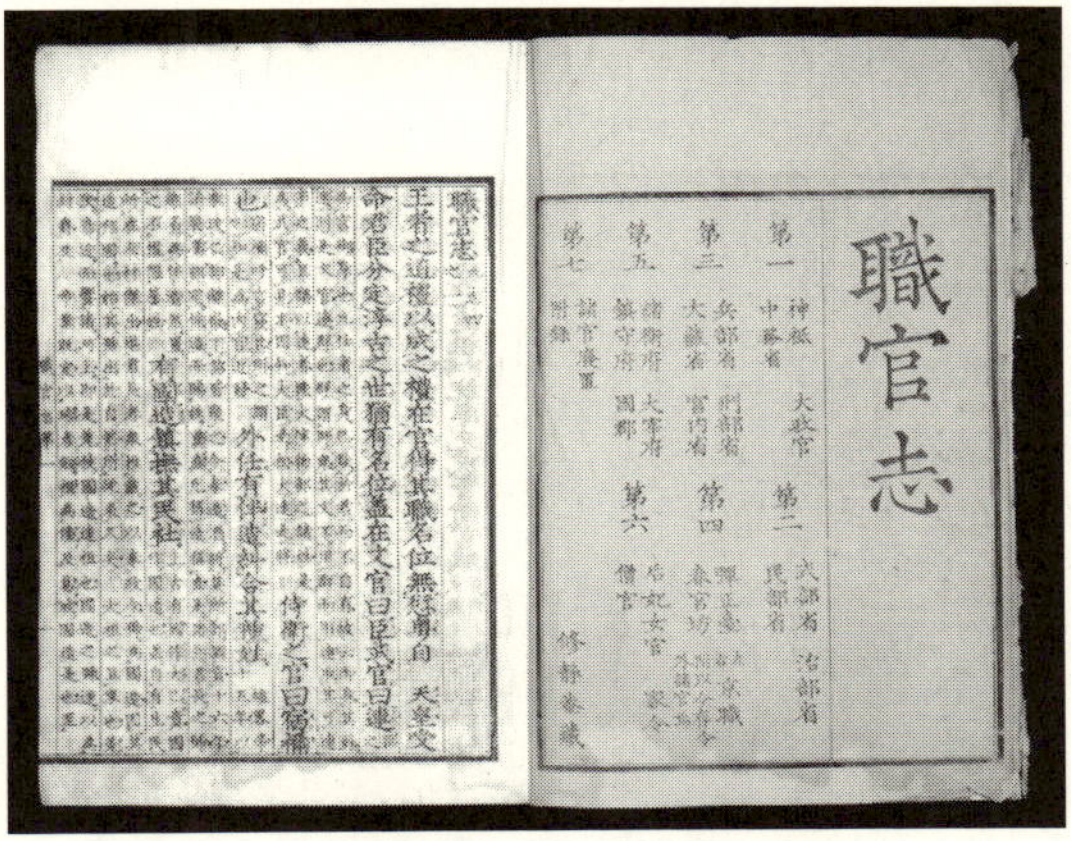

図9　『職官志』（蒲生正行氏蔵）

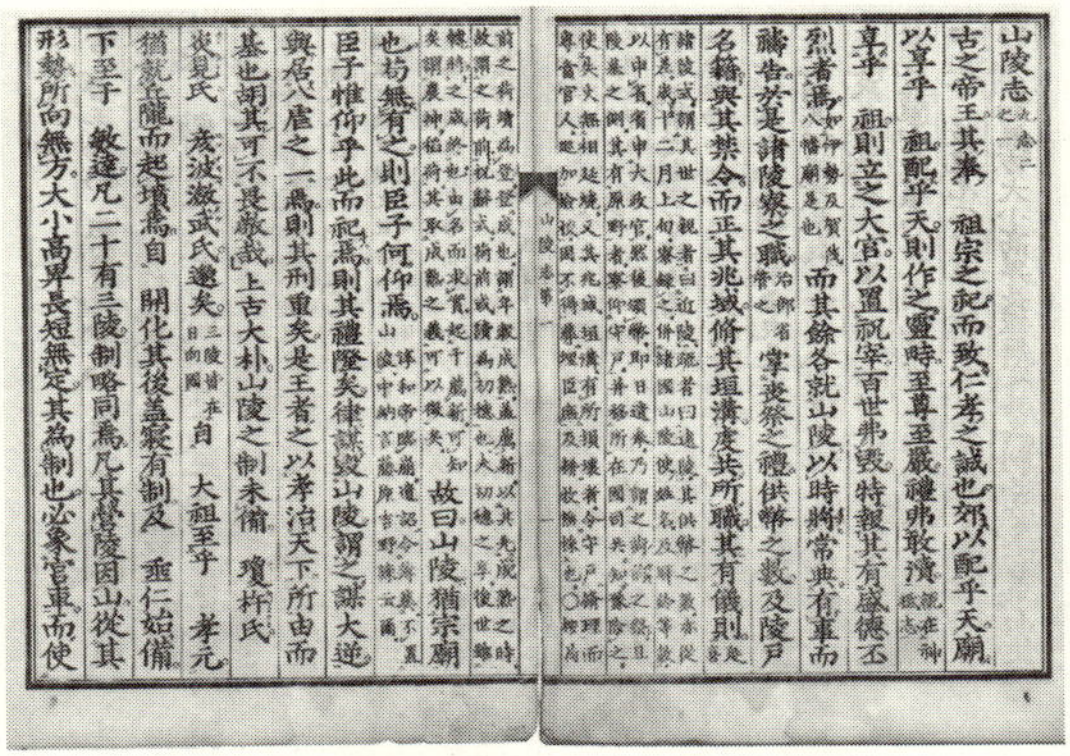

図10　『山陵志』序1（蒲生正行氏蔵）

『山陵志』に戻ります。君平の文章は、漢文で格調が高く難解です。そこで序の考古学的にも面白い「日向三陵」のところから要点となるところを読み下してみます。日向三陵は、神武以前の日向三代の瓊瓊杵尊と彦火火出見尊、鸕鷀草葺不合尊の陵のことで、現在も鹿児島県に陵墓指定地があります。君平は、人皇は神武天皇からであると考えており、君平以前の陵墓比定に日向三陵を含める傾向があったのを、真っ向から否定しています。

　上古は大朴《たいぼく》にして、山陵の制、未だ備わらず。瓊杵《ににぎ》氏・炎見《ほほでみ》氏・彦波瀲武《ひこなぎさたけ》氏は遥かなり。

上古の山陵はたいへん素朴で、制度も整っておらず、遠い昔のことであるのでわからないと言う意味です。続いて、

　大祖より孝元にいたるまで、なお丘隴《きゅうろう》について墳を起こすなり。開化より其の後、蓋寝《がいしん》の制あり。垂仁に及んで始めて備わり、下って敏達にいたる凡そ二十有三陵は、制ほぼ同じなり。およそ其の陵を営むは、山に因りて、其の形勢に従い、向こうところ方なく、大小、高卑、長短も定むるなし。その制をなすや、かならず宮車《きゅうしゃ》に象《かたど》り、而《しか》して前方後円となさしめ、壇をなすに三成《みかさね》とし、かつ環《めぐ》らすに溝をもってす。

神武天皇より孝元天皇までは丘陵沿いに塚を築き、開化天皇から制度が整い、垂仁天皇の時にさらに備わったものとなり、その後、敏達天皇までの二十三陵は同じ制度である。陵は地形を利用するので、方向や大小が一定しない。制度は必ず柩車の形を模し、前が方形、後ろが円形で、接続部分はくびれて低く前方後円の形をする。土を三段に盛り、周囲には溝をめぐらしている。

　それ其の円《まど》かにして高きは、蓋《ふた》を張るがごときなり。頂《いただき》は一封をなす。すなわち其の葬るところ方《ほう》にして平ら

かなるは、衡《くびき》を置くがごとくなり。その上の隆起せるは、梁輈《りょうちゅう》のごとく前後あい接し、その間やや卑《ひく》く、しかして左右に円丘あり、其の下壇に倚《よ》り、両輪のごときなり。後世に至るに及び、民これを睹《み》るに、よく識ることなし。なお号《なづ》けて車冢《くるまづか》という。けだし亦《また》、これを以ってなり。

後ろの丸い部分は笠を伏せた様で、前の方形は車輿の柄と横木の衡《くびき》に見える。接続部（くびれ部）には円丘（造り出し）があり、これは車輪の様である。何の形を象ったかは伝わっていないが、車塚と呼ばれることが多いのは、宮車としての柩車であった名残であろうと推測しています。

用明より文武にいたる凡そ十陵は、とくに是の制を変ず。但《およ》そ、円にこれを造り、玄室《げんしつ》を其の内に穿治《せんち》し、これを築くに堊《しっくい》をもってし、これを覆うに巨石をもってす。石棺は其の内にありて南面す。ゆえに其の戸も南面す。しかして累石《るいせき》これが羨道《せんどう》をなす。その制、厳密、既に斯くのごとし。これをもって、また之れを環らすに溝をもってせざるなり。斑鳩《いかるが》太子、寿蔵《じゅぞう》を河内の磯長《しなが》に治む。すなわち是の制なり。当時、太子、自ら聰明にして才芸あるを負《ほこ》り、作る者の聖に居り、旧章において変替《へんたい》するところ多し。すなわち山陵のごときも、けだしまた然るか。

用明天皇から文武天皇までのおよそ十陵は制度が変わり、円墳に玄室、つまり石室を造り、羨道、墓道も石を積みあげて精緻につくった。しかし、溝をめぐらすことはなくなった。聡明な聖徳太子は生前に造陵し、制度に則って造っている。考古学的にみると古墳時代後期の横穴式石室の様子を、的確に捉えていることに感心します。また、寿陵思想に言及している点も見逃せません。

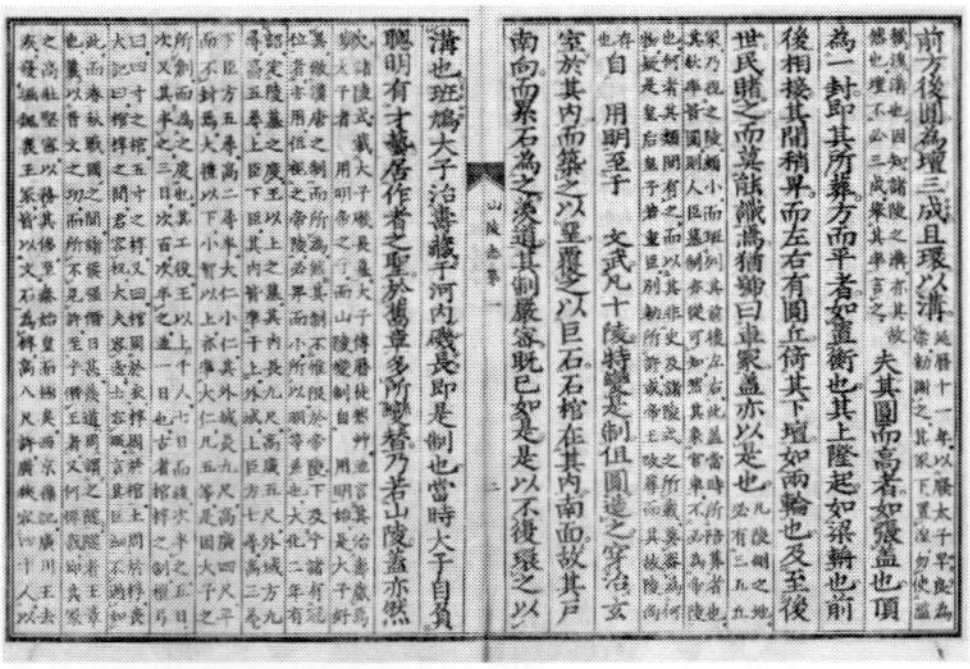

図11 『山陵志』序2（蒲生正行氏蔵）

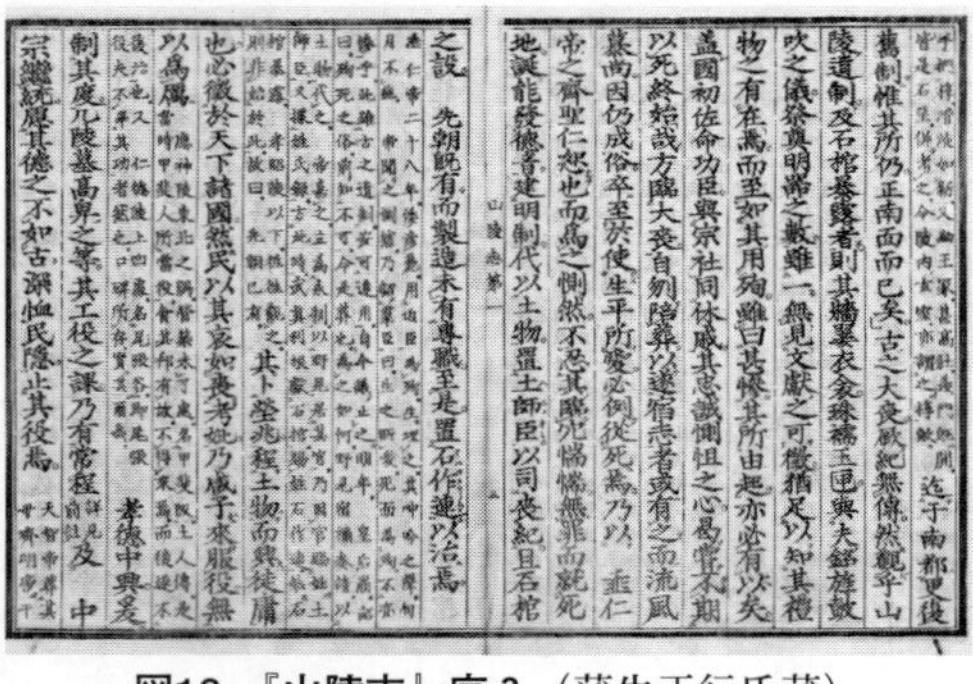

図12 『山陵志』序3（蒲生正行氏蔵）

南都に迄《およ》びて、さらに旧制に復す。ただ其の仍《よ》るところは正南面のみ。古の大喪《たいそう》、その紀、伝わるなし。然《しか》れども、山陵の遺制、及び石棺の暴露するものを観れば、すなわち其の牆翣《しょうそう》衣衾《いしゅう》、珠襦玉匣《しゅじゅぎょくこう》、かの銘旌鼓吹《めいしょうこすい》の儀、祭奠《さいてん》明器の数よりして、一つも文献の徴すべきをみること無しといえども、なお以て其の礼物《れいもつ》の在ること有るを知れるに足れり。

奈良時代に入ると、再び古制に戻って、前方後円式の山陵が造られるようになる。しかし、南面することに旧制を採り入れただけである。当時の大喪の記録は残っていないが、出土したものなどから礼物が用いられていたことを知ることが出来ると言っています。この後は省きますが、持統天皇の時から火葬になってしまった、天皇が薄葬にする必要はないのではないか、と書かれています。

蒲生君平は山陵を訪ね歩き、地元の人からの聞き取り調査を十分に行ないました。特に地名の小字名が残っていれば漏れなく調査しました。それによって『古事記』『日本書紀』『延喜式』などに書かれている天皇陵の比定を行なおうと試みたのです。

そうした作業を経ている中で、山陵・古墳には変遷があり、最初は、丘陵沿いに前方後円墳が造られ、次に円墳、そして、再び前方後円墳に戻る形式変化がありそうだと気付いたようです。

現在、考古学では、君平が考えたように初期・前期古墳は、丘陵の先端部分を切り離して造営していることが多いとわかっています。君平の考察が、現在のように発掘による物証的な論拠に基づくものではないので、その是否は別次元にあります。しかし、研究法として見るならば、編年（形式の変遷）に当てはめながら、天皇陵の変遷を考える姿勢は、現在の考古学と何ら変わるところがございません。蒲生君平が、今日のような学問的体系の中で『山陵志』を考えていることは、たいへん評価できる部分だと思います。

7　現在の陵墓比定と『山陵志』

こうして君平が比定した神武天皇から桓武天皇までの五十代の中の陵墓は、現在宮内庁が治定している陵墓中、三十二陵と一致しています。三十二陵と一致するから、君平の見識は優れていたことになると言うことにはなりません。皆さんもご存じのとおり、現在の天皇陵の治定が、果たして本当にその天皇の陵であるかは難しいところがあるからです。なぜ難しいかと申しますと、本日の後半部分でお話をする宇都宮藩の山陵修補、この後の政治的な思想誘導など、決して学問的な検証が繰り返されての治定がなされていないことが問題です。つまり、君平も宮内庁も正解を持っていないというのが現状です。

蒲生君平の山陵比定と調査方法をお話致しましたが、その比定を現在から見ると、興味深いものがありますので、それを次にご紹介しておきたいと思います。

まず、神武天皇陵の比定についてです。神武天皇の陵は『日本書紀』に「畝傍山の東北陵《うしとらのみささぎ》に葬りまつる」とあり、『古事記』には「御陵は畝傍山の北の方《かた》、白檮《かし》の尾上《おのえ》に在り」と書かれています。『延喜式』の「諸陵寮」には「畝傍山東北陵」とのみあります。また『延喜式』には守戸《しゅこ》・陵戸《りょうこ》（陵墓を管理する家もしくは陵墓を守るため付随する領民）の戸数が記されています。

君平は、当時、一級資料であった「記紀」と「式」を頼りに現地に赴きます。今でこそ、畝傍・耳成・香久山の大和三山といえば、藤原宮の北・東・西を囲む山と知られておりますが、中世にはどこにあるかも不明でした。元禄年間、松下見林は当時慈明寺《じみょうじ》山《やま》と呼ばれている山の東南に「畝樋《うねひ》」という集落があることから慈明寺山が古の畝傍山と知ります。見林は畝傍山の北に「神武田《じむた》」の地名が残っていることを見つけ、神武田を歩いてみますと、田圃の中に小さな塚を発見します。その塚こそが神武天皇陵ではないかと見林は考えました。松下見林「神武天皇陵神武田説」です。

同時代の貝原益軒も、同じく神武田を踏査し、神武田よりさらに東北の四条村はずれの田圃に、塚山という古墳を見いだしました。「神武天皇陵塚山説」です。因みに元禄・宝永・享保の幕府修陵は、「神武天皇陵塚山説」を採用しています。

蒲生君平はこの二つの説に真っ向から反対しています。理由は二つありました。まず、それぞれの場所が平地であることが、『古事記』の「白檮の尾上に在り」の尾上に一致しないことです。君平は山陵編年で「神武より孝元に至るまでは、なお、丘壟に墳を起こす」と考えましたから、神武天皇陵は丘陵の尾根の先端に位置していなくてはなりません。次に、「白檮の尾上」の「カシ」という地名とも一致しないことです。「神武田」周辺には「カシ」の字名が認められないというのです。君平は探します。すると、畝傍山の中腹で東北丘陵の端にある通称丸山とよばれる御陵《みささぎ》山《やま》古墳を探し当てます。この古墳のある字は「カシヲ」であることから「白檮の尾上」とも合致すること、「ミササギ」という地名であることから、御陵山古墳こそが神武天皇陵と比定するのです。「神武天皇陵御陵山古墳説」です。

神武天皇陵については、蒲生君平・松下見林・貝原益軒各々が説を唱えています。残念なことに宇都宮藩の山陵比定は、松下見林の「神武天皇陵神武田説」をとります。しかし、神武田にあった塚というのは、もともと国源寺という廃寺の基壇で、同地の出土品も瓦などの寺院関係品ばかりです。つまり、現在の神武天皇陵は廃寺の上に造築されたものと考えられます。

では、元禄・宝永・享保の幕府修陵が行なわれた貝原益軒「神武天皇陵塚山説」の塚山古墳はどうなったのでしょうか。塚山古墳は明治時代に、「綏靖天皇陵」に治定され今日に至ります。

ご存じの方も多いと思いますが、神武天皇と崇神天皇の間で、事績の伝わっていない綏靖・安寧・懿徳・孝昭・孝安・孝霊・孝元・開化の八天皇は、歴史上存在しなかった天皇と考えられ「欠史八代」と言われています。また、神武天皇も様々な英雄譚を一人の人格に集約した存在と考えられますので、実在性は否定的です。つまり、君平も含めて存在しない天皇の陵墓比定に時間を費やした人々は、意味のないことを真剣に行なっていたということになります。しかし、ここで見逃してはいけない事実があります。それは、『古事記』『日本書紀』『律令』を編纂した奈良時代、その後、『延喜式』が編まれた平安時代、この時点では神武天皇の存在を肯定し、陵が比定された場所が存在し、そこに陵戸が置かれていたという事実です。ですから神武天皇存在の是非は別に置きましても、蒲生君平が治定、考証しようとした神武天皇陵は、律令期に存在していた場所を探索したことに他ならないのです。そして、当時の学問水準では最高の状況で推論した結果ですから、無駄との評価には値しないと思います。

それでは次に、天武・持統合葬陵の比定についてです。君平は天武・持統の陵を見瀬丸山古墳に比定しています。記憶されている方も多いと思いますが、見瀬丸山古墳というのは、平成三年、子どもが開口していた羨道から石室に入り、その時の写真が大きく報道された古墳です。写真には、石棺がはっきりと二つ写っており、被葬者が議論となりました。実際、江戸時代にも石室の中には入れたようで絵図も残っています。明治時代にイギリス人W・ゴーランドの調査報告にも、巨大な横穴式石室に二つの石棺があることを記していますので、被葬者二人の古墳として古くから知られていました。君平が考えるにあたっても、二人の被葬者がある陵墓といえば天武・持統陵と考えるのも当然であったかも知れません。見瀬丸山古墳は、現在、欽明天皇の陵と考えられる全長三一〇メートルの大和地方最後の巨大前方後円墳です。この古墳は、丘陵尾根と同方向に築かれ、なだらかな前方部となっています。確かに一見すると、丘陵の中に大きな円墳がある様で「丸山」古墳と名付けられたのも無理からぬことです。名前からして当時の人たちが前方後円墳と見ていなかった証左になります。因みに陵墓の指定範囲も、後円部が主体となっています。

現在、天武・持統合葬陵は、明日香村大字野口字王墓に治定されています。蒲生君平の比定は正鵠を射てはおりませんが、現地を踏査したからこその結果であると言えましょう。

最後に崇神天皇陵と景行天皇陵の比定についてです。現在、両天皇の宮内庁治定陵墓は、奈良県天理市の柳本古墳群にあり、北にある前方後円墳を崇神天皇陵、南にある前方後円墳を景行天皇陵としております。蒲生君平は、この南北の山陵比定を逆と考えているのです。『日本書紀』『延喜式』には、両陵墓とも「山辺道上陵《やまのべのみちのえのみささぎ》」とのみ記されております。また、『古事記』には崇神天皇陵について「山辺道勾之岡《やまのべのみちのまがりのをか》の上《へ》にあり」とあるだけで、文献資料からの地名だけでは、どの古墳かは判然としません。蒲生君平は南にある向山と呼ばれていた古墳を考証し、向山の「向」を「勾」の誤字と考え、『古事記』の「山辺道勾之岡」と比定し、崇神天皇陵と考えました。そして、北にある忍代山を、景行天皇の諱「忍代」と同一であることから、景行天皇陵と考えました。ところが明治時代に、この考えは逆転します。この理由は主に政治的な理由です。欠史八代の後、存在の確実視されている天皇は謚号「御肇国天皇《はつくにしらすすめらみこと》」の崇神天皇です。謚号「御肇国」のとおり、初めて国を統治した大王と見なされますから、見事なまでに壮麗な陵墓でなくてはなりません。そのためには、見栄えのする忍代山と呼ばれていた古墳が適当という理由です。

本来の地形は、東から西に下る斜面地です。そこに築かれている前方後円墳ですから、周湟は平らになりにくい状態です。しかし、壮麗な古墳とするためには、無理矢理でも水を張る必要があります。その対処方法として、堤を造り段違いに水を溜める工事を行ないました。今日、崇神天皇山邊道勾岡上陵に参りますと、大変立派な高い堤の古墳に見えますが、これは後でお話する宇都宮藩によって造り直された造陵の結果です。このような改修工事は他の陵墓でも少なからず行なわれておりますので、現在の姿が必ずしも古墳築造当初の姿を伝えているものではないのです。

蒲生君平についてお話してきましたが、かつての忠臣の心象が皆様の中で変化されたでしょうか。蒲生君平は儒教を基底にした歴史主義、復古主義の学者であり、『山陵志』作成で行なってきた作業は、実に考証史学的であります。

考古学の学史としては、古墳編年や古墳起源論を唱えた先駆者と位置づけられます。君平は君平が生きた時代の思想を背景に、当時の学問水準と解釈による史料考証、そして検証作業としての実地踏査による補完を行なっています。そして、その動機は『大日本史』を補うための資料編纂でありました。方法論や学問的解釈は今日の情報量からすると比較になりませんが、学問的に行なっていることは、今日と何ら変わりません。蒲生君平が生んだ「前方後円墳」の語を当たり前に使用している以上、もうそろそろ、蒲生君平の事績に対する冷静な評価がなされても良い時期だと思います。

これで蒲生君平についてのお話を閉じさせていただき、この後は、蒲生君平の行なった山陵比定を、君平生地の宇都宮藩が、時を経て山陵修補を実行したお話に移りたく存じます。

二　宇都宮藩の山陵修補

1　宇都宮藩のお家事情

宇都宮藩は親藩大名が配されるところであります。地理的に関東と東北の要であり、東照神君家康公を祀る日光東照宮の入口に位置するため、何度も大名の入れ替えが行なわれています。宝永七年（一七一〇）に、越後高田から戸田忠真《ただざね》が移封され、忠真・忠余《ただみ》・忠盈《ただみつ》と三代城主を務めます。戸田忠真は宇都宮城主になって三年後、老中となっています。老中を出した格式の戸田家も、忠盈の時、九州島原の松平家と入れ替えとなり戸田家は九州に移ります。その二六年後の安永三年、忠余の子で忠盈の実弟忠寛《ただとう》が兄の養子となり、再び宇都宮に復し、忠寛（大坂城代・京都所司代）・忠翰《ただなか》・忠延《ただのぶ》・忠温《ただはる》（老中）・忠明《ただあき》・忠恕《ただひろ》（緩之助《やすのすけ》）・忠友《ただとも》に至り廃藩置県を迎えたのであります。

戸田家がまだ宇都宮藩主であった時代、比較的安定した財政で、どちらかと言えば豊かな藩であったようです。島原は温暖な気候でしたが、江戸から遠いという欠点がありました。老中を出した戸田家には、幕閣に参画を果たすことが念願です。そのため、どんなことをしてでも江戸に近い場所に戻るというのが戸田家の宿願になるのです。二代を経た戸田忠寛は幕政参画の意志が強く、宇都宮に復帰を果たします。島原藩で財を蓄えたことを背景に、幕府関係諸方面に多額の出費をしたのです。念願叶い陸路宇都宮に向かいます。九州から関東へ家臣団を率いての移動です。さらに出費はかさみ、江戸の富豪川村伝左衛門から、当時としては多額の一万五千両を借り受けて凌ぎました。このため、宇都宮着任当初から藩は財政難に苦しむこととなりました。

ところが老中を輩出した格式という自負心からか、商家を見下したような態度があったようで、川村家との関係がこじれます。川村伝左衛門は人物でしたので、戸田家の意気に感じ、先行投資の意味もあっての貸し付けでした。しかし、掌を返されますと、取り立てに猶予を与えません。利息に利息が嵩み、宇都宮藩は慢性的な財政危機に陥ったのであります。結局、父祖の地宇都宮には戻れましたが、債務超過財政で忠寛は幕閣に返り咲くことができない状態となってしまいました。また、宿願を果して老中となった忠温の時代には、年貢の減収や幕府への臨時支出などでさらに財政を圧迫し、町方からの借財は膨らむばかりとなりました。

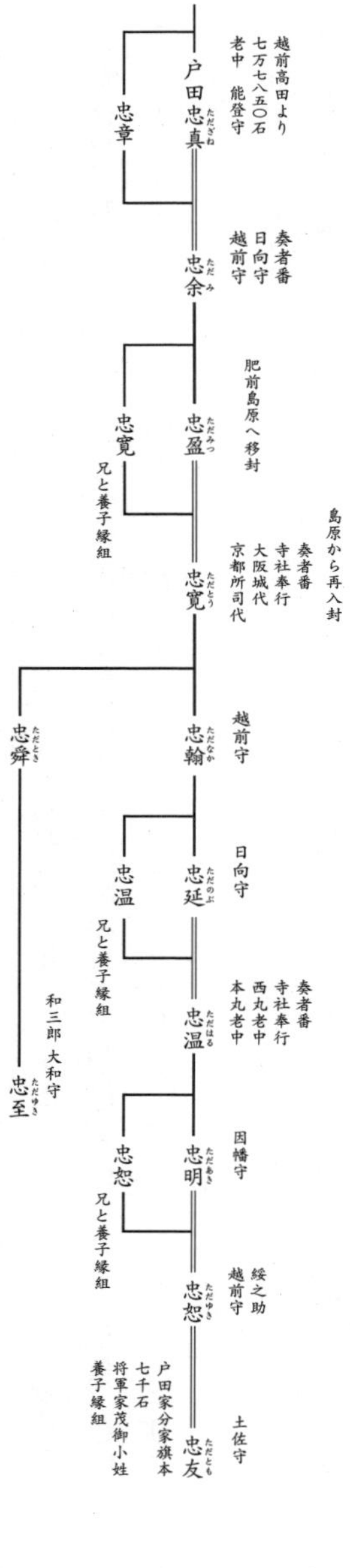

名の読みは宇都宮市一九八二『宇都宮市史』近世通史編に拠る。

図13　宇都宮藩主戸田家系図

忠翰の弟忠舜《ただとき》の次男に忠至《ただゆき》という方がおりました。文化六年（一八〇九）の生まれです。藩主の御家門ですが、いわゆる部屋住の身分でした。十歳の時に、与力の家に養子に出されますが、迎えた側は御家門の血筋に期待したものの、藩からの優遇はなく、忠至は十二年間の辛苦の時代を過ごし離縁となります。その後、藩内で由緒ある間瀬《ませ》家を継ぎます。二十五歳の時です。

忠至は大変優秀な人物で、間瀬家を継いだ時の取次格上席を皮切りに、用人役、番頭役、弘化元年（一八四四）には家老職、安政三年（一八五六）に家老上席と累進します。藩主忠明は十二歳で家督を相続し、五年後には急逝します。安政三年に跡を継いだ忠恕は十歳です。忠至は二代の幼君を補佐する執政となったのです。

間瀬忠至は家老就任後、まず藩の財政を立て直し、金融の安定を図ります。そのため、川村家に頭を下げに赴き、川村伝左衛門（川村家は代々伝左衛門を名乗っています）に八十年前のことはたいへん申し訳なかったと詫びます。伝左衛門は間瀬忠至の真摯な姿勢に感じ入り、以後の支援を約束します。さらに忠至は、新田開発も奨励し財政改革に乗り出しました。

しかし、時は幕末に突入します。安政四年は、下田条約・アメリカ公使ハリス将軍謁見、同五年には、日米修好通商条約調印・安政の大獄、同六年、徳川斉昭蟄居、万延元年（一八六〇）、桜田門の変、米公使通訳ヒュースケン斬殺、文久元年（一八六一）水戸表浪士の高輪東禅寺イギリス公使館狙撃事件など、尊皇攘夷・公武合体の嵐吹き荒れる時代でした。

そういう折の文久元年八月二十日、宇都宮藩は幕府から麻布善福寺アメリカ公使館警護の命を受けます。

戸田　綏之助

亜米利加宿寺麻布善福寺警固人数差置候様、先達て永井肥前守に達置候処、同人御免被候に付当分代り仰付候。

秋元但馬守、永井飛騨守よりも人数差出有之候間可被申合候。委細之儀は外国奉行可被談候。

この達しが届いた時、宇都宮藩は反対議論に沸騰します。当時、宇都宮藩は、日光山御警衛ならびに先の水戸表浪士の捕縛を命ぜられており、これ以上の負担は難しい状態にありました。また、尊王攘夷の風潮の中、藩内では「夷狄の番犬となるより取り潰しも辞さない」「夷人館に斬り込み、役を免じてもらう」などの強行派の極論も噴出し、騒然とした状態になります。これを受けて間瀬忠至は、幼君の補佐役、執政ですから、主君に成り代わり出府し、老中と幕閣に取り次ぎを求めます。ところがいくら譜代と申しましても宇都宮藩の家老が、幕閣に直接面会することはかないません。数回の交渉の後、漸く幕閣に面謁し、警衛辞退の抗議を行なったのであります。その結果、

二の丸火の番為酒井大学頭代被仰付候間、被得其意有勤仕候。

九月五日

老中連盟

戸田　綏之助殿

亜米利加人宿寺警固被成御免候

と相成り、宇都宮藩はお役を免除されることになりました。当時は尊皇攘夷華やかかりし頃です。諸藩は攘夷の対象である外国人の警護回避を望んでいました。そこで、宇都宮藩の動向に注目し、警護拒否が通ったことに拍手喝采したのでありました。

しかし、宇都宮藩には再び危機が訪れます。文久二年、坂下門外事件があり、宇都宮藩の関係者が四名獄中に捕えられました。獄中につながれた四名が自己完結する形で他に類を及ぼさなかったため、宇都宮藩への責任拡大は免れました。ところが捕まった方の一人に、藩校の教授大橋訥庵がおり、藩の思想面での打撃は大きいものがありました。

本来であれば、意気消沈するような事態に遭遇したのですが、時代の趨勢どおり血気盛んな熱い時代の勢いがありました。藩論は、起死回生に何かをしなければならないと前向きに考えます。

2 山陵修補の上申

間瀬忠至は善後策の意見を藩内に問い掛けます。そして、自らは獄中につながれている四名の嘆願のため江戸に上ります。その時、江戸藩邸に縣信緝《あがたのぶつぐ》（六石《りくせき》）という方がいました。江戸到着早々、間瀬忠至は縣信緝に進路について諮問します。文久二年（一八六二）五月十四日のことです。縣は七日間の熟慮の末、「本藩ハ微少ニシテ国用足ラズ、勤王ノ大功ヲ立テ翼幕ノ心ヲ尽シ主家ヲシテ忠義ノ勲蹟以テ永ク天下ニ顕著スベキノ大事業ヲ企望スルコト能ハズ、唯山陵修理ノ一事ノ如キハ或ハ本藩ノ力ヲ以て辨ズベキナリ」と答申します。そして「近クハ我ガ宇都宮ノ蒲生君平ニシテ身自ラ其実地ヲ経歴シテ之ヲ探索シ山陵志ノ著述アリ」と付け加えました。宇都宮藩には、蒲生君平『山陵志』の切り札があるから、起死回生の一発として採用してはどうかと縣信緝は間瀬忠至に建白したのです。

ところが、間瀬忠至は知っていました、それは徳川斉昭が天保五年（一八三四）、同十一年（一八四〇）に、皇紀二千五百年を記念して山陵修補を建言していること、それは幕府に却下されていることをです。今さらそうした建白が容れられるわけはなく、いらぬ嫌疑をかけられてはと縣の上申を即座に却下しました。縣は引き下がることなく、藩校にいた廣田執中《ひろたもりなか》を訪ね賛同を得ます。廣田は直ちに間瀬を説得に向かい、長い話のあと戻って来て、「事成レリ」と成功を伝えます。

間瀬忠至は、決断すると即座に行動に移しました。その日のうちに縣を呼び出し、それから五日間かけ、必要な方策を練ります。そして、一番目には藩論の統一、つまり宇都宮藩の気持ちを一つにしなくてはならない、それができるかどうかということ。二つ目は、当然ですが金策です。財政難の折にそれが成し得るのかということ。それから三番目は、幕府がそれを許可するかということ。この三つについて見定める必要があると結論付けます。

忠至は、五月二十七日、江戸藩邸から縣を宇都宮に向かわせます。そして宇都宮藩の他の家老たち、宿老たちの説得に当たらせます。縣は、慎重派の重臣へ「一万石ノ恩賞ヲ得て一藩累年ノ窮乏ヲ救う」事業と説明し賛同を取り付け、藩論を統一するに成功します。二番目の金策は、間瀬忠至が最初に頭を下げに行った川村伝左衛門の件が生きてきます。忠至は、川村伝左衛門からの融資と、宇都宮藩当番の江戸城門守備の任の免除、挙藩体制での服役で対処できると見込みます。三番目で最も問題になるのは、幕閣がそれを認めるか否かです。そこで間瀬は朝廷を巻き込むことを考えました。六月九日に江戸へ勅使大原重徳の下向があることを承知していたためです。十二日、縣が宇都宮から江戸に戻ってきました。首尾を聞き、十四日には、縣を勅使随行の薩摩藩堀小太郎に接触させます。七月一日まで七回の折衝が重ねられ、七月三日には伝奏屋敷において、勅使と間瀬忠至が面謁の実現する運びとなりました。この場で、天朝への尊奉と山陵修補の意義、官武一和を説き、勅使は満足したものと思われます。勅使の内諾が得られたことで、今度は幕閣に打診をはじめます。この時、天恵と申しますか、七月六日、一橋慶喜が将軍後見職、田安徳川家出身の越前藩主松平慶永（春嶽）は政治総裁職に就任します。忠至は、急ぎ縣と廣田に建白草案を作成させます。閏八月三日、建白草案を持参して、政治総裁職春嶽の内見を請います。最後の関門は、「一言ノ異議ナク嘉納セラレタリ」となり、内諾を得るに至ります。

閏八月八日、山陵御修補の建白書を、老中板倉勝静に提出します。建白書には、国内の士風を鼓舞するため「今上皇帝ニハ莫大ノ御孝道」、「徳川家ニハ広大ノ忠節」をもって事に当たれば官武一和し、この徳化・美徳は「御強国ノ基」となります。そして、こうした天下無双の一大盛事は、時節柄、外様大名よりも譜代の当宇都宮藩に仰せつけていただきたいと記されています。さらに別通をもって、入用金などの経費については、士卒上下労役し「一家中粥ヲ啜候トモ尊敬心切ヲ心懸ケ」自藩で行ないますから、どうぞ宇都宮藩に仰せ付け下さいと重ねて申し伝えます。

閏八月十日、建白採用の内諾、十四日には、

戸田越前守

内願ノ趣達御聴御気ニ被思召今度山陵御締向御普請等ノ御用被仰付候事ニ候條可被得其意候

の通達が得られ、幕府からもお下げ金として当年分の五千両が下されたのでありました。
ここまで、五月十四日に間瀬忠至が縣信緝に諮問してから、わずか百十九日の出来事です。

3　山陵修補の実態

宇都宮藩の山陵御修補が決まると、間瀬忠至は文久二年（一八六二）八月二十八日付で縣を河内国八尾にあった宇都宮藩封地郡奉行に任命します。そして、二十九日に京都に向かわせます。自身は九月二十日に川村伝左衛門に直接会い一万五千両の無心を願います。川村は快く引き受けます。翌日には忠至五十三歳にして、十の歳に養子へ出されてから四十三年、ついに、元の戸田姓に復姓し、藩主一族に戻ります。それから五日後には江戸を発ち、十月九日、京都に到着します。

山陵御修補決定の報は、朝廷を沸き上がらせました。間瀬忠至改め戸田忠至が京に到着した翌日、朝廷では、正親《おおぎ》町《まち》三条実愛《さねなる》以下四名が山陵御用掛に命じられ、朝廷方の準備も整います。二十一日、藩主幼君のため、戸田忠至が山陵奉行に任じられ諸大夫格となります。二十五日に、老中から預かってきた『廟陵補遺』『歴代廟陵考』を朝廷に差し出し、翌日に、修補方針の意見書を提出します。「絵図面一々印之通リ堤上ニ柵ヲ廻ラシ、正面之所ハ奉幣使等被為立候節之為メ堤ノ高サニ場広ニ平地ヲ築足シ、外構之柵ニ木戸設ケ錠締リ付其木戸内ニ石標ヲ立テ正面ニ御尊号ヲ彫付」「御堀構出来仕兼所ハ御陵廻ニ土堤築、其上ヘ石之玉垣ヲ廻ラシ正面ヘ扉付之御鳥居建テ」と、今日見る陵墓の姿が、この時定められました。

縣は山陵研究者や大工・石工などと交渉し、陵墓の調査体制を整えていきます。十一月六日には第一陣が奈良に向かって調査に出掛け、戸田忠至も翌七日、第二陣とともに実地調査に赴いています。さらに八日には第三陣が出立し、総勢二十余名の調査隊が組織されました。

山陵調査が進む中、年が開けた文久三年（一八六三）の正月十七日、神武天皇陵の調査測量をはじめます。二十一

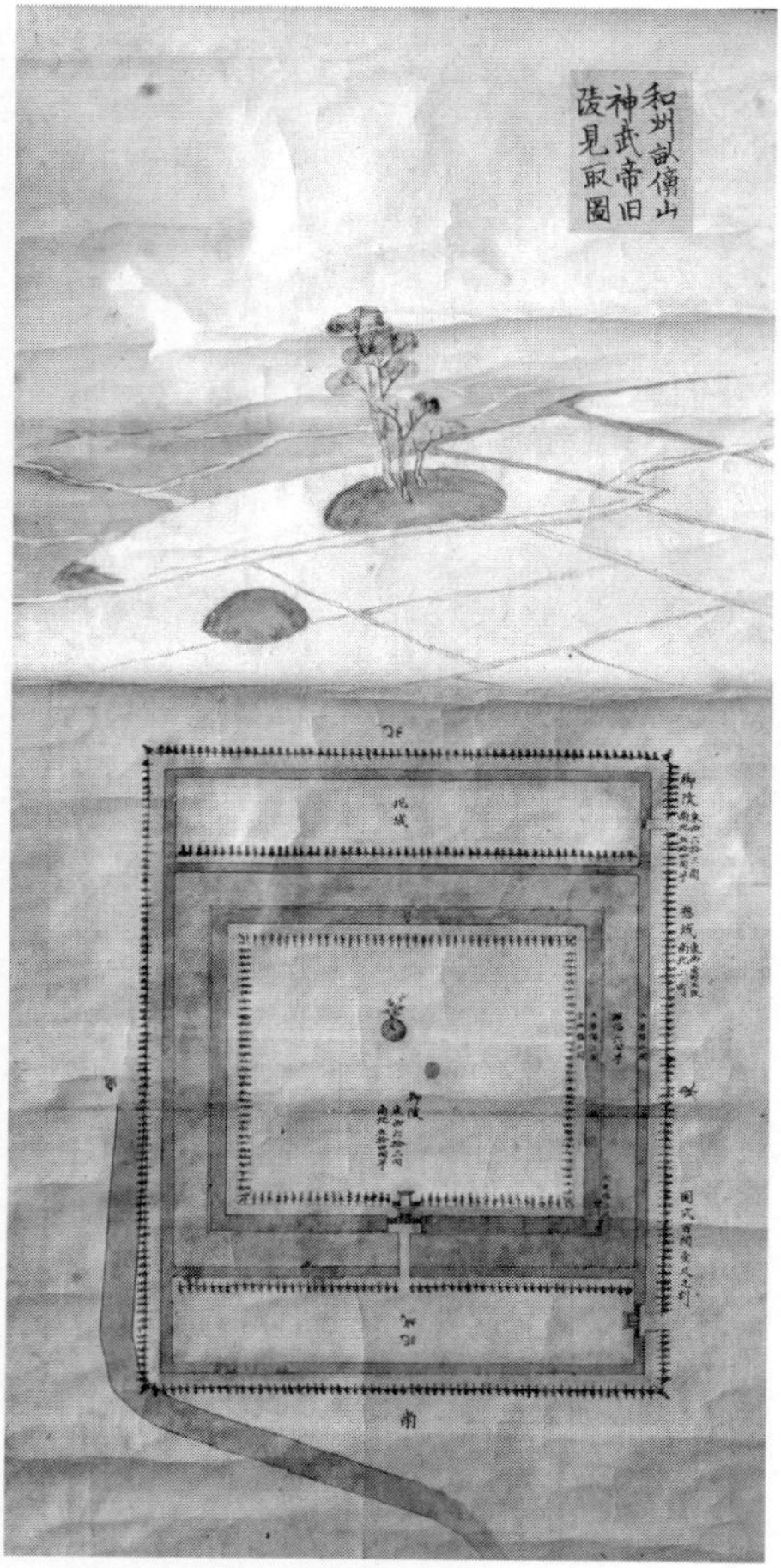

図14　和州畝傍山神武帝旧陵見取図
（蒲生正行氏蔵）

日、戸田忠至は従五位下大和守に叙任され、二百人扶持を賜ります。二十三日には、縣が宇都宮藩中老職となります。

　二月十七日には「神武田」をもって神武天皇陵に治定し、二十四日には勅使権中納言徳大寺実則が神武天皇陵に参向、修造の奉告が行なわれます。勅使が陵前で宣命を奏上する頃、主上は御東庭にて四方拝に準じ、神武天皇陵を遙拝されたと『孝明天皇紀』には記されています。何故、神武天皇陵が最初かと申しますと、初代からの序列が整わなければ、山陵御修補の思想的本質に適わないからであります。そのため、神武天皇陵の治定が急務だったのです。しかし、神武天皇陵は「神武田」が採用されましたので、元来廃寺の上に広大な現在の神武天皇陵が築かれることになりました。

　さて、栃木県に長嶋元重先生という方がいらっしゃいました。内科のお医者さんですが、「俺はイシヤ（石屋＝考古学）だ」と仰り、往診なのか遺跡踏査なのかわからない毎日だったと伺っております。多くの業績を残され平成九年に亡くなられた考古学者です。実はこの長嶋先生、縣信緝の曾孫にあたる方なのです。そうした事からなのでしょうか、長嶋先生のところには宇都宮藩の山陵修補関係資料が所蔵されています。中でも、神武天皇陵出土遺物が天覧後勅命によって神武天皇陵に埋納される際に共に埋められた「埋没碑」の拓本や神武天皇陵出土の土師器など、ご自身によって『栃木県考古学会誌』第十七集で紹介されています。また、天保十二年十一月十九日書とある水島永政の『山陵考』、安政二年九月に本文を岸田氏典、絵を岸田氏寛が記した『廟陵図』、平尚重（竹口永齋）編著と思われる寛政九年に八編の内容をまとめた『陵墓考』などがあり、これらは、山陵修補の基礎資料であったとみられます。

また、宇都宮には幕末に、「鬱宮賞心《うつのみやしょうしん》十六事」と称された文人や画家が居りました。その中の、宇都宮藩士吉田精一郎（不明〜一八八六。名は豊、字が宜中、号を可黙）は山陵修補に携わり、戸田忠至や懸信緝の信頼が厚かったといいます。その子孫の吉田粮造さんのお宅にも、山陵修補や幕末の戸田家関係の文書などが伝えられています。吉田さんのお話では、お宅の辺りは武家屋敷で、宇都宮空襲の前日、先祖伝来品を食料よりも優先させ大谷に疎開させたためそれらの資料は被災を免れたとのことです。他の家は食料を疎開させたので、すべて焼けてしまったそうです。吉田家資料の中に、「山陵御普請御用旗」があります。山陵修補の調査・測量・工事の際、実際に使用された、貳番旗・三番旗の御用旗です。粗い麻布製ですが墨の滲みが認められないので、一枚の揮毫を元に版木を分隊数分製作し

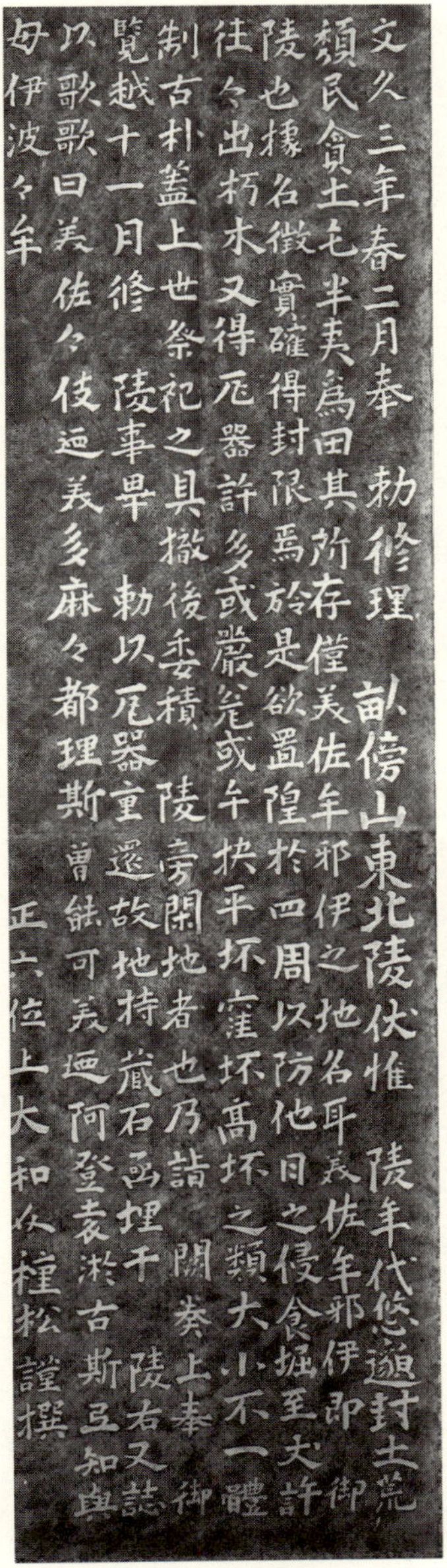

図15 「畝火山東北陵埋碑」拓本
（故長嶋元重氏蔵）

たものと考えられます。貴重な御用旗ですが、三番旗の墨は薄くなっています。吉田さんは「戦後、お袋が、汚れているといって洗濯したから」と、笑いながら話されておりました。

こうした修補・修造が完成するのは、取り調べ中の十四陵を除き、慶応元年（一八六五）十二月のことです。十二月二十七日には、二条関白以下に恩賞の沙汰があり、事業は取り敢えず完成と相成ります。千二百二十五日、当時の暦にして、三年四カ月強の期間で成し得たことになります。

山陵修補が着々と進む間にも、宇都宮藩に大きな危機がありました。元治元年（一八六四）の天狗党事件藩士荷担の罪で、翌慶応元年、二万七千石の召し上げと奥州棚倉への移封の命があったのです。この難局も、逐次進む修補の報告が幕府内の処分を遅滞させました。そして、慶応元年閏五月二十二日、第二次長州征伐のため上京した将軍家茂に、山陵修補の功により秀忠・家光への神号追贈があったこと、宇都宮藩に褒賞の沙汰があったことなどの期を捉え、戸田忠至が嘆願し事なきを得たのでありました。

図16　山陵御普請御用旗
（吉田粮造氏蔵）

図17　戸田忠至肖像（神戸山陵会1939『皇陵を中心とする資料展の記録』より）

慶応元年十二月二十八日、戸田忠至に、禁裏付頭取兼務、翌慶応二年（一八六六）には、宇都宮藩より一万石を分知され、江戸時代最後の大名となり、山陵奉行のまま、京都在勤の若年寄にも任ぜられました。同年の孝明天皇崩御に際しては、御葬送取扱となり、持統天皇以来の火葬の制を改め、高塚式の山陵築造を建言し築造に奉仕しました。同三年には宮中御台所向御用、翌明治元年、諸陵頭、同六年六十四歳で退官し、十六年に従三位に叙せられ、同日、世を辞したのであります。齢七十五でした。臨終に臨み歯髪を孝明天皇御陵の側に葬らしめることを遺言。宮内省は特旨をもって御陵参道入口に地所を下賜したのでした。

最後に財政難の宇都宮藩が、どのようにして山陵修補を成し得たかを金銭面からお話致します。

『山陵御修補之顚末』によりますと、御初代神武帝陵は、一万五千六十二両一分二朱をかけて、文久三年五月着工、同年十二月落成となっています。この神武帝陵が群を抜いて巨額ですが、平均は千両弱で、五百両以下が大半を占めています。特に山陵とする古墳の修補・修造にかけた費用の多い傾向が認められます。さらに、特定の天皇陵の支出が大きく、大規模な修造がなされたことを物語っています。また、安康帝陵を館林藩秋元家、光仁帝陵など三陵を津藩藤堂家が担当するなど、他の大名の負担もありました。『山陵御修補之顚末』には、総出費二十二万七千五百六十八両と記されています。内訳は、幕府から六万三千七百両、川村伝左衛門から一万五千両、秋元但馬守から七万三千八百八十六両、宇都宮藩自体が負担しましたのは四万九千七百五十八両、後は山城、大和、河内の篤志者からの寄附金二万九千七百五十八両です。結果的には、宇都宮藩の持ち出しはそれほど多くなく済みました。

一両を一石と換算する試算があります。そうすると、総出費二十二万七千五百六十八両は、二十三万石大名の一年間の石高と変わらない金額となり、如何に巨額の経費が山陵修補に費やされたかがわかります。

おわりに

このように、三年四カ月強の期間で完成した山陵御修補事業は、天皇陵の比定作業と修補・修造が併行して行なわれ、かつ、比定作業が短期間に検討・治定と進められました。

しかし、宇都宮藩の修補が、必ずしも現在の宮内庁の陵墓治定と同一ではありません。明治時代以降、学術的な検証ではなく、様々な思惑によって再考され、現在の陵墓治定となっています。したがって、今日の考古学では、明らかに時代の違う天皇が治定されていることもあります。

陵墓参拝で陵印収集の趣味があると聞いています。陵墓に参られた方はおわかりになると思いますが、天皇陵の古墳所謂山陵に参拝しますと、前方部を正面にして、そこから参拝する場所があり、瑞垣で隔てられた山陵を鳥居と門を通して拝するように整えられています。この形式は、宇都宮藩の修補以来のもので、前方部を正面とするのは、蒲生君平の後円部を「宮車」柩車とし、引く柄の方を前方部とする説を踏襲しているものです。つまり、君平の『山陵志』は、後に宇都宮藩の山陵修補に生かされ、今日に繋っているのです。また、宇都宮藩山陵修補は、短い期間で天皇陵の考証を行なっています。これは『山陵志』の成果無くしては出来得なかったことであります。蒲生君平『山陵志』と宇都宮藩の山陵修補、この二つの歴史的事象は、有機的に結びついたものなのです。

縷々申し上げてまいりましたが、蒲生君平は、今日とは異なる思想・学問水準の背景はあるにせよ、当時としては最も学術的であり、歴史学・考証史学の方法論を踏んで論考していること、宇都宮藩の山陵修補は、あくまでも宇都宮藩存続の起死回生の手段であったことをお話致しました。今後、奈良県や大阪府の陵墓となっている古墳に行かれることもあるかと思います。その時、治定された天皇の是非以外にも、目前の姿となった歴史的背景を思い出していただければ幸いに存じます。

本日の主題をまとめますと、日本考古学の礎として、明治の近代考古学伝播以前にも、すでに古墳起源論や古墳編年を学問的に行なった人物がおり、「前方後円墳」の語に代表されるように、私たちは多くの事柄を現在も享受しているということになるかと思います。

ちょうど時間になりましたので、本日はこれにて、お開きとさせていただきます。ご静聴ありがとうございました。

コラム　奇石の人と子持勾玉

加藤里美

江戸時代の本草学者、奇石学者である木内石亭は、享保九年に生まれ、文化五年に没するまでの八十五年の生涯で、二千点にものぼる石を収集した。「石の長者」と呼ばれる所以である。石亭が収集した石は、鉱物や化石などの自然石から勾玉や鍬形石などの人工物、考古遺物にまで及び、ありとあらゆる石に興味を持ったことがわかる。由来が不明であるものについても探求を諦めず「諸国へ通行する事およそ二十余国」（『雲根志』前編巻五）とあるなど、情報を集め歩いていたことが当時の様子を伝える史料のあちこちに見受けられる。また、人の手で運ぶのが困難な重さのものも含めて居所が琵琶湖のほとりという、石の運搬にもってこいの地であったことも幸いしているだろう。

石亭の遺した石に関する著作は、『勾玉問答』（天明三年刊）、『百石図巻』（天明八年刊）などがある。代表作の『雲根志』（安永二、八、享和元年刊）は、寵愛類、采用類、奇怪類、変化類、光彩類、鐫刻類、像形類に分けて記述しており、中でも後編の鐫刻類では考古学上の資料を分類して説明している。曲玉、車輪石、神代石、石剣頭（今で言う子持勾玉）、神代筒石、神代手斧石、石刀、狐鉇、狐鑿石、異志都々伊、青竜刀石、石鞠《いしつぼ》といったように、古典の記述を用いてあらゆる石、つまりモノの考証を行なうだけでなく、それまで文字で伝えられてきただけのモノを一定のカテゴリーで分類し図化して紹介したのだ。

そうした活動の中で、膨大なコレクションと多くの見聞に基づいて、石剣頭という名称で一群の石製品をくくった。石亭が神物神作のものとして取り上げたこの石剣頭は、谷川士清が『勾玉考』で取り上げて命名したものだが、『勾玉考』には大きさや材質などが文章で表現されているものの図に示されてはいないため、その形状がいかに異形であるかは読者の想像に任される以外になかった。つまり、子持勾玉の「形状」は一定ではなく読者の数だけあったと言える。石亭はその問題を、『雲根志』に図を掲載することによって一気に片付けた。本草学者であった石亭は、本草学においてモノを扱う際に図示するのと同様のことをここでも行なったのである。

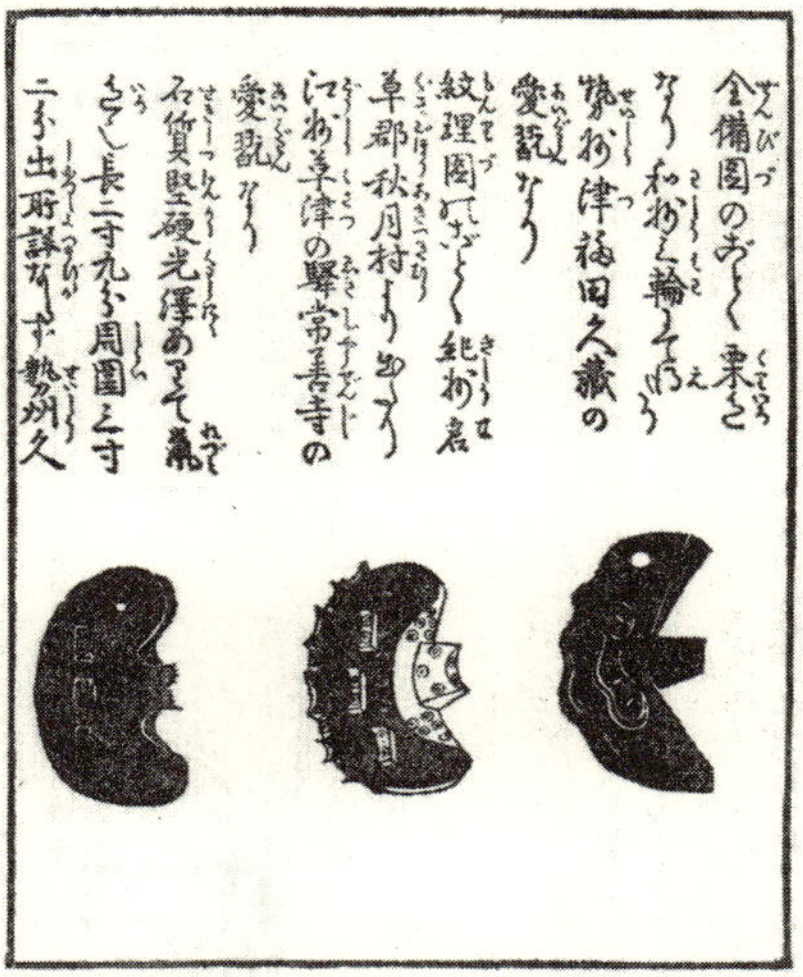

「石剣頭」（『雲根志』三編巻之五より）

　また、奇石収集の同好者たちはネットワークでつながっており、その中心が木内石亭であった。石亭は京都の木村蒹葭堂らとも交流をもち、また、宝暦六年江戸に下り平賀源内らと親しくなる。また、数回にわたって参加した博覧会以外にも石に特化した奇石会を主催して、石好きの人間を多く集め情報を交換している。そのような交流の中で、自身のコレクションのみならず、他人が自分と同じものを持っていると聞けばそれを見せてもらい、その由来や持ち主まで記載した。つまり、あるカテゴリーに収まるモノの情報を一つにまとめるという、現代考古学の最も基本的な作業と同様のことを行なっているのである。

　こう考えれば、その奇石趣味は単に愛玩という表現では片付けられず、収集するだけでなく学問的にその意味を考えていこうとする石亭の意思が感じられてくる。

好古への情熱と逸脱

――宣長を怒らせた男・藤貞幹――

阪本是丸

一　はじめに

藤貞幹こと藤原貞幹は、享保十七年（一七三二）六月二十三日、京都・仏光寺久遠院の院主の子として生まれ、十一歳で得度したが、十八歳の時に仏門を捨てて還俗した。以来、寛政九年（一七九七）八月十九日、六十六歳で没するまで、市井の一町人学者として「好古」の学問に従事し、その間、歴史・古記録・有職故実、金石・古瓦・古器物、貨泉・度量などの各分野における考証を行ない、大きな業績を挙げた。ことに、今日でいう「考古学」の分野においては江戸時代の人としては画期的ともいえる業績を残し、近代の代表的考古学者からも「考古学史上中興開山ともいふべき人物」（高橋健自）、「考古学の鼻祖」（清野謙次）など、高い評価を与えられてきた。貞幹の先天的ともいえる「好古」への情熱は、自ら「小片ノ毀瓦トイヘドモ古製ヲ考ルニ足ル。況ヤ文字ノ観ルベク、碑銘ト並べ賞スベキモノ、何ゾ塵土ニ委スベケンヤ」（『好古小録』）、「古文書ノ世ニ存スル、或ハ朽敗、或ハ魚食、又ハ水火ニ遭テ日ニ滅ズ。サレバ片楮半葉トイヘドモ珍重スベシ」（『好古日録』）と述べるように、貞幹にとっての「好古」への情熱とは単なる好事家・コレクターとしてのものではなく、「古製」を考え、知るための学問的営為であり、人生そのものなのであった。

たとえば、寛政の大内裏造営に関して、その考証面から多大な貢献をなした書に裏松光世（固禅）の『大内裏図考証』があるが、それとて貞幹の二十数年に亘る協力があったからこそともいえるのである。事実、同時代の公家・柳原紀光は『閑窓自語』において、

> 寛政九年の冬あるものきたりて裏松左中弁入道光世法名固禅大内裏考証といへる書五十巻はかりをえらひ、かの門弟広橋前大納言伊光卿勧修寺前大納言経逸卿はしめ、堂上地下より合手かけるを公家にたてまつる。この比の事といへり。かの書も藤粛蔵といへるものゝ大略つくりけると也。この事あまねく沙汰もなかりしに、この比かの粛蔵死せしとき。かの書のうち両三巻も不周備、かのものゝ家にありけるを、にはかにとりよりかれこれ門弟うちよせ、おきなひしにとそ。皆人しり侍りにけるとなむ。故かたりしものも、故門人のうちなれはいさゝかたかひあらしとおほゆ（「裏松弁入道光世作大内裏考証語」、傍線引用者。以下同じ）。

と記し、貞幹の功のあったことを伝えている。他方、後述するように、その没後以降には芳しくない評価もなされるようになり、やがては、近世きっての「考証学者」とされる狩谷棭斎によって「贋作家」の烙印を捺されてしまうようにもなる。以来、「偽書作成家・資史料捏造家」との印象が強まり、今日においてもそれは有力な「藤貞幹像」を形成する要素となっている。このように、藤貞幹は同時代から現代に至るまで毀誉褒貶の激しかった人物であるが、それだけに凡庸ではない魅力に満ちた人物であったことの証左でもあろう。貞幹と同時代に生き、貞幹に親炙した知友・門人たちは後年、その生涯の業績を次のように墓碑に刻んでいる。

> 無仏斎先生之墓
> 先生　姓藤原　諱貞幹　号子冬　蒙斎其号　称藤叔蔵　平安人　其先蓋出于吾二十一世之祖云　敦敏博古　最精

典章　所著　有天智帝外記　延暦儀式帳考図　楽制通考　七種図考古印譜并考　銭譜　集古図　逸号年表　書学指南　好古日録　小録等　文務簡捷　而証挑甚確　寛政丁巳八月十九日以疾終　享年六十六　無嗣　先生雅尚実学　不好釈氏　因別号無仏　門人藤原以文礼葬于神楽岡東足云　正三位行権中納言兼右衛門督藤原朝臣資愛誌
従五位上行少監物兼備前守紀朝臣宗孝書　平安三雲孝篆
文化十年八月十九日藤原以文建之

文化十年（一八一三）に建てられたこの碑文には、没後十数年経ても変わらぬ貞幹に対する山田以文らのしみじみとした畏敬の念が刻み込まれている。だが、かかる貞幹の業績も新進気鋭の後学から批判を受け、ついには宣長をも欺いた偽書『南朝公卿補任』（『公卿補任　吉野朝』）の「偽作者」とまで断定され（古くは況斎岡本保孝、新しくは日野龍夫など）、「偽証家・捏造家」としての烙印は今日に至ってもなお捺され続けているのである。本講演は、強いてこの「烙印」を消し去ろうとすることを意図して行なうわけではないが、小生なりの「考証」が妥当・適切であるならば、結果的にはこの「烙印」の是非が自ずから明らかになるものと思慮している。

二　藤貞幹の「暗い影」

藤貞幹の藤であるが、フジ（フヂ）と呼ぶのか、トウなのか。諱の貞幹は、テイカンなのかサダモトなのか、これとて定かではない。本講演ではとりあえず、「トウ　テイカン」と音読みして話を続ける。藤貞幹の印章や自署には「藤貞幹」や「藤原貞幹」、あるいは「藤叔蔵」というのが多くある。もし、彼が「藤原」ではなく、「藤」一字を名乗って、それを「フジ」と自ら称していたか、あるいは他人が「フジ」と呼んでも、別段そのままにして、意に介さないでいたならば、フジがやがてフジイ（フヂヰ）と聞き誤られて、それが通行したとしてもおかしくはない。この事実に逸早く気付いたのが、吉澤義則である（「藤貞幹に就いて」）。吉澤は「今日では、藤井といふのが殆ど定説のやうになつてゐる。苗字を藤井としたのは、川喜多真一郎の著はした先哲私歌鑒定便覧が最初であるが、本書は貞幹の没年も文化中と誤つてゐるほどで、少くとも貞幹の事に関しては、余り信憑することの出来ない書物であるのみならず、現存の貞幹遺筆に藤井とあるものは一つも見当らぬ、で果して藤井と云つたかどうかといふのは疑問とされつゝも、さて特に調べた人も無くして今日に及んだのである。」と問題提起を行ない、いろいろ考証した挙句、結論的には「貞幹の苗字が藤井で無くして藤であつた事は、藤井と書いたものゝ無い事と右の書簡とだけで十分に立証されたと信ずる」云々と述べている。

川喜多真一郎（真彦）の『名家墨跡鑒定便覧』（内題『古今墨蹟鑒定便覧巻下　地下歌人之部』、嘉永六年萩原広道序）には、「藤井貞幹　名貞幹、字子冬、通称叔蔵、無仏斎ト称ス。京師仏光寺中ノ僧家ノ子ナリ。好古ノ学ニ精シク、頻リニ群書ヲ渉猟シテ未発ノ考ヘ甚多、文化中没ス。」とあり、次いで、「無仏斎」「貞幹」の墨跡と「藤原／貞幹」（大小二種）「子／冬」の印を載せている。印には「藤原」とあるのだから、「藤井貞幹」と記しているのも変といえば、変だが、姓は「藤原」、氏は「藤井」と思慮して、「藤井」としてもあながち不思議ではない。以後も、『名人忌辰録』（関根只誠、明治二十七年）、『国学三遷史』（中野虎三、明治三十年）、『慶長以来国学家略伝』（小澤政胤、明治三十三年）、『国学者伝記集成』（明治三十七年）などには、見出し、索引などに「藤井貞幹」とある。ただ、明治三十六年に活字版で刊行された『訂正増補大日本名家全書』（好古社編）には「藤原貞幹　名貞幹、字子冬、通称叔蔵、無仏斉《ママ》ト称ス。原京師仏光寺ノ中ノ僧タリ。憤発シテ帰俗シ群書ヲ渉猟ス。凡テ好古ノ学ニ精シ。文化中ノ人。」とあり、見出しを「藤原貞幹」としている。しかし、これも「文化中ノ人」とあるように、所詮は『鑒定便覧』の域を出ていない。以上のことからして、上記吉澤の問題提起および苗字考証は特筆に価しよう（因みに後述する日野龍夫は「ふじていかん」とルビを振っている）。

藤貞幹については種々の人名辞典類に記載されているが、ここでは取り敢えず『国史大辞典』のものを挙げておく。

藤貞幹《とうていかん》　一七三二―九七　江戸時代中期の考古学者。正しくは藤原貞幹（さだもと）。藤貞幹は中国風の呼称。

姓を藤井（ふじい）というは誤り。通称叔蔵。字は子冬、号を無仏斎といい、また亀石堂・蒙斎・盈科堂・瑞祥・好古とも称した。享保十七年（一七三二）六月二十三日、京都仏光寺久遠院主権律師玄熙の男として生まれた。藤原姓はその先が日野家の出であることによる。十一歳で得度したが、やがて仏理の非なることを悟り、十八歳で還俗し、もっぱら和漢の学を学んだ。和歌を日野資枝に、有職故実を高橋宗直に、書道を持明院宗時に、儒学を後藤芝山・柴野栗山に学び、高芙蓉・韓天寿と親交があり、篆書、草書の技にも長じた。古代史に明るく、特に古文書・金石文の研究に通達して、考証学・有職故実に精しかった。中年より裏松光世（古禅）に親従して『大内裏図考証』の著述を助け、寛政の内裏復旧再建に力を尽くした。水戸彰考館の修史事業に与ったこともある。寛政九年（一七九七）八月十九日没。六十六歳。京都神楽岡（吉田山）の東麓に葬られた。（皆川完一稿、以下、著述は略す）

この辞典では貞幹は「考古学者」とされているが、他の辞典類では「考証学者」「有職家」「国学者」などともされており、概括的にいえば「国学者」の範疇に入れられよう。それはともかくとして、私がいいたいのは、概して人名辞典の記述というのは、味も素っ気もないものが多く、その人物の為人がさっぱり浮かび上がってこない嫌いがある、ということである。その点、本居宣長記念館のホーム・ページ（以下、HP）で紹介されている「藤貞幹」は、いろんな意味で面白い。本講演にも大いに関係してくるので、以下に紹介しておく。

藤貞幹（トウ・テイカン）享保17年（1732）6月23日～寛政9年（1797）8月19日　本姓は藤原。名は貞幹（サダモト）、字は子冬。通称は叔蔵、号は無仏斎、亀石堂等。父は、京都仏光寺中の坊の院家久遠院権律師玄熙。11歳で得度するが、18歳で還俗。和歌は日野資枝（ヒノ・スケキ）、有職故実は高橋宗直（図南）、書は持明院宗時に、儒学は後藤芝山、柴野栗山に学ぶ。古代への関心が深く、書画や器物、古文書を求め諸国を歩く。「尤モ古書画ヲ好ンデ、片楮半葉トイヘドモ、必ズ模写シテ遺サズ、金石遺文ヲ索捜シテ、寸金尺石、破盂欠椀ノ微トイヘドモ、古ヲ徴スベキモノハ皆模造シテ捨テズ」

知人には篆刻の高芙蓉（コウ・フヨウ）、韓天寿（カン・テンジュ）など、またコレクター木村蒹葭堂がいた。また、裏松光世（ウラマツ・ミツヨ）が『大内裏図考証』を執筆するときに協力し、『寛政新内裏復古の考案を秘かに助成した」（日本古典文学大事典』）。貞幹はモノマニアックな人である。このような人は他にも多かった。石の長者・木内石亭、貞幹の知人で難波の木村蒹葭堂、宣長門人の大館高門など。だが彼らと違い貞幹は「生涯家貧」であった。

そして、この人には暗い影がつきまとう。

貞幹が天明元年（1781）に出した『衝口発』は、真摯に研究する人たちの反感を買った。なかでも宣長の『鉗狂人』は徹底した論駁であった。

この中で宣長が批判するのは、証拠として採用している「或る記」や『日本決釈』が偽書であることだ。実は貞幹は「偽書」「偽証」と言う、禁断の実を食べ、その味を知ってしまったのだ。貞幹は外にも古瓦を偽造している。ある人は生活のためだろうと推測する。だが、自説を補強するためとか、生活の糧とか言うのではなく、むしろ偽証が目的化している。

「古書画に淫し、古器物に淫し、古代一切に淫した貞幹の偽証には、思うままに支配し得る世界を、いよいよ放恣に、いよいよ執拗に構築する喜びが画《ママ》されているように思えてならないのである」（「偽証と仮託―古代学者の遊び―」日野龍夫『江戸人とユートピア』朝日選書）

貞幹は一度覚えたこの禁断の実の甘さを楽しんだ。『衝口発』こそ宣長に見破られたが、だが、ちゃんと敵は討っている。「彼の偽作した『南朝公卿補任』は、後に塙保己一が『南朝公卿補任考』を著わして、その偽書であることを考証した。しかし『衝口発』の偽証を看破した宣長もこれにはだまされたらしく、『玉勝間』巻七「吉野朝の公卿補任」の項で、「いとめづらしきふみなり」と賛えている。『玉勝間』巻七の刊行された寛政十一年（1799）は貞幹没してから二年目、泉下の貞幹はさぞ快哉を叫んだことであろう」（日野・前掲論文）

上記した本居宣長記念館のＨＰの文に引用され、そして、それこそ「実は貞幹は「偽書」「偽証」と言う、禁断の実を食べ、その味を知ってしまったのだ」という、断定の主たる「証拠・典拠」となっている日野龍夫の当該論考（「偽証と仮託―古代学者の遊び―」）については、後にやや詳しく触れるが、この紹介文だけを読んだ人は、「藤貞幹とは、とんでもない男で、とても学者・研究者に値する人間ではないし、学問的業績・意義など全くない人間の屑」と思っても仕方がないだろう。しかし、「古書画に淫し、古器物に淫し、古代一切に淫した貞幹の偽証には、思うまま支配し得る世界を、いよいよ放恣に、いよいよ執拗に構築する喜びが隠されているように思えてならないのである」という日野の言にもかかわらず、現代においても藤貞幹に一定の学問的評価が与えられているのは、何故なのだろう。少なくとも、上記紹介文にはこうした観点からの記述は見られない。『或記』や『日本決釈』といった「偽書」までをも引用して、「不証の臆説」（『本居宣長全集』第八巻、大久保正「解題」）を連ねた『衝口発』とは、どんな「とんでもない本」なのだろう。

三『衝口発』と本居宣長

問題の書、『衝口発』は天明元年（一七八一）七月、藤貞幹五十歳の時に成った。因みに、同書が刊行されたのは貞幹没後二十年ほどの文化十年頃であり、また、宣長の『鉗狂人』が出版されたのも没後二十年ほど経った文政四年のことであった。要するに、両書とも写本でしか読めないし、また写本でしか流布しようのない書であったのである。これに関しては古相正美が、「（『衝口発』や『鉗狂人』は）写本の形でしか存在しないので、宣長が個別に門人に貸与していたことがわかる。宣伝の上手い宣長の事だから、こうした弁難書を巧みに利用していただろうし、貞幹にしても公にしようとした書物ではなかった」（「藤貞幹と周囲の人々」）と述べているように、宣長は『鉗狂人』脱稿後、各地の門人たちに『衝口発』と『鉗狂人』を貸与し、書写させている（例えば、宣長の「天明七年丁未詠」には「鹿嶋元長に鉗狂人をかしたるかへすとて作りておくりたるふみのすゑの句に應鷟元有日東春といへるにつきてかへし　もろこしのよし野の山はとひも見し　櫻を花の日の本の春」とある）。

『衝口発』は、冒頭からその書名の表わす通り、思わず口を衝いて出てしまったかのような破天荒な議論が続く。まさしく日野龍夫がいうように、「その記述は論証というにも値しない安易ずさんな論の運びで、一読眉唾ものの印象をぬぐいえない」代物と見られても仕方はない（前掲、「偽証と仮託」）。この『衝口発』の中で貞幹は、スサノヲノミコトは新羅の王様、神武紀元は六百年引き下げるべき、「皇統」については『或記』なる怪しげな書を引用して、神武天皇は琉球・奄美の出身であるというなど、「言語」では「十に八九は上古の韓音韓語、西土の音の転ずる者」とし、「姓氏」では、これまた「其元、三韓の官名及其言語に出るもの多し」というなど、外国大嫌いの宣長を逆上させるようなことばかりを書き連ねている。また「衣服」では『日本決釈』という、これまた怪しい本を使用し、さらには変てこな服装の図や「河内国石河郡山中古塚に、殉死にかゆるの土物一枚を掘出」したものの図という、とても埴輪などには見えないケッタイな図などを挙げて上古の衣服を論ずる、などなど。さらに「喪葬」「祭祀」の項では、墓は祠であるとか、祭りは「墓所」で執行されるものであり、これまた韓の影響というのである（余談であるが、この「祭祀」の項に対する宣長の論駁の一部が有名な「そもそも此大御神はすなはち今日まのあたり天にましまして。四海万国を照し給ふ日の大御神にましまして。常しへにましまします事。弁をまたず。古伝昭々たる物なり」という言であり、それがかの上田秋成とのいわゆる日の神論争の契機となったことは周知の事実であるが、ここでは触れない）。

このように、『衝口発』の議論は破天荒、荒唐無稽としか評しようがないが、さりとて貞幹とても戯れでこれを書いたのではないだろう。『衝口発』でいいたかったのは、「此国きりにて、何事も出来たると思ふ故、韓の言語を和訓とす。様々に説を立、終に其意を得ることなし。其上旧事記、古事記は、相違の事もあるべけれども、日本紀は舎人親王の精撰故、首尾直筆にして、一字の増減もならぬやうに覚たるは、大なるひがごと也。……年代をも立ちかへ、存すべきを削り、文字を種々に書改めたるを、直筆とは云べからず。武内宿禰の三百十余歳も信用しがたし。此等の事は、書を読む人の眼高からざれば、共に談じがたく、擬人の前に夢をとくが如し」とあるように、天智天皇と即位した（はず）の大友皇子を蔑ろにした『日本書紀』の非なることをいいたかったのである。

すなわち、『衝口発』末尾の「制度」に「天智帝御宇、終に唐の制度文物を用て、七百余年の韓風をしりぞけ、其典礼、皆後世に法るべき基を開かせ玉へり。されば万世までも、日本中興の王と称し奉る。大友皇子、よく其御志をつがせ玉ひしに、壬申の乱によりて、天命遂ぼさせ玉はず」とあるように、天智天皇（および文武天皇）こそが「西土の書をよみ、華夷を分別し、聖賢の道」を教えた天皇なのであった。それを知ることが、貞幹の「好古」であった。何故なら、「弘仁已後、又桓武帝の古制を変改し玉しより、唐にあらず、韓にあらず、天竺にもあらず、一種の典礼をこり、仏法と神道と相混じ、儒士はこれが奴隷となりて、其弊神国の名を主張し、貴賤となく仏に供奉すること、惟日不足して中華に及べり」というのが、貞幹の思いだったからである。この歴史的事実を知ることこそが、「夫れ人は一日も昔を忘るべからず」という信念であり、天智天皇への想いでもあったといえよう。しかし、親近した友人・門人たちにとっては「文務簡捷而証拠甚確」（「無仏斎先生之墓・碑文」）ではあっても、本居宣長らの「古学者」にとっては皇国を侮蔑する内容に満ちた許しがたい「新説」であり、しかもそれは理解しようのない恐るべき杜撰な、剰え、偽書までをも使っての考証を行なう「狂人」でしかなかったのである。

いづこのいかなる人にかあらむ。近きころ衝口発といふ書をあらはして。みだりに大御国のいにしへをいやしめおとして。かけまくもいともかしこき皇統をさへに。はゞかりもなくあらぬすぢに論じ奉れるなど。ひとへに狂人の書也。故今これを弁じて。名づくることかくのごとし。

「天明五年乙巳十二月　伊勢人　本居宣長」の奥書のある『鉗狂人』冒頭の文である。要するに、「どこの誰だか知らないけれど」と、月光仮面ならぬとんでもない「狂人」がいて、このまま放置できないので「鉗（くびかせ）」にしてとっちめてやる、と声高らかに、意気揚々とのっけから宣言しているのである。「いづこのいかなる人にかあらむ」と本人が述べているのだから、そのまま信じるしかない。たとえ、当該『衝口発』を著わした「狂人」が京都の藤貞幹であることは知っていても、知らないとしか書けなかった事情があったとしても、である(『衝口発』には一箇所だけ「姓氏」の項に「幹按ニ」と記している)。ここでは、「友達の友達は、友達だ」、とは限らない藤貞幹をめぐる複雑な人間関係を、この「いづこのいかなる人にかあらむ」という書き出しが自ずから示唆していることを指摘するだけに止めるが、宣長が早くも安永八年(一七七九)の時点で貞幹の『公私古印譜』を書写していることは、小山内めぐみが「藤貞幹の反国学思想—本居宣長の反駁を通して—」ですでに指摘しているように、「学業日録」にも記してあるし(『本居宣長全集』第十六巻)、また「本居宣長年譜」の安永八年十一月七日条に「『公私古印譜』春庭に書写せしむ」(同、別巻三)とあることからも明らかであろう。

このように、本来、著者の居所・素性も不明な「一写本」が、かくも宣長門人や宣長自身を「必死」にさせたものは何か。単なる、「偽書」を使用した荒唐無稽の「古代物語」であり、日本の古代に対する「誇大妄想」の書であるならば、本居宣長ほどの「大人」がそうむきになることもあるまい。何故、宣長はムキになったのか。それは、宣長自身が一番知っていたことであろう。その事情についていては、「貞幹の不証の臆説に対して、実証的な文献解釈の立場から加えた批判は、さすがに正鵠を得たものが多い」としながらも、他方では「宣長自身『日本書紀』の紀年を根本的に否定するが如き科学的な批判力を持ち得ていたにもかかわらず、『古事記』の所伝を絶対視する余り、神代上代についての記紀の虚構性に対しては、無批判にこれを信じ」云々と述べざるを得なかった大久保正の前掲「『鉗狂人』解題」がいみじくも示唆しているであろう。

「神武帝元年辛酉は、後漢宣帝神爵二年辛酉にして、崇神帝卅八年ならん。然れば周恵王十七年辛酉よりは六百年後也」という貞幹に対し、宣長は「さて神武天皇元年を。六百年こなたへちゞめて。……抑かくの如く年を定めていへるはいとをかしき事也。其故は日本紀の年紀を用ひずして。六百年違へりとする程のものの。辛酉とあるをば用ひたるはいかに。かの元年のかならず辛酉なるべきことは。何によりて知れるぞや。六百年も違へる物ならば。辛酉はいよいよおぼつかなき事にならずや。笑ふべし笑ふべし」といなすのであるが、「笑ふべし」では済まなかったことは当の宣長が一番知っていたことであろうし、また宣長門人たる伴信友はそのことを真剣に考えたからこそ『日本紀年考』を著わしたのであろう。

前述したように、大久保は「貞幹の不証の臆説に対して、実証的な文献解釈の立場から加えた批判は、さすがに正鵠を得たものが多い」というが、貞幹が神武天皇紀元を六百年引き下げ、「かくのごとく新しき事故史記にも朝鮮伝はあれども日本伝はなし漢書にもなし」と述べたのに対する宣長の「漢武帝が朝鮮をほろぼしたるは。かの宣帝神爵二年より五十年ばかり前なれば。これらをば神武天皇の前の事としていふにや」との反論に関する限り、宣長の粗忽さも否めないであろう。貞幹は、神武天皇即位前に「日本」に「国」がなかったなどとは一言もいっていないのであるから。宣長が、本当に貞幹の『衝口発』にむきになったのは、該書こそが「抑今論者上古の伝説を破りて。新説を立てむ」とする、宣長にとって脅威の書であったからであろう。たとえ「不証の臆説」であっても、それはやがて考証による「仮説」となり、「真説」となることもあるのであるから。

「その本づく所をよく固めおきてこそいふべき事なるに。その考へ甚軽忽にして。根本とする所にまづかくの如き相違あるうへは。余も准へ知るべき也」といいながらも、逐条駁論せざるを得なかった宣長の心中をこそ思いやるべきではないだろうか。「わが古学の眼を以て見れば。外国はすべて天竺も漢国も三韓も其余の国々も。みな少名毘古那神の何事をも始め給へる物とこそ思はるれ」という、およそ「実証」とは程遠い言を『鉗狂人』末尾に記した本居宣長。その宣長を怒らせたのは、藤貞幹(の『衝口発』)ではなく、実は宣長自身の内面における葛藤ではなかったのか。宣長にとっては、貞幹が「引証書目」として『衝口発』冒頭に掲げる「偽書」たる『日本決釈』『或記』などはどうでもいいことだったのかも知れない。宣長が『衝口発』の結論ともいうべき「制度」の条を披見していたならば、伴信友の『長等の山風』のようなものを書いただろうか、それとも「実証」でやりこめた(つもり)で済ませただろうか。あるいは、宣長が披見した『衝口発』写本には、この「制度」および「日本紀・水鏡・鎌足公伝」の比較対照年表はなかったのだろうか(本居宣長記念館に残されている写本には当該項目も記されているが)。

序での話になるが、この貞幹と宣長の学問を比較して、貞幹を専門に研究した人間には貞幹を「玄人」として評価する傾向が見られる。たとえば、貞幹の書簡集を翻刻・紹介して貞幹研究に大きく貢献した三村清三郎は「衝口発などを見て、斎主が新説を出して、鈴屋派の古学に対抗したるらしく覚ゆれど、実は鈴屋派の古学は、名は古学といへども、師承する所深からず、唯書籍上に自説を敷衍したる新学にて、古本旧記を捜羅し堂上の古伝を受けし斎主等より見れば、いと片腹痛かりしなり」と述べているし（『日本芸林叢書』第九巻「解題」）、また貞幹の自筆稿本の紹介や翻刻により、これまた貞幹研究を大きく前進させた川瀬一馬も「貞幹が、若年から考古一途に積み上げて行った学問の道程と、その学識とから見れば、宣長の如きは、同じ研究の分野では、「お素人」とでも言いたかったのではないかとさえ思われる」と述べている（「古代文化研究の先覚　藤原貞幹の業績—国学としての意義—」）。

四　藤貞幹・偽証家説の流布

そもそも、藤貞幹に「偽証僻」ともいうべき傾向があったことを本格的に指摘したのは、よく知られているように、日本の近代的考古学の樹立に大きな業績を残した高橋健自である。高橋は大正四年（一九一五）八月に発行された『考古学雑誌』（五—一二）の「古瓦に現れたる文字」において、次のように述べている。

> 当時我が国に於ても考古学的研究の気運勃興し、藤貞幹は安永五年『古瓦譜』を編して之を知人に頒てり。実に『秦漢瓦当文字』に先つこと十一年なりとす。我が考古学史上その名最著れ、学界に貢献するところ少なからざりし彼れの編するところなれば、この古瓦譜は後の古瓦研究者の必一たび参考するところなりとす。然れども熟々此書を閲するに、古瓦文字の殆ど半は捏造したるものと認むべし。予固より死屍に鞭つものにあらず、彼れが金石学に於ける功績は実に称賛に値すと雖、かくの如く学者として世を欺きたる不謹慎なる態度に至りては、遺憾ながらまた一言せざるべからざるなり。敢て専門家の為にいふにあらず、この書に信頼して研究せむとする

初学者の為にいふのみ。

こう高橋健自は述べて、その「捏造」の一例として「貞幹の古瓦譜に『警固』の二字あるを挙げて、『大宿直疑寮廃址瓦』と題せり。予未だその原品を見ずと雖、拓本より見るも偽作せるものなること疑ひなし」と断定している。そして、その二年後、高橋は同じく『考古学雑誌』の第七巻第十二号（大正六年八月）に「上古遺物研究の沿革」と題する講演録を掲載し、あれほど厳しく「学者としての不謹慎な態度」を批判した藤貞幹について次のように述べている。

谷川士清について挙げねばならぬのは藤貞幹であります。彼れは考古学史上中興開山ともいふべき人物でありますが、この人は時として研究の本領から脱線して、人を稍ペテンにかけるやうな点があります、けれどもその備忘帳には実に多くの考古学的資料を蒐めたことは敬服すべきところであります。貞幹は天明元年を以て「衝口発」を著して万丈の気焔を吐いてゐます。尤当時の忌避に触れることを恐れたでありませう、この本の版本には名を載せてありません。……貞幹の気焔が癪に障つたので御座いませう、天明五年に本居宣長は「鉗狂人」を著して、貞幹の「衝口発」を駁撃致しました。その宣長の議論の全体に対する吾人の批判は別として、宣長が「土物の類はたゞ人の大よその形を造れるまでにて、衣服などの細なる状までつくりわくべきにあらねば、証とするに足らず」と云ふ説はたしかに考古学的研究でなく、史学研究の上に欠陥があるのであります。一体宣長は国学者としては実に偉人であります。けれども考古学者としてはさまでの人ではありません。八尺瓊勾玉に対する考説も谷川士清などに比べると、全くなつてゐないのであります。

この高橋健自の藤貞幹を巡る二つの論を読めば一目瞭然であるが、高橋は決して藤貞幹を日野龍夫のように、そして本居宣長記念館のＨＰのように、一方的に藤貞幹の学問・考証の「負の部分」だけを強調したり、揶揄したりしているわけではない。まさに「真摯に研究する人たち」の一人として、貞幹を総体的に捉え、評価すべき点は高く評価し、批判すべきは厳しく批判しているのである。この点に関しては、近代における藤貞幹研究の最初の本格的、かつ今日においても基本的な考察である吉澤義則の前述「藤貞幹に就いて」においても正当に言及されているところである。

然るに著書に就いては茲におもしろからざる一説がある。其は吉野朝公卿補任を貞幹が偽作したといふ説である。此の書の事が初めて見えてゐるのは、本居宣長の玉勝間巻七で、

> 吉野の朝廷の公卿補任四巻あり（中略）此書備前国岡山の河本某が家にあり、この河本は備後三郎高徳が末にて、宇喜多氏の族河本対馬守親家といひしが末也とかや、さるゆゑよしにてや此書はつたへたりけむ、今は岡山の商人なるを、あやしく世々書をあつむることを好みて、すべてやまともろこしのもろもろの書どもいとこゝらつどへもちたりとぞ。

とあるこの書は今日に於ては一般に偽書と認められてゐるが、その偽作者に就いては一向に知られてゐないやうである。所が岡本保孝の況《ママ》斎雑記に

> 公卿補任吉野朝
> コレハ清《ママ》原貞幹仮《ママ》造シテ玉勝間七ニイヘル河本ニウリタルナリ。

と見えてゐる。況斎は全然無稽の語言をする人とは思はれないが、さりとて拠りどころは分らない。好古癖の人には、どうかすると此の種の悪戯を試みる人がある。近くは西村兼文などいふ人もあり、貞幹前後には多賀城碑を偽作したり、大同類聚方を偽作出版したりしたやうな、念入りなのも有つたほどであるから、貞幹にもこんな悪戯が無かつたとも断言できないが、貞幹の為めどうか濡衣であれかしと祈る次第である。

吉澤が指摘したように、岡本保孝は『況斎雑記』（『況斎叢書』三、所収）の「書籍攷本邦」部の「公卿補任」の項で「棭斎云、古キ処ハ疑ハシ、鎌倉トハノホラヌモノ也」云々と棭斎の説を引用しつつ『公卿補任』について小さな考証をなし、その上欄に「公卿補任吉野朝　コレハ藤原貞幹偽造シテ、玉勝間七二十五丁ニイヘル河本ニウリタルナリ」と記している。岡本保孝が藤貞幹に批判的を超えて悪意すら持っていたであろうことは、『好古日録』の「百四　俗語」

の批評に「保孝按貞幹好古ノ僻アリテ博識ナレドモ師承ノ学ナカリシコト此一条ニテシラルタヤスク筆ハトルマジキモノゾ」と皮肉を籠めて記していることからも知られよう（『日本芸林叢書』第三巻所収『好古日録』）。

そもそも、藤貞幹に「偽証・偽作」があるどころか、それは一種の積極的偽作・贋作であったと断定したのは、岡本保孝の師である狩谷棭斎であった。棭斎は貞幹の刊行された数少ない書のうちで最も代表的な『好古小録』の「元明天皇御陵碑」の項の上欄に「貞幹東大寺要録ニ此文ヲ載セタルニ据テ偽作セル也此老好テ古書ヲ贋作ス然レトモ具眼ノ人ハ皆其欺ヲ受サルナリ」と記している。このことに触れて、狩谷棭斎研究の第一人者である梅谷文夫は、

「『好古小録』二巻二冊は、「金石」・「書画」・「雑考」の三部と、図録から成っている。……「書画」の部にとりあげられた古書画の多くが、現在、国宝ないしは重要文化財に指定されているのを見ても、すぐれた鑑識の持主であったことがわかるであろう。『好古日録』一巻一冊は、右の所説の補足と、右に漏らした事項に関する考説とを集成したものである。読書を学問と心得ていた当時の学者の盲点を突いた画期的な著作で、その影響は広範囲に及んだ。棭斎も、その影響を強く受けた一人である。

ただし、貞幹は、証拠を捏造して説をなす癖を有すと陰口された学者である。斯道文庫所蔵棭斎自筆書入れ本『好古小録』の「金石」九（十三の誤記）、「元明天皇御陵碑」の項の上欄に、棭斎が、「此の老好みて古書を贋作す。然れども、具眼の人は、皆、其の欺を受けざるなり」と書記しているところを見ると、陰口は棭斎の耳にも届いていたらしい。とすると両書の諸条に、棭斎が忘年某月観ると書記しているのは、貞幹の所説を検証し、信憑性を確認したことの心覚えと解すべきかと考える。（『狩谷棭斎』）

と述べている。この梅谷の論は貞幹にも、棭斎にも公平な論評・評価であり、上記日野龍夫などの揶揄的な論考と比べると学問的にはよほど抑制が利いている。因みに、日野の『或記』や『日本決釈』をめぐる貞幹の「偽証・偽作」説は、藤貞幹の存在意義を一般に広く紹介した功労者である竹居明男が「周到な論」と評価しつつも、竹居自身が考証した結果、これらが「偽書」であっても、それは「先人ないし別人の手になるものであろう」と結論しているよう

に（「「歴史家」としての藤貞幹」）、未だ検討の余地があり、この点に関してはやや詳しく後述するつもりである。それはともかくとしても、椛斎がこの頭注を書いたのが、他者からの「陰口」を聞いた結果であったのか、それとも椛斎自身が貞幹の著作を吟味・考証して、その結果、あえて「貞幹東大寺要録ニ此文ヲ載セタルニ据テ偽作セル也此老好テ古書ヲ贋作ス然レトモ具眼ノ人ハ皆其欺ヲ受サルナリ」と書記したのか、その真相は小生には不明である。

果たして、狩谷椛斎がいうように、本当に藤貞幹は「此老好テ古書ヲ贋作ス」と評されるような人物であったのであろうか。もし、そうだとしたら、その著述や考証——『衝口発』は暫く措いて——が、同時代人およびそれ以降の学者・研究者にかなり高く評価されてきたという事実をどう解釈すればよいのだろうか。

五 「奇説の人」としての同時代人の評価

藤貞幹に親しく接した人物にとって、貞幹は「奇人・変人」の最たるものであり、往々にして「奇説」を吐く人であった。貞幹晩年の寛政七年三月、『大日本史』編纂に関する裏松固禅への御礼言上や畿内の史料調査のため、彰考館総裁立原翠軒（甚五郎）と共に上洛し、貞幹にも世話になった小宮山楓軒は、文化四年から八年にかけて記録した『楓軒偶記』に藤貞幹の為人を次のように記している。

一、藤貞幹俗称叔蔵、号無仏斎、奇説多き人なり、嘗て一書を著して、吾国の上古は人物其外ともに、皆三韓外国より伝来せるものにて、古書に其証多きよしを云へり、伊勢人本居舜庵宣長はこれを憤り、鉗狂人と云へる書を著し、其説を駁せり、二人今皆没してあることなし、貞幹には予も親しかりし、（原文カタカナ、以下同じ）

また、貞幹の考証の薀蓄について、

一、大和の法隆寺に、聖徳太子の御茵と云ものあり、予嘗て京にありき、幸に其京に来たりて、宝物を開帳せるを観る、橋本肥後守・藤叔蔵と同く熟覧し、其茵の綻たるあり、中を観れば、常陸国信太郡中家郷、戸主大伴□

□、天平勝宝六年十月とありて、常陸の調布にて作しものなり、余不図千里の外にありて、吾郷千載の古物を観る亦奇ならすや、此年号にて考ふれば、称徳天皇の御物なりしと見えたり、称徳を聖徳と誤り伝へしものなるべしと叔蔵いへり、

とも記している。楓軒が「好古」を通して貞幹と親交の篤かったことは、同じく前掲書に「一、天明年中筑前人、地を穿て一古印を得たり、漢委奴国王章と云ふ、好奇の者模刻伝翫して、千里に伝へたり……此印藤貞幹摸刻の物ありて予に贈りしが、今は焚たり、」と回想しているように、有名な「金印」についても、貞幹からその模刻を贈られるほどの間柄であったのである（楓軒「今は焚けたり」と記しているのは、文化四年三月に火災に遭ったからである）。もっとも、楓軒が貞幹の「奇説」や考証を、全面的に真に受けていたわけでないことは、文化八年の『懐寶日札 二』に、

大和薬師寺の露盤銘、日本史にも引れたり。藤貞幹、嘗て是を摺して模刻せり。是露盤にはあらず。檫の銘なりと、同人云へり。予も其地に至りしが、高くして観ることあたはざりし。①

大和佐保山元明御陵の碑は、文字滅して読むべからず。彼是に、之の字などあるまでなり。貞幹模刻の物ある故に、如何に如此と問へば、東大寺要録の文に拠りて、無理々々に推して刻せりと云へり。真碑を見ざる人、彼模刻を信ずることなかれ。右の二条、たまたま懐旧の事ありて記す。貞幹今死して在ることなし。②

と記していることからも知られよう。①は、藤貞幹とも交渉のあった江戸を代表する考証学者の屋代弘賢に係わる。弘賢は寛政四年十月から十二月にかけて、これまた貞幹と親交のあった幕府儒者・柴野栗山と共に、幕府の公命を受けての京都・大和の寺社宝物調査を行なった。京都では栗山を通して旧知であった貞幹とも度々会い、世話にもなっている。その調査の折、弘賢は大和・薬師寺の有名な東塔の「露盤銘」を調査し、それが「露盤銘」ではなく、「檫銘」であったことを実見して知り（『道の幸』には「此銘文は、世人もあまねくしりたることなれば、うつさず」とある）、それらの調査の結果を翌寛政五年に『金石記』として幕府へ提出した。要するに、従来の定説を覆し、また『日本書紀』の天武天皇即位年をも覆すほどのモノによる考証の基礎となる業績なのであった。この銘文を貞幹が公に紹介し

たのは寛政七年刊行の『好古小録』所収の「六　奈良西ノ京薬師寺東塔銘」においてであり、結果的には、弘賢の後塵を拝したことになる。だが文化十四年の『懐寶日札　十』で、楓軒は次のような記事を残している。すなわち、「薬師寺の塔の露盤銘、藤貞幹嶮を犯して上りこれをする、檫の銘と考へ題せり、屋代弘賢、道の幸に、これも上りたることを書して、檫と考へたるよしを記せり。然れども、貞幹の考其前にあり」、と。

②は前述したように、貞幹「偽証・捏造」家説の流布に大きな影響を与えた狩谷棭斎が『好古小録』掲載の「元明天皇御陵碑」をめぐって、その碑は『東大寺要録』による偽造であり、「此の老好みて古書を贋作す」と述べ、貞幹に「贋作家」の烙印を捺したのであるが、これもその一件に関する記述である。この時点では、貞幹と親交のあった楓軒さえも貞幹偽造説に近い疑念を抱いている。だが、同じく文化十四年の『懐寶日札　十』で、「藤貞幹刻の佐保山陵の碑あり。予嘗て、其地に至り、親しくこれを搨るに、界行はあらはれたれども、文字は之の字など所々にあらはるのみなり。如何にしてこれを刻したるやと問ひしに、答へて、幹が搨りしときは、文字も今より多く見えたり。東大寺要録に載せたる文により、むりむたひに模刻したりと云へり。其碑は練り石なり。」と記している。ここには「真碑を見ざる人、彼模刻を信ずることなかれ。」といった貞幹偽造説を示唆しているような厳しい言は見られない。この元明天皇御陵碑については、改めて後に述べるが、狩谷棭斎は文政五年に刊行した『古京遺文』において貞幹偽造説を払拭できず、「此他有元明天皇御陵碑剥落無一字」故に掲載しないと断っている。その考証家としての慎重で真摯な態度は高く評価すべきであるが、かといって藤貞幹が軽率にも偽造に走ったと断言するのも慎重な態度とはいえないであろう（因みに、屋代弘賢は『道の幸』で「元明天皇御陵碑」に触れ、「奈良の箱石はこの所に有べきか。誰人のわざにや、かしこにうつしぬとぞ。かの記文もはたとせばかりさきに、貞幹がすりしときまでは、文字かすかに残りしが、心なきひとにそこなはれて、今は界のみわづかに見ゆ。もとよりねり石とかいひて、まことの石にあらざれば、かく消えぬるとぞ」と記している）。

以上、小宮山楓軒の記事によって藤貞幹に対する楓軒なりの評価（の一端）を見てきたが、楓軒が貞幹に対して抱いていた想いは、以下の記事からも改めて窺われよう。

大和二、従二位竹朝臣碑と云あり。畿内志にも載たり。これを摺るに、従二位竹野王とあり。京に帰りて、藤貞幹の家にて、続紀を閲せしに、果して竹野王見へたり。全文は摩滅して、よむべからず。(『懐寶日札　三』文化九年)

寺井次吉郎云、大和に従二位竹朝臣の碑ありと。即其地に至りて、これを榻すに、全文はあらはれねども、従二位竹野王の字見えたり。京に帰りて、貞幹に談じ、続日本紀を検するに、果して竹野王ありし。(懐寶日札十』文化十四年)

これに対し、近親ではあっても、その立場・環境によって、次のような悪感情を抱いていた同時代人もいた。

藤叔蔵といへるをのこは、仏光寺の寺中、中の坊久遠院といへる院家の一子なり。母は岡野といへる妾にて、いと正しき志の媼にてありし、父の師、死して後、叔蔵壮年のころ、母の詞はもとより、親族長上のいへることなど、ゆめゆめ不用、放蕩三昧にて、剰へ後には寺を出て、何国ともなく遍歴してくらせり。彼宗旨のならひにて、血脉を尊みて、肉親の子に後住させ度とて、門徒中及び親族懇友などより集り、方々尋ね求め、いろいろと理解を説けども、一円耳にも入れず。只おのが侭の行跡につのりて、父の遺跡の事などいかゞ成行とも、少しも心にとゞめず。ぜひなくして、寺には養子をして、後住をするゑたり。則ちおのれがいさゝけゆかりの入ゆきて、後住となれり。おのれ壮年の時の事なりしが、その因もて中の坊へは度々往かひして、実母をかのにも度々逢ひて、叔蔵が始末つぶさに物語を聞けり。其後、廿年ばかりも過て、田信平がもとにて、叔蔵に出会ぬ。今は儒を業として、上京に住居ぬるといふ。彼是物語るうちにも、奇怪僻説ども高慢にいひつのりけるにぞ、うたて思ひ侍りし。其後は絶て面会もせざりしが、近きころ、谷堅吉、衝口発といへる書を袖にして来り見せけり。こは叔蔵が著述せるなりといふに、とゞめ置て、つらつら見けるに、いふべくもあらぬさかしらごとのみを書けり。かの斉東野人之語也といへるたぐひなり。このをのこ壮年の時より、孝悌の心なかりしとおもへるが、果してかゝる事を書て、人をまどはす、好奇の僻あらはれたりとおぼゆ。叔蔵が儒を業とするころ、直在其中矣といへる章は、いかゞ講じきやらんとおもふ。（頭註に「本居氏鉗狂人可見」とあり）

これは、貞幹の友人であった高芙蓉の縁者でもあったらしい橘泰の『筆のすさび』（文化三年刊）にある貞幹評であるが、本居宣長に関係する人物が出てくる意味でも、貴重な資料であろう。これを「藤井貞幹」の項に掲載した『国学者伝記集成』の編者の見識に敬意を表するものである（同書には別名の『芝屋随筆』を出典としている）。この『筆のすさび』を書いた橘泰（トオル）は京都の人で、かつ貞幹の友人高芙蓉の女婿でもあり、また荒木田久老の門人でもあったというから、貞幹とはかなり縁のある人物であったろう。それに、その住居も「油小路二条下る町」とされているから（『平安人物志』天明二年）、同人がずっと同じ場所に住んでいたとするならば、貞幹が寛政元年十一月後半以降住んでいた「油小路二条上る東側」ともすぐ近くであった。これは、今の二条城の東側付近である。もっとも、橘泰は、宣長が享和元年四月に上京した時に宣長に面会しており、宣長は日記に「河原町三条下ル町西カハ書林橘七郎右衛門入来」と記しているから、この頃には転居して、河原町三条辺りに住んで本屋を営んでいたのであろう。

さらに面白いのは、この『筆のすさび』に国文序を寄せている「源常言」なる人物は、吉澤が「藤貞幹に就いて」において、「門人としては山田以文の名が聞こえてゐるだけである。亀石堂日録は主計助源常言輯となつてゐて、常言といふのは門人らしく思はれるが、……常言といふのは或は架空の人物では無かつたかと思はれる」と述べて、「架空の人物」視した「門人」のことである。常言は、姓は源、氏は御園。代々典薬寮の地下官人で鍼師の家柄に生まれ、当時主計助であり、橘泰と同じく荒木田久老の門人でもあった。文中に出てくる「谷堅吉」も本居宣長とは多少の面識があったと推測される人物であり、『享和元年上京日記』に「東寺辺　同寺勧　谷堅吉出席」と出てくる。このように、貞幹と宣長との間には、両者を知る様々な人間が存在していたのである。「毀誉褒貶」は世の常というが、「奇人・奇説（そして偽証・偽造）」家で鳴った藤貞幹であるから、とりわけ世評は身に沁みたであろう。だからこそ、貞幹の師であり親友でもあった柴野栗山は「無仏斎記」を草し、「其同子冬而助其防者。将来未可謂無其人與其時也。雖狂瀾滔天天下倒流。子冬其無畏也」、と激励したのである（『栗山文集』）。

六　「考証」と「偽証」の間で——藤貞幹の情熱と逸脱

竹居明男とともに、今日の藤貞幹研究、とりわけ、その著『六種図考』、『七種図考』『集古図』、あるいは貞幹書簡に関する研究を最も精力的かつ精緻に遂行している松尾芳樹は、的確にも次のように述べている。

貞幹の著作の中に偽作により行われた考証が含まれることは事実として認められなければならないと思うが、彼の学問が持つ特殊性が、その業績全体に対する後世の評価を分かつ原因となったのは残念なことである。彼の学問思想が明らかにされていない現在、偽作偽証についての心理も明らかにされていないのだから、結論を出してしまうのは早計の謗りを免れない。部分的に指摘される偽証の問題によって、著作に語られた自由で卓抜した思考の価値を空しくすることは不本意なことと言わなければなるまい。今日的偽証観のみで貞幹の学問を否定することは、近世学芸に対する新たな視点を失う恐れがあるだろう。（「藤原貞幹の『集古図』」）

藤貞幹の著作に「偽証・捏造」による記述や紹介があるとの指摘・批判が狩谷棭斎以来現代に至るまであることは前述した。とりわけ、前記日野龍夫の論は決定打ともいうべきものとされて今日に至っている。しかしながら、松尾同様に藤貞幹の学問的意義を現代的視点から総合的に検証（顕彰）している竹居は前に少しく触れたように、この日野説に対して「再検討の必要性を改めて問題提起」しておきたいと述べ、貞幹の偽作・捏造とされてきた『日本決釈』や『事始』は貞幹の偽作ではなく、「先人ないし別人の手」による書である可能性を独自の考証によって指摘している（前掲「「歴史家」としての藤貞幹」）。

ここで、結論めいたことを述べるならば、日野の立論が「決定打」であるか否かは、主として貞幹自筆稿本として残っている『国学備忘』『閲史大疑』が、『衝口発』以前に書かれたものか（日野は『衝口発』のための「メモ」と見做す）、それとも川瀬一馬や小山内めぐみのように、『衢口発』以降の貞幹晩年の作と見るか、によって大きく左右されよう。日野は、『閲史大疑』の「天智帝紀」で貞幹が「事始云、天智帝摂位癸亥詔、天下男女皆結髪」と記しているのに対し、『衢口発』では「決釈によれば、此も近江朝に止められとなり。然れば天智帝か大友皇子の制なるべし」と述べていることを挙げて、「この記述ははなはだ不審である。すでにメモの段階で結髪令が天智摂位癸亥年の発布であることをつかんでいる貞幹が、なにゆえに仕上げの段階で「天智帝か大友皇子の制なるべし」などととぼけた書き方をせねばならないのか。これは『日本決釈』からの引用も『事始』からの引用も、ともに捏造であることをおのずから物語るものであろう」と、貞幹の「捏造」と断定し、あとは前述した本居宣長記念館のＨＰに紹介された論を展開するのである。

これはこれで、まるで謎解きや推理小説のようで面白いのだが、吉澤が紹介している貞幹自筆の「秘蔵書目」には「日本決釈及事始纂　一冊　古本日本書紀標柱及年中行事秘抄所引」――これは竹居明男も紹介しており、また寛政三年に刊行された貞幹の『国朝書目』掲載の『日本紀決釈』があることも指摘している――と「醍醐地蔵院所伝古記朽破魚食余三種合為一冊」が記載されており、さらには『国朝書目』には、『衢口発』の引用書目である『細川幽斎話書留記者不知』『源氏物語』と同本めいた『源氏物語聞書』や『源氏物語幽斎』なる書名の本が『本朝書籍目録・同別録』に「△記者今所加」として記載されている。かかる類の書が「偽作」であるかどうか即断はできないが、「偽作」とすれば、かくも怪しげな大部の書籍名を『本朝書籍目録』に追加した「書目」を作成した貞幹とは、大した努力家だとつくづく思う。

それはともかくとして、日野は貞幹「偽書捏造」の真意として、「天智天皇への関心を決定的に示す著述として、貞幹は以上の捏造『事始』『日本決釈』と「崇福寺々記」「家伝異本」をすべて取り入れて、天智天皇の年譜である『天智天皇外記』を編纂した」と断じ、そして、この『天智天皇外記』を「天智天皇の顕彰の意図を、他に形式もあろうに嘘で固めた年譜として表わした」とまで述べるのである。もし日野が、竹居も紹介しているように、この件に関する貞幹から柴野栗山や立原翠軒に宛てた書簡を一読していたら、どのような結論に達しただろうか。

貞幹は寛政元年、栗山に「一昨年数行遺文を取輯、日本史の文をかり候而天智帝外紀草稿仕置候、此間取出し一校仕候故入貴覧候、引用の書は至テ慥に御座候へ共、文義之不通無覚束被存候、一通御覧被下候様奉願上候」との書簡を送っている。そして寛政三年一月七日には翠軒に宛てて、「副啓　日本史天智帝本記裏松公御存入茂大織冠伝等に拠テ改正ありたき旨に御座候依之万分の御役に茂相立可申候間天智帝外記貴家へ懸御目申候様候得共是は先年栗山子より被懸御目申候様承知仕候故此度は進上不仕候又御入用候はゝ跡より差上申候」とも書き送っている。貞幹は栗山に送った『天智天皇外記』は翠軒もてっきり披見したはずと思慮していたのであろう（同年三月十九日付けの翠軒宛て書簡には「天智外紀之事御紙上恐入奉候」とある）。「嘘で固めた年譜」たる『天智天皇外記』を栗山、立原翠軒はどのような想いで読んだのだろうか。そして墓碑に「所著　有天智天皇外記」と真っ先にその業績を誌した日野資愛、高橋宗孝、山田以文など知友・門人たちは、この『天智天皇外記』を一体どう評価して碑銘を刻んだのであろうか。

かかる貞幹の「天智天皇顕彰」の第一弾が『衝口発』であったのであるが、有体にいって、『衝口発』をまともに読む限り、その立論が「実証」や「考証」とは程遠い内容のものであることは否定できないし、また胡散臭い「引証書目」があることも事実である。宣長の文献を駆使した駁論に圧倒されるのが落ちであろう。だが、宣長がふと漏らした言葉、それこそ宣長流の「衝口発」ともいうべき、「日本紀すべて漢意の潤色多く。巻首に古天地未剖云々のたぐひは。全く漢籍をとれりといふことなどは。誰かこれを知らざらむ。此類の事によりて疑ひをなすは。普通の学者の見解にして。めづらしからず。……似たるをもて疑がはば。仏書には猶よく似たること共多きぞや。すべて古言古語を詳に明らめて。古事記と相照してよく見るときは。うたがふべき事もなく。解せずといふことなし。……一たび古学に入て古言古意に明らかならば。おのづから疑ひはみな晴ぬべき物ぞや」という言こそが、宣長が貞幹を漢意に塗れた「普通の学者」と思いたかった本音であったろう。だが、貞幹が「普通の学者」ではない「狂人」であることを察知している宣長は、すぐに逐条的駁論に入るのである。かの上田秋成との著名な「日の神」をめぐる不毛ともいうべき論争の種はここにあったといえよう。再度いうが、「わが古学の眼の以て見れば。外国はすべて天竺も漢国も三韓も其余の国々も。みな少名毘古那神の何事をも始め給へる物とこそ思はるれ」という『鉗狂人』末尾の言は、宣長にとっての「衝口発」であったのであり、それは宣長なりの重厚・精緻な「考証」からしか発せられない言葉だったのではないだろうか。そして、それは藤貞幹にしても同じことがいえるのである。「好古」（考古）への「情熱」が獲得した、宣長とは異なった博識が齎す考証が、不図「逸脱」して胡散臭い、一見荒唐無稽とも思われる「つい口を衝いて出てしまう言葉」となって発せられたのである。貞幹における「考証」と「偽証」の問題、両者の間に揺れ動く貞幹の心理、これが明らかにされていない、と松尾芳樹はいう。その通りと思慮するが、具体的に貞幹の何が、どこが「偽作・偽証」なのか、まず明らかにすべきはこの点であろう。狩谷棭斎、岡本保孝がいかに碩学とはいえ、貞幹に係わる言がすべて「考証」され、況や「実証」されているわけではないのだから。

七　貞幹「偽証家」説の検討——貞幹の「逸脱」とは何か

前述したように、「今日的偽証観のみで貞幹の学問を否定することは、近世学芸に対する新たな視点を失う恐れがあるだろう」と松尾芳樹は述べた。小生も、この松尾の言には大いに賛成である。そもそも、松尾が貞幹に関していう「今日的偽証観」の直接的言及者が日野龍夫であり、またその観念の流布・増幅に与ったのが近くは「貞幹の為めどうか濡衣であれかしと祈る次第である」としながらも、況斎岡本保孝の『況斎雑記』の「南朝公卿補任貞幹偽造説」を紹介した吉澤義則、そして古くは当の況斎およびその師匠である狩谷棭斎であった。

棭斎が貞幹をして「此老好テ古書ヲ贋作ス」と断言した最大の根拠は『好古小録』十三に掲載された「元明天皇御陵碑」の紹介およびその説明であった。棭斎はいう、「此碑今剥落シテ一字存セス、只其局文アルノミ、貞幹カ模刻ハイマタ剥落セサル已然ノ榻本ヲ以テ模シタリト云リ、今取テ試ニ碑本ニ比校スルニ剥落ストイヘ共、一画ノ似タル所ナシ、イカ様ニ剥落ストモ一字一画ノ髣髴ハ必有モノナルニ、如此ヲ以考フレハ、貞幹東大寺要録ニ此文ヲ載セタルニ据テ偽作セル也、此老好テ古書ヲ贋作ス、然レトモ具眼ノ人ハ皆其欺ヲ受サルナリ」と。こう述べて、椵斎は『好古小録』に載せる「元明天皇御陵碑」は貞幹が「偽作」したと断定するのである。

この偽作問題の発端となる「元明天皇御陵碑」が掲載された『好古小録』が刊行されたのが寛政七年九月のこと（寛政六年六月の序は、貞幹、宣長両者に交友のあった京都・梅宮社祠官橋本経亮）。これより四年前の寛政三年四月には、安永九年に刊行された『都名所図会』で著名になった秋里籬島が『大和名所図会』を刊行しているが、その中に「春日社函石」について「是即元明帝の碑石也」として『好古小録』とほぼ同文の銘文を掲げている。これは、『好古小録』にある碑銘の「乙酉」を「己酉」と記し、また「此碑銘東大寺要録に載せたり」とも記している。貞幹がこの著名な『大和名所図会』の記事を披見した可能性もあろうが、それを知って『好古小録』に紹介したとは考えにくい。貞幹は、最も初期の「元明天皇御陵碑」関係の記述とされる「明和七年歳次庚寅六月十二日　左京藤貞幹謹識文化元年五月十日卒業　信彝」との奥書のある『奈保山御陵碑考証』では「己酉」と記しているが（ただし、誤写の可能性もある）、安永七年以降の『六種図考』にある「楢山御陵碑」では「乙酉」としていることなどから、貞幹が『大和名所図会』によって「元明天皇御陵碑」を『好古小録』に紹介したとは考えられない。まして、当の秋里籬島は貞幹に「知識」を借りようとして、却ってその人柄を疑われているほどの人物であるのだから、余計にそうとは思われない（寛政四年十月十六日付け立原翠軒宛書簡。多くの「名所図会」を残した、この秋里籬島も相当に怪しい人物であり、その生涯も謎に満ちている。怪しい者同士の変梃りんな関係があったのかも知れない）。それならば、貞幹はどのようにして「元明天皇御陵碑」に関する情報を手に入れたのか。恐らくは、遠く延宝九年（一六八一）に刊行された林宗甫『大和名所記』（『和州旧跡幽考』）、あるいは明和六年刊の『大和奈良并国中寺社名所旧跡記』（『大和名所記』）などの地誌・名所図会の類を読んで明和六年四月に奈良に赴き、奈良坂の春日社にある「函石」および「隼人石」を実見し、その拓本を採り、模写を行なったのかも知れない。貞幹は『衝口発』の「引証書目」にも『大和名所記記者不知欠本』

として挙げているが、これが上記のどの『大和名所記』に該当するのか、小生には不明である。

貞幹が明和六年四月に現地に赴いて実見し、明和七年六月に、その記録と考証を記したとされる前記『奈保山御陵碑考証』は、幕末維新期の山陵考証に尽力した谷森善臣の『山陵考』にも有力な唯一の考証文献として引証されており、また時代は下るが、大正十四年の上野竹次郎編『山陵』上にも全文が引用され、碑文の「確かさ」の挙証としている。しかしながら、この碑文の信憑性を疑問視する者も勿論あったのであり、木崎愛吉は大正十年刊行の『大日本金石史』で「(三〇) 大和　奈良坂元明天皇御陵碑」として紹介し、「貞幹が明和年代にあらかた通読し得たものが、僅かの間に一字残らず剥落し、丸きり読めなかつたといふのは、椷斎に此く言はれたとて、何と弁ずる言葉もなからうが、……何とやら訳の分らない説が多い。続古京遺文には、未だ遽かに貞幹を疑ふことは出来ないと云つて、「最も古くして原拓ならんと思はれるもの」が採録されてゐる。……成る程、この御碑は、すべてが、その約束の下に出来過ぎて居るのも、却つて椷斎と同じく疑問が挟みたくなるけれど、字体も古いやうであり、しばらくはこゝに掲げて置くことにする」と、すこぶる厭味を籠めて述べている(木崎が『好古日録』と『好古小録』を取り違えているのはご愛嬌だが)。以後、この「元明天皇御陵碑」に関しては、斎藤忠、福山敏男や戸原純一などの関係論考があるが、藤貞幹「元明天皇御陵碑」偽造説や贋作説は寡聞にして知らない。いくら、椷斎が貞幹「偽作説」を唱えても、貞幹は「函石」たるモノと『続日本紀』および『東大寺要録』という文献を用いて、「元明天皇御陵碑」はこの「函石」に相違ないと思慮してその碑文を復原・考定しようとしたのであった。貞幹は前述した楓軒の記す通り、この『東大寺要録』を参考にして『六種図考』、『好古小録』に真の「碑文」と思慮するものを掲載したのであって、あえて「偽作」したと考える必要はないのではないか。

以上述べたように、狩谷椷斎は藤貞幹を「贋作者」として非難したのであるが、その椷斎も貞幹には多くの学問的恩恵を蒙っていたことは確かといえよう。文政元年(一八一八)七月に成った、近世における日本金石研究・考証の最高峰とも称すべき椷斎の『古京遺文』所収の二十九銘文の約半数は、貞幹の『好古小録』や『六種図考』で紹介・考察されている銘文である。しかも、その考証にはたとえ批判的引用ではあっても、「蒙斎」こと藤貞幹が最も多く引用されている。梅谷文夫は前述した『狩谷棭斎』で、寛政五年八月に刊行された屋代弘賢の『金石記』の影響で棭斎は金石文に関心を注ぐようになったのであり、貞幹の『好古小録』はその「金石熱に油を注ぐ役割を果したと考えるほうが無理がないようである」と述べているが、問題は、関心を示す契機となったことと、それを契機に何を指針として本格的に考証を成すに至ったか、であろう。『古京遺文』での批判的引用や、『好古小録』や『好古日録』の上欄に記された棭斎の書記の意味するところを考えるべきであろう。貞幹も時代の子であれば、棭斎も同じく時代の子であった。棭斎が当時において、「元明天皇御陵碑」を貞幹の「偽作」であると思慮したことは、彼なりの考証の結果であるが、棭斎がそれを進めて貞幹のすべての業績をも否定したとするならば、それはもはや人格の問題であるが、さすがにそのようなことはなかったと思われる。棭斎が『古京遺文』において、同書に掲載すべき金石のうち、剥落して一字もない「元明天皇御陵碑」などや無文字のもの——その中には、貞幹が紹介した「隼人石」もある——と、「係後人為託」るものは採録しないと区別して注記していることにもっと留意すべきであろう。『好古小録』や『好古日録』に書記された貞幹に対する考証的批判はともかくとして、人格に係わる「悪口」の感情を棭斎が終生抱いていたとの証明はできないのである。

ところで、そもそも、この「贋作」云々の書記は何時のことであったのだろうか。『好古小録』や『好古日録』が刊行されてから『古京遺文』が成るまで、その間、実に二十年以上が経過している。棭斎が貞幹を「此の老」と記していることから察するに、『好古小録』が刊行されて間もない、まだ貞幹生存中の書記と考えるのが妥当であろう。故に、これは記載時の「衝口発」ともいえ、記載以降も棭斎が貞幹を「偽作・贋作者」と終生思っていたと考える必要はないとも思われる。もっとも、貞幹にも「説明不足」という欠点があったことは否めないのであり、『好古小録』に『東大寺要録』を参照して碑文を掲示したとの断りを入れておけば、棭斎もさほどまでの「悪口」は述べなかったかも知れない。「文務簡捷」ではあるが、それだけでは「証拠甚確」とはならないこともあるのである。これまた、貞幹の「情熱」故の「逸脱」の一例といえよう。以上、貞幹紹介の「元明天皇御陵碑」に対する狩谷棭斎の「貞幹偽作説」をめぐって、聊かの検討を加えてきたが、これだけでは不十分であることは重々承知しており、いずれ、詳細な考察を加えてみたいと思っている。

次に検討するのは、貞幹の「文献偽作による偽証」という問題である。前述したように、『衝口発』において貞幹は、『日本決釈』や『或記』、『古本日本紀標柱及隠義』、『細川幽斎話書留記者不知』などという、いかにも偽書らしい怪しい書名を有つ書を引用書として挙げている。いうまでもなく、これらの書が「偽書」であると主張することと、貞幹が作成した「偽書」であると主張することは、本来次元の異なる問題である。にも拘らず、宣長は『鉗狂人』において、いきなり「まづ或記云といへるは。実は論者の偽りてみづから造りたる説にして。神武天皇呉泰伯が後也といふ説を信にせむためのたくみ也」と決め付ける。また『日本決釈』についても、「日本決釈といへるは。かの或記のたぐひと聞ゆ。これ漢籍ばかりに拠ては。人の難ぜむことを恐れて。かゝる書名を作りて証とせるなり」と、かなり穿った嫌な感じがしないでもない物言いをしているが、要するに、宣長は『或記』や『日本決釈』は偽書であり、しかも貞幹自らが作成した偽書というのである。

しかしながら、前述したように、貞幹はこれらの書を「秘蔵」の書として大切に所持していたことは吉澤の「藤貞幹に就いて」にも紹介されている通りであり、それには「公事」の部として『日本決釈及事始纂　一冊　古本日本書紀標柱及年中行事秘抄所引』、『醍醐地蔵院所伝古記　朽破魚食余三種合為一冊』、さらには『広橋家所伝逸書』などが記載されている。また貞幹の遺品目録たる『無仏斎遺伝所領目六』には『年中行事秘抄一冊』、『洞院家所伝年中行事秘抄一冊』、『家伝　大職《ママ》官武智麿　校本　先生自筆　一冊』、『南朝公卿補任三冊』などの諸書も記載されている。

これらの諸書を材料にして、前述した日野龍夫による貞幹偽書作成説を少しく検討しておこう。日野は、

> ところで、『国学備忘』『閲史大疑』には、「醍醐地蔵院所伝古記」なる書物からと証する引用が数条見えているが、静嘉堂文庫蔵の貞幹自筆『閲史大疑』の、『事始』結髪令の引用の部分には、貞幹自筆の貼紙があって、

それには、

「醍醐地蔵院所伝古記」に云ふ、或記に云ふ、本朝にて古へより神祇を祭る事は（以下略）

と、『逸書』で醍醐地蔵院の古本「日本紀」首書から引いたという、「大嘗祭」についての『事始』の逸文と同じ内容のものが、やや詳しくなって和文で記入されている。この貼紙によって、『国学備忘』『閲史大疑』にいう「醍醐地蔵院所伝古記」と、『逸書』にいう醍醐地蔵院の古本『日本紀』とが同一の書物であることが知られる。

しかし考証学者が、『日本紀』ほどの書物を、しかもある時には正しく『日本紀』と称しているのに、「古記」などという普通名詞で呼ぶことがありうるであろうか。

と述べ、種々考察を加えた結果として「かくて醍醐地蔵院の古本『日本紀』は実在せず、その首書から採集したという『事始』の逸文七条、『日本決釈』の逸文一条は捏造である」と断定するのである。

日野はここで、「大嘗祭」についての『事始』逸文は「醍醐地蔵院の古本「日本紀」首書」から引いたと記しているが、「醍醐地蔵院の古本「日本紀」首書」は「東寺宝輪院所伝」であると貞幹は明記しているのであり、『醍醐地蔵院所伝古記　朽破魚食余三種合為一冊』とは別の書の可能性もあるのである。それに、日野は『逸書』にある「大嘗祭　事始祭祀部云天智天皇即位二年戊辰十一月行大嘗祭□□一代一度大祭之始也」を、やや詳しくして和文にしたものが貞幹自筆の「貼紙」に記す「醍醐地蔵院所伝古記云、或記云本朝にて古へより神祇を祭ること」云々であると述べているが、両書の記事内容を比較すれば、とてもそうは思えない。しかも日野も紹介しているように、貞幹は同じ「大嘗祭」について『日本決釈』を引き、「決釈云、天智天皇即位二年戊辰十一月廿四日癸卯行大嘗祭礼帝王毎世一度大祭始于此同上日本紀首書」と記している。つまり、貞幹は「大嘗祭」に関する『日本決釈』と『事始』両書に載せる逸文が「古本日本紀標柱」、すなわち「東寺宝輪院所伝醍醐地蔵院古本日本紀首書」と同一本と思われる書に記載されているのを知っていたが故に、『日本決釈及事始纂　一冊　古本日本書紀標柱及年中行事秘抄所引』とわざわざ「纂」と記したのであろう。もし、この『古本日本紀首書』が「貼紙」にある『醍醐地蔵院所伝古記』と同一本であるとするならば、何故に『閲史大疑』の「天智帝紀」の項で「決釈曰、天智天皇即位二年十一月廿四日癸卯行大嘗祭、王者一世一度大祭于此」という「古本日本紀首書」所引の「日本決釈逸文」と並べて、『幽斎記聞源氏物語』所引の「日本決釈逸文」、さらには『国学備忘』に「全文見国学備忘」と注記のある『醍醐地蔵院所伝古記』が引用する「或記」を記載しているのであろうか。また、日野がいうように「古本『日本紀』が実は存在しない書物であるため、その呼称や逸文の表記法について、『国学備忘』や『閲史大疑』の段階では貞幹の腹はまだ決まっていなかったことを意味」しているとするならば、何故『衝口発』の「引証書目」として『古本日本紀標柱及隠義』と『或記』を明記しているのだろう。「呼称」や「表記」を統一する必要がなかったからこそ、『衝口発』に両書を記載したのではないだろうか。一体、この『古本日本紀首書』なるものは果して存在したのか、存在したとしてもそれは「貞幹偽作」の書として存在したのか。これ以上、詮索しても真相はわからないだろうが、少なくとも『古本日本紀首書』と『醍醐地蔵院所伝古記』とは別本であることの可能性は高いことだけはいえるのではないか。『好古日録』の「四十三　委和倭通用」の項には「醍醐地蔵院伝ル所ノ古記亦、大委国ニ作ル」と貞幹は述べているが、これも貞幹の「偽証」なのだろうか。『衝口発』には『或記』としか表記されていない書が『国学備忘』や『閲史大疑』、そして晩年の『好古日録』に明記されていることにもっと留意すべきではないか。因みに、この項にも狩谷棭斎は例によって文句を付けているが、この「醍醐地蔵院伝ル所ノ古記」という書そのものには格別の注記はしていない。

最後に、「貞幹偽書・捏造家」説に関して、多少触れておこう。それは『南朝公卿補任』と「古瓦捏造」に係わる問題である。

まず、『南朝公卿補任』であるが、日野龍夫は「貞幹の偽証は他にもいくつかあって、『南朝公卿補任』なる書物が実は彼の偽作にかかることを、幕末の考証学者岡本保孝が明らかにしているし（吉澤前掲稿参照）」と述べ、前述した本居宣長記念館ＨＰも引用している当該論考の末尾で、「蛇足を加えれば、彼の偽作した『南朝公卿補任』は、後に塙保己一が『南朝公卿補任考』を著わして、その偽書であることを考証した。しかし『衝口発』の偽証を看破した宣長もこれにはだまされたらしく、『玉勝間』巻七「吉野朝の公卿補任」の考で、「いとめづらしきふみなり」と賛えている。『玉勝間』巻七の刊行された寛政十一年は貞幹歿してから二年目、泉下の貞幹はさぞ快哉を叫んだことであろう」と述べ、その論を締め括っている。要するに、根拠は岡本保孝の『況斎雑記』にある、前述した「公卿補任吉野朝コレハ藤原貞幹偽造シテ、玉勝間七二十五丁升ニイヘル河本ニウリタルナリ」だけなのである。たった一人の和漢に亘る碩学の一言、それもついでに記したような記述が、一人の人間の後世における評価を著しく左右することもあるのである。

貞幹が『南朝公卿補任三冊』を所持していたことは「無仏斎遺伝書領目六」から明らかであろう。この所持本こそが貞幹自ら「偽作」したものであり、この本を複製して岡山の河本某に貞幹が売り付けた可能性は否定できない。であるならば、「此南朝公卿補任　後醍醐　後村上　後亀山一冊　借或人本従去十四日染筆今日書写校号畢　寛政八丙辰年正月十八日従三位藤原隆禮」の奥書のある「甘露寺蔵書」本『南朝公卿補任』一冊は、貞幹の『南朝公卿補任』三冊を書写して一冊にしたものであろう（藤原隆禮は非参議の八条隆禮）。また「右南朝公卿補任以所持旧巻令書写畢堅固不可及流布者也　寛政六年十月　花押（柳原紀光）」とある「紅葉山文庫」本二冊にいう「旧巻」も、これまた貞幹本の書写なのであろう。さらには、「予家所蔵自延元二年至元中九年公卿補任実不伝於人間本也然原本魚食殆不可観故更写以備披閲云爾　寛政五年癸丑六月　子洲三宅会謹誌」との奥書のある写本もある。これらによって、当該『南朝公卿補任』が寛政五年六月以前には存在していたこと、あるいは公家が何者かの当該本を借りて書写したことなどが推測できるのであるが、それはよほどの「秘書」とされ、容易に流布はおろか、披見さえ困難な書物とされていたことは推測するに難くない。もし、この『南朝公卿補任』を偽作したとするなら、藤貞幹という人物は、空恐ろしい「偽書」を作成したことになる。

で、問題の塙保己一の「偽書」であることを考証した『南朝公卿補任考』であるが、わずか本文三葉ほどの小さな本である。要するに、保己一が当該『南朝公卿補任』を考証して、他の史料と辻棲の合わない点や記述の不自然な点など、八条に亘って考証しているのである。例示的に、一、二条を挙げておく。

按ずるに延元二年より元中九年まで凡五十六年の間、吉野に於ゐて薨逝の人、此四人に限るべからず、もとより南朝の補任なれバ、吉野の字註するに及べからず、これ全く補任をうつせる物と見えたり、

同年権大納言従二位藤家賢　右大将　春宮大夫　按ずるに、通冬卿新待賢門院七々忌御願文に正平十四年六月十五日別当正二位行大納言兼右近衛大将とあり、しかるに家賢を以右大将となし、通冬の名此補任中にのせざるも覚束なし、

こうした類の考証を記し、『南朝公卿補任』が粗忽な「偽書」であることを示唆しているのであるが、藤貞幹の「偽作」とは断定してはいない。保己一は貞幹とも交友があり、貞幹生存中の寛政六年に上京した折、『南朝公卿補任』が「偽書」であることを指摘していたという（これについては、中江義照の『南朝公卿補任』の考察」、『温故叢誌』第三十二号、昭和五十三年、参照）。だが、保己一がこの『南朝公卿補任』を貞幹の「偽作」であると認識していたかどうかは不明である。それゆえ、吉澤のいう「濡れ衣」を晴らすこともできないし、かといって、岡本況斎の「断言」の真偽も出所も不明というしかない。せいぜい、いえることは、『南朝公郷補任』は「偽書」ともいうべき本で、もしかしたら、藤貞幹が作成した可能性もある、ぐらいのところであろう（因みに、前記「予洲三宅会」なる人物は「河本文太郎公輔」のことで、宣長とも文通があり、また本居太平の門人ともなった人物である。もし、貞幹が『南朝公卿補任』を偽作して、それを「河本某」に売りつけたとするならば、その相手は河本公輔か、その父親の河本立軒であろうが、その真偽の程は小生には今のところ不明である）。

最後に、「古瓦捏造」問題である。貞幹が古瓦、就中「文字瓦」を捏造したという指摘は、前述したように、古くは高橋健自の指摘・断定するところであり、その説は定説の如くなって一般にも紹介されている（『21世紀の本居宣長展』朝日新聞社、二〇〇四年、など）。この高橋の貞幹「古瓦捏造」説を、専門の古瓦研究の立場から鋭利に抉っただけでなく、貞幹の「心理」や晩年の「転向」にまで触れて立論したのが上原真人である。上原は、清野謙次がいう『古瓦譜』を販売する手段としての「捏造」説や日野の「思うままに支配しうる世界を構築する喜び」のための「偽

作・捏造」説を「いずれも妥当なようにも思えるが、皮相的なようにも思える」と批判し、「貞幹にとって、古屋瓦は古代研究（古製ヲ考ル）の重要資料」であり、「古瓦文字は瓦の消費場所（供給先）を示すと貞幹は考えた」がゆえの「捏造」であったと推測している（「瓦の語るもの」）。この説を発表した後、上原は時枝務の「藤貞幹の古瓦譜—古瓦譜の基礎的研究(1)—」に触れて、時枝が貞幹の『古瓦譜』などにある「捏造」と思慮される拓本は、「貞幹の捏造ではなく、彼が文字にこだわることを知る何者かによって偽刻銘瓦をつかまされた」と述べているのに対し、そうではなく、それは貞幹の意図的な「二重採拓法」であることを改めて述べている（「文字瓦と考古学—藤原貞幹の転向—」）。もっとも、学会の口頭発表のレジュメであるから、その具体的考証は詳細には述べていないが、それでもさすがに「古瓦」専門の考古学者の面目躍如たるものがあり、時枝の説に較べれば、やはり、貞幹には「偽作・偽証」の癖が部分的ではあれ、確かにあったのだ、と観念するしかないような論考となっている。

しかし、である。たとえ、貞幹が「二重採拓法」によって『古瓦譜』などを作成したとしても（各種の『古瓦譜』がいずれも「安永五年序」になっていることに注意）、上原も述べているように「京都大学蔵の折本「古瓦譜」（清野論文の古瓦譜第二種本）には、「警固」銘瓦の拓本数点が収録されている。しかし、いずれも断片で、一つ一つは「警固」とは読めない。実物と対比すれば、拓本に偽造の痕跡はなく、「警固」の傍書は、破片の欠損を互いに補って、貞幹が解読した苦心の成果と判断できる」ところの『古瓦譜』が原点であり、次いで「誰もが読めるように復原」した『古瓦譜』、そしてついには「二重採拓法」による明確な「捏造品」を記した『古瓦譜』。この「二重採拓法」による「古瓦文字」が『好古日録』に「十　古瓦文字」として掲載されている二十余の「古瓦文字」でもある。だが、ここで注意すべきは、この『好古日録』は紛れもなく「公刊」された著作であり、いわば手作りの、私的な、もしくはごく少数の「好古家」に提供されたかも知れない『古瓦譜』とは性格も用途も異なるのである。上原は「「木工」銘瓦に「木工寮」と傍書したように、古瓦の文字は供給先（消費場所）を意味すると貞幹は考えた。もし「多く寛文中に掘り出したる者也」が事実なら、出土場所ははっきりしないはずだ。それにもかかわらず「穀倉院旧地所出」と解説したのは解釈が先行したに違いない。以下は想像になる。貞幹は平安宮の建物の名前や所在に関心があった。平安宮では建物の名前を示す（と貞幹が考えた）文字瓦が出土する。瓦とくに文字瓦の歴史資料としての重要性は十分認識されていない。以上の、条件のもとで、平安宮の建物に関わる文字瓦が多数捏造された事実を勘案すれば、その犯人は貞幹以外にはあり得ないと私には思える」というが、貞幹は「木工」に「木工寮」と傍書しているだけでなく、「蒼龍」には「蒼龍楼」、「大学」には「大学寮」、「警固」には「警固所」など、省略された瓦文字の正式な役所名などを傍書しているのであって、当該役所があったところから出土した瓦などとは書いていない。出土場所を傍書しているのは、「栗」（実は「粟」であるが、「廩院廃址瓦」）、「左坊」（「左京築垣瓦下同」）、「右坊」（「右京築垣下同」）などである。

上原は、さらに続けて以下のようにいう。「文字瓦に関する先輩説　しかし、資料を捏造してまでして、平安宮出土の文字瓦は所用建物すなわち供給先を示すと主張した貞幹であるが、死の前年に公刊の『好古日録』には、まったく違う意見を掲載している。すなわち、C字上向形の中に「木」と「修」を置いた「閑院内裏瓦」を並置し、「先輩云う、木は木工寮、修は修理職の進む所なり」と解説しているのだ。……問題は「修」や「木」が修理職や木工寮など、瓦を生産した瓦工房を管轄する役所を示すという解釈だ。これは現在の通説（近藤喬一「平安京古瓦概説」「平安京古瓦図録」平安博物館、一九七七年）とほぼ共通する。平安京の文字瓦の解釈において、正解にたどり着いた貞幹の先輩とは一体誰なのか？」

上原の逞しい推理は、読む者をワクワクさせる。

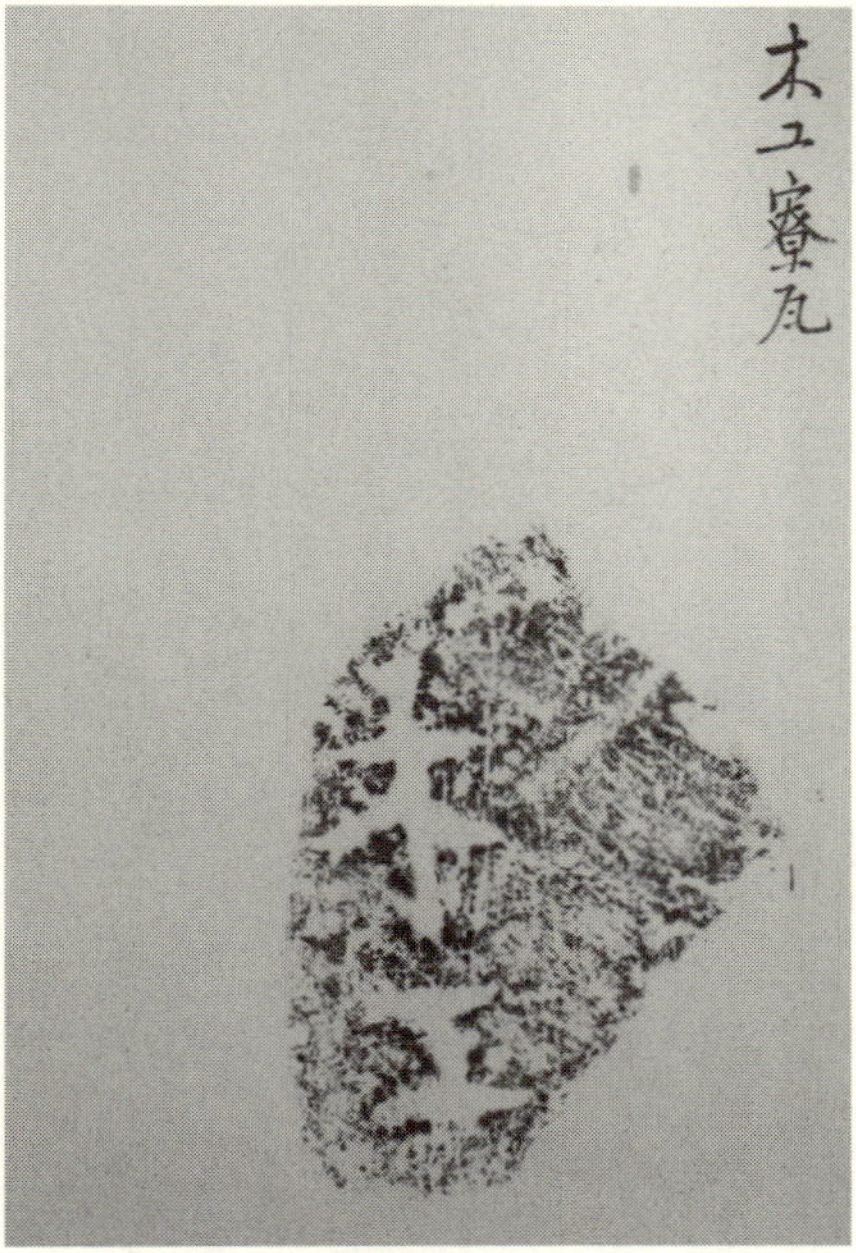

図1　木工寮瓦（『古瓦譜』より）

要するに、貞幹は『仏刹古瓦譜』の編者を「源高美」なる人物にしているが、実はこの人物は貞幹そのものであり、それは彼の「仏教嫌い」に由来している。上原は、別本『仏刹古瓦譜』などの編集をした「平安　福千財」が藤貞幹の「ペンネーム」であったことからも、「京都大学文学部所蔵の「古瓦譜」で、藪殿・山名氏・佐藤氏・谷口氏・藤村氏など、文字瓦の原資料を保管する知人の実在も、当面は灰色と考えておいた方が無難なのである。……とすれば、文字瓦の解釈において瓦屋を管轄する役所を示すという正解にたどり着いた「先輩」の実在も疑うことができる。第一、当時、貞幹ほど文字瓦に執着し、資料を博捜した文人がいたかどうか。……とすれば、その「先輩」とは貞幹の分身と考えるしかない」と述べるのである。

要するに、すべて貞幹の「自作自演」であり、そのこと自体が「偽証・偽作・捏造」なのだ、といいたいのだろう。しかし、この上原の大変刺激的な、まさしく、あらゆる「貞幹偽作者」の決定版ともいうべき論考にも、やはり再考の余地はあろう。まず、上原は「死の前年に公刊の『好古日録』には、まったく違う意見を掲載している」と述べているが、これは寛政七年九月刊行の『好古小録　雑考　坤』の「八」に「閑院内裏ノ廃址修木ノ字アル瓦アリ、先輩ノ説ニ云、木ハ木工寮、修ハ修理職ノ記也」と微妙な記述をしている。「修ハ修理職ノ記」を「修修理職所進」と書き変えると、その意味するところは明確になってくる。貞幹は、閑院内裏にないはずの修理職から、その所在を示す文字瓦が出土するわけはないと考え、「修理職ノ記」とは「修理職」が閑院内裏にあったことをいうのではなく、修理職が「進めた」すなわち供給した瓦である、と認識して、それを『好古日録』にさりげなく「修修理職所進」と記したのである、と思う。断言はできないが、その可能性はあろう。ただ腑に落ちないのは、『好古小録　乾』の「二十二　古宮殿廃址屋瓦文字」に「余嘗テ捜索シテ譜ヲ作ル、其文字ハ好古日録ニ見タリ」と述べていることであり、この記述を信じる限り、『好古日録』は『好古小録』よりも早い時期か、少なくとも同時期に刊行されていなければならないはずである。

ともあれ、上原は「先輩」とは貞幹の「分身」つまり、貞幹そのものというのであるが、貞幹は「先輩」「友人」

など、個人名を挙げずに記すことが見られ、たとえば『好古小録』の「那須国造碑」の項などでも「先輩説アリ」としながらも「余信ゼザル所也」と記しているように（結果的には、「先輩説」が正しかったのであるが）、必ずしも貞幹が「先輩」まで「偽作」していると考える必要はないのではないか。貞幹には、有職故実や楽制、古瓦などに関する多くの師友がいたのであり、古瓦に関しても「古瓦模本　寛文中所模有近光宿禰模本二巻近光宿禰贈一巻於予而巻首逸予以彼家蔵本補之」と「秘書目録」にあるように、南都楽所の狛近光の「古瓦模本」を所有していた（と推察される）のである。また、実際に貞幹が貴重な「古瓦」を所持していたことは、『好古小録』『好古日録』を刊行した、貞幹の友人でもあった佐々木惣四郎が譲り受けた遺品の目録である『無仏斎遺伝書領目六』にも記載されていることからも知られよう。「先輩」が狛近光と断定するのは即断に過ぎようが、かといって上原のように想像を逞しくして、貞幹「自作自演」のようにほぼ断定的に考えるのも如何なものであろうか。ついでに述べるが、前述したように、上原は京都大学文学部所蔵の「古瓦図」に貞幹が記す「藪殿・山名氏・佐藤氏・谷口氏・藤村氏」などの「文字瓦の原資料を保管する知人の実在も、当面は灰色と考えておいた方が無難なのである」として、これらも貞幹の「自作自演」であるかのように述べている。要するに、「贋作」の文字瓦の所蔵者を貞幹自身ではなく、他人の所蔵であるかのように「メモ」して、それは「贋作」もしくは「捏造品」であることの責任を問われた場合に備えた、他人に披見させるための証拠の「メモ」とでもいいたいのであろう。

貞幹が「古瓦（の拓本）」の捏造をしたのかどうか、そして「捏造」したとするならばその真意・心理はいかなるものであったのか。上記したように、これまでに清野や日野、そして上原などが種々意見を述べているが、確実にいえることは、貞幹が『古瓦譜』や碑文の拓本などを知友などに頒ち、その対価を得ていたことである。伊勢の蒔田喜兵衛宛書簡に「一宮城瓦譜二部道澄寺鐘銘一部三絶銘一部値銀〆卅匁六文此度金弐百足被遣慥に落手仕候」などと書いていることなどからして、生活のために自己の「贋作・捏造品」を「好事家」に売り付けていた可能性を全面的に否定することはできない。古瓦の名品を手に入れたいと願う人間が存する以上、それが高価な品物として売買の対象となることは必然であろう。その事情は、当時の著名な本草学者である佐藤中陵が、「京師には古瓦の店はあれども、古瓦の名品は千金を擲にあらざればよく得る事なしといふ、世の古瓦を玩弄するもの頗るあれども、こゝにをいて名品は貯へ難し、……余が蔵する古瓦百枚に近し、京師の無仏斎に遥に及ばず、然れども往々に得る事あれば、遂に名品も手に入るべし、此後も得る物漫録中に載す、古瓦の癖あるものは見るべし」と述べていることからも知られることである（『中陵漫録』「古瓦」）。

佐藤中陵がいうように、「古瓦の名品は千金を擲にあらざればよく得る事なし」というまでに、「古瓦」に対する「好古」の熱は高まっていたのである。かの天明三年の「法勝寺の古瓦」による朝野挙げての熱狂振りを、大田南畝は『一話一語』に「法勝寺古瓦」として記録している。そうした中に藤貞幹は生き、そしてその世情を佐藤中陵は前記「古瓦」の中で、「余が蔵する古瓦百枚に近し、京師の無仏斎に遥に及ばず、然れども往々に得る事あれば、遂に名品も手に入るべし」、と、淡々と述べたのである。貞幹は、所蔵者の氏名までをも「捏造」して、中陵のいう「名品」の「拓本」を「二重採拓」の手法によって捏造し、蒔田喜兵衛などに売り付けたのだろうか。その真偽は小生には不明であり、今のところ、上原の「想像」をも交えた「貞幹古瓦拓本偽造説」を覆す材料もなく、その考察も十分にはできていない。ただ、「藪殿・山名氏・佐藤氏・谷口氏」といった「所蔵者名」が、本当に貞幹とは無縁の単なる出鱈目な架空の氏名であったのかどうか、および当該「古瓦図」が何時の時点での「メモ」なのか。この検証が今後の貞幹研究の重要な課題であることを上原に示唆されたことを特記しておく。

八　結び

以上、見てきたように、藤貞幹は謎に満ちた人物である。「偽証家・捏造家」の側面も見せれば、誠実な「考証家」であり、「世話好きの仲介者」の面も見せる（因みに立原翠軒は「人物質実成人にて田舎翁の様に見へ候」と記している）。

土蔵が二十もあるなどと、法螺ではないか、見栄で書いているのではないのか、と思われる書簡もある（ただし、貞幹が数軒の家を借りていたことは柴野栗山の「無仏斎記」に明記されていることからして、まったくの法螺でもあるまい）。「帯刀」したいから林家に話をしてほしいと柴野栗山にも依頼している。「今少し血肉のかよった人間として接してみたい」という松尾芳樹の提言を、貞幹を論じる研究者は真摯に受け止めて発言すべきであろう。他人の貼った「偽証家・捏造家説」を再検証することもなく、悪意を籠めて当該人物を貶しめることは慎むべきであろう。

最後に、藤貞幹の公刊された代表的著作である『好古日録』の「序」などに触れて、該書をも含む貞幹をめぐる複雑な環境を述べておきたい。この『好古日録』には「寛政丙辰孟春下浣日　藤原資同識」との序文が付されている。勘寡聞にして、この「藤原資同」なる人物がいかなる人物かを紹介した論を知らない。同人は架空の人物ではなく、勘解由小路資善であり、当時は左京権大夫であった。この勘解由小路家は日野家支流であり、日野家出身を自負する貞幹にとって縁故のある家でもあったのであろう。にも拘らず、『好古日録』には「藤原資同」といかにも貞幹に関係ありそうで、なさそうな怪しい人物の名で序文が記されているが、この『好古日録』は一般に寛政九年四月、すなわち貞幹が没する八月以前に刊行されている。だが、ここに不思議なことが存在する。

それは、吉澤が紹介していることであるが、年次は不明なものの、貞幹から版元の佐々木惣四郎（竹苞楼）に宛てた「二月廿七日」付けの書簡に「好古日録ハ此間買上候間、左ニ御心得可被下候」とある。これについて、吉澤は「好古日録の出版は寛政九年四月である。而して貞幹はその年の八月に死んだので、此の手紙は目録の出版前であるわけであるから、右の文言中の好古日録が貞幹のならば一寸分りにくい」と疑問を付しているが、取り立てて詮索はしていない。前に触れたように、貞幹は『好古小録』で「其文字ハ好古日録ニ見タリ、其余搨氈臨摸スル所ノ碑銘百余、好古雑録ニ載ル者、今略之」と、恰も『好古日録』（および『好古雑録』）が少なくとも同時期に刊行されたように記している。もし、『好古日録』が『好古小録』と同じ時期（寛政七年九月）に刊行されていたのなら（内閣文庫蔵の『好古日録』の一本の刊記には『好古小録』と同じ「寛政七年乙卯九月刊行」とある）、この記事も、そして吉澤の疑問も解ける。しかし、では何故、貞幹は「好古日録ハ此間買上候間、左ニ御心得可被下候」と『好古日録』をわざわざ「買上候」と竹苞楼に断っているのだろうか。自分の刊行書を自ら買い上げるには、それなりの理由があるはずである。内容に不備・不満があったのか、然るべき「序」がなかったのか、それは不明であるが、初稿本にはない「序」が、再稿本には「寛政丙辰孟春　左京権大夫　藤原資善撰」の「序」があることからも、貞幹は内容を充実させた定稿に「藤原資善」の「序」を付した『好古日録』を改めて刊行したかったのではないか。その準備を寛政八年二月以降には開始し、「藤原資善」の「序」も作成しておいて早々の刊行を目指したのであろう。そして寛政九年四月、『好古日録』は「寛政丙辰孟春　左京権大夫　藤原資善撰」の「序」は何らかの憚りで「藤原資同」と変えられ、「集古図全二冊嗣出　寛政九年丁己四月印行」として出版されたのである。貞幹が寛政九年の段階においてもなお、その執念ともいうべき『集古図』の完成・出版に向けて鋭意努力していたことは松尾芳樹が「藤原貞幹の『集古図』」で明らかにしている。

藤貞幹を既成の一方的な固定観念で見るのではなく、その著作の一つひとつを丹念に検証し、さらには書簡や著作の紹介・分析を通して、藤貞幹の為人を暖かく見出そうとする竹居明男、松尾芳樹、増尾富房ら「藤原貞幹友の会」の燃え滾る情熱と緻密な考証に、本発表は多くを学んでいる。そして、その基礎となった高橋健自、吉澤義則、清野謙次、斎藤忠、川瀬一馬など、別記の多くの先行研究者の研究を総合的に見ることによって、小生なりの貞幹像を形成する基盤が出来たと思う。未だ論じたいことや、紹介したい関係資料も若干あるが、本草稿を基に、改めて考証を加え、他日を期したい。

主なる研究文献（順不同であり、藤貞幹の名が出てくるものに限定した）

日野龍夫
『江戸人とユートピア』朝日新聞社、昭和五十二年。

梅谷文夫
『狩谷棭斎』吉川弘文館、平成六年。

高橋健自
「古瓦に現れたる文字」『考古学雑誌』第五巻第十二号、大正四年。のち『日本考古学選集9・10　高橋健自集下』築地書館、昭和四十七年に収録。
「上古遺物研究の沿革」『考古学雑誌』第七巻第十二号、大正六年。のち『日本考古学選集9・10　高橋健自集上』築地書館、昭和四十六年に収録。

吉澤義則
「藤貞幹に就いて」『芸文』第十三年八号〜十二号、大正十一年。のち『国語説鈴』立命館出版部、昭和六年、に収録。

清野謙次
「藤貞幹「古瓦譜」「藤貞幹著「六種図考」と「七種図考」」『日本人種変遷論史』小山書店、昭和十九年。『日本考古学・人類学史』岩波書店、昭和二十九年。

斎藤　忠
「衝口発と鉗狂人」『日本歴史』第百六十一号、昭和三十六年。
「藤貞幹の無仏斎の号の背景」『日本歴史』別冊、昭和六十一年十一月。
「藤貞幹の古代史及び考古学研究」『藤原弘道先生古希記念史学仏教学論集乾』昭和四十八年、藤原弘道先生古希記念会。の

ち改稿されて『日本考古学研究3　日本考古学史の展開』学生社、平成二年に収録。

「日本考古学史上における『考古日録』と『考古小録』」『日本随筆大成　第一期　22付録』吉川弘文館、昭和五十一年。

竹居明男

「藤原貞幹の古代研究」『歴史と人物』昭和五十八年四月号、のち森　浩一編『考古学の先覚者たち』中央公論社、昭和六十年に収録。

「「歴史家」としての藤貞幹」『藤原貞幹〈追悼号〉』藤原貞幹友の会、平成八年。

「『日本決釈』逸文考（覚書）」『国書逸文研究』第二十九号、平成八年。

松尾芳樹

「藤原貞幹の『六種図考』と『七種図考』」『京都市立芸術大学芸術資料館年報』第二号、平成四年。

「藤原貞幹の『集古図』」、『京都市立芸術大学美術学部研究紀要』第三十六号、平成四年。

「藤原貞幹書簡抄『蒙斎手簡』（上・下）」『京都市立芸術大学美術学部研究紀要』第三十七・第三十八号、平成五年・六年。

「書簡の中の藤原貞幹と裏松古禅」前掲『藤原貞幹〈追悼号〉』。

「新出書状二通に見る国学者・藤貞幹」『古代文化』第四十九巻第九号、平成九年。

川瀬一馬

「古代文化研究の先覚　藤原貞幹の業績―国学としての意義―」、「藤原貞幹の国学備忘と閲史大疑」『続日本書誌学之研究』雄松堂書店、昭和五十五年、に所収。

小山内めぐみ

「藤貞幹の反国学思想―本居宣長の反駁を通して―」『國學院大學大学院文学研究科紀要』第十六輯、昭和六十年。

古相正美

「藤貞幹と周囲の人々」『論集近世文学5　共同研究上田秋成』勉誠社、平成六年。

時枝　務

「藤貞幹の古瓦譜—古瓦譜の基礎的研究(1)」『東国史論』第九号、平成六年。

上原真人

「瓦の語るもの」『岩波講座　日本通史　第3巻　古代2』岩波書店、平成六年。

「文字瓦と考古学—藤原貞幹の転向」『日本考古学協会第66回（二〇〇〇年度）総会研究発表要旨』平成十二年。

平山　圭

「藤原貞幹著『逸書』抄録の『藤原家伝』上巻—家伝異本の紹介と考察」『日本古代の史料と制度』岩田書院、平成十六年。

小倉慈司

「『藤貞幹　古印譜』と板屋公俊常『公私古印譜』」『日本歴史』第六〇五号、平成十年。

「日本古印譜の研究（序説）—藤貞幹以前について—」『国立歴史民俗博物館研究報告』第七十九集、平成十一年。

増尾富房

「「古銭家」としての藤原貞幹」前掲『藤原貞幹〔追悼号〕』。

表　智之

「九世紀における〈歴史〉の発見—屋代弘賢と〈考証家〉たち—」『待兼山論叢　日本学篇』第三十一号、平成九年。

附記

本草稿は、平成十七年六月二十五日に開催された國學院大學日本文化研究所春季公開学術講演会のために作成したものであるが、当日は、講演会の性格などに鑑み、この草稿を約三分の一に縮めたものに図などを付した「発表資料」を配付した。講演用の草稿であるため、引用資料・文献などの典拠や所蔵先などに関しては逐一記しておらず、また必要な注記も付していない。いずれ、本草稿をもとに、内容・体裁ともに整った論考を用意するつもりであることを、ここに一言お断りしておく次第である。なお、文中敬称は略した。

コラム　本居宣長とインフォーマント

松本久史

本居宣長（一七三〇～一八〇一）は『古事記伝』を著わした文献実証主義的な国学者であることはよく知られている。『古事記』の記述を事実として認識し、天照大神を太陽そのものでもあると理解して、それに懐疑的な態度を執った上田秋成と論争にもなっている。しかし、宣長が依拠したのは『古事記』をはじめとする古代文献のみであったのかといえば決してそうではない。たとえば、明和九（一七七二）年の吉野・大和旅行は『菅笠日記』として刊行され、古代の天皇陵や酒船石などを実見したことが記され、神武天皇をはじめとする天皇陵の現地での比定も試みている。また、地方の方言・俗語のなかに古代の言語が残されていることにも注意を払っていたように、その実証は文献一辺倒に終始する学者ではなかったのである。

しかし、宣長はそれほど旅をした人ではない。各地からの情報は全国の門人などから松坂の宣長の許へ集まり、そのなかには、出土遺物発見の報告なども含まれている。松坂の鈴屋は情報センターというような性格をも持っていたのである。門人の一人に小《お》篠《ささ》敏《みぬ》（一七二八～一八〇一）という石見国浜田藩士がいる。門人とのいわばQ＆A集である『鈴屋答問録』にも質問が多く採用されている有力門人である。天明四（一七八四）年に発見された志賀島の金印についても、後に宣長に入門した福岡藩儒臣の細井金吾の質問を敏が取り次ぎ、宣長は考察を加えている。宣長は『国号考』や『馭戎慨言』などで古代の日本と中国・朝鮮との交流関係を論じているが、一方では金印のような出土遺物への目配りもしていたのである。敏は浜田藩士であることから、石見・出雲国の関係の情報が多く、「志都石屋」や、「黄泉国」の洞窟などの情報を宣長にもたらしている。また、宣長の学問に深く傾倒した浜田藩主松平康定は、寛政七（一七九五）年に直接宣長と面会して講義を受けるほど熱心であったが、その直前に宣長が鈴を愛好しているのを知って、隠岐国造家の所蔵する古代駅鈴（隠岐の玉若酢神社に現存）の模造品を家臣である敏を通じて宣長に贈っている。ちなみに、同年、宣長は出雲大社の古図「金輪造営図」を千家清主（俊信）から入手し、『玉勝間』でも図入りで紹介しているが、敏は俊信とも親交を結んでおり、同年秋には二人ともに松坂に滞在し、宣長の教えを受けている。このように、敏は特異なインフォーマントとしての位置にいたようである。

とにかく敏は好奇心旺盛な人物で、いろいろな情報を宣長にもたらすのだが、藩医でもあったことから、長崎に何度も逗留し、浜田と江戸を何度も往復し、松坂をたびたび訪れているように、比較的自由に諸国を巡遊できた立場であり、さまざまな情報を入手していたようだ。長崎では出島のオランダ人と会って、ワ行の「ゐ」、「を」について説明し、オランダ人がwi、woと発音するのを知って、「い」と「ゐ」、「お」と「を」は単に表記上の違いではなく発音の違いであることが証明できたと、喜んで宣長に手紙で報告している。しかし、なかには怪しげな情報も混じっている。天明五年に浜田藩領の石見国邑智郡岩屋村（現、島根県邑智郡邑南町岩屋）に本物のヤマタノオロチが出現したという図を宣長に送っている。また、後に藩主康定が岩屋村に直接巡見に赴き、随行した敏はヤマタノオロチの目撃談を聞いて、胴回りが三、四抱え位ある巨大なものであるという情報を得て、宣長に報告している。書簡によれば、宣長も『古事記伝』にこの記事を載せようという意向はあったようだが、結局ヤマタノオロチが実在しているという記述は『古事記伝』に掲載されることはなかった。

青柳種信の考古学
――拓本と正確な実測図で論証――

柳田康雄

はじめに

皆さんこんにちは。いまご丁寧な紹介がありましたが、卒業してからしばらくはこの國學院大學からは離れておりました。福岡県教育委員会に入りましてまさに発掘調査の日々で、ほとんど出張しっ放し、それこそ土・日曜日もなく発掘しておりました。現場で考古学の実際を実証しながら、自分で掘って、自分で報告書を書いていという勤務形態でやってまいりました。最後の十数年ほどは窓側に座ってしまったものですから、それからは現場に出れなくて、発掘調査が恋しく寂しい思いをしたものでございます。

それできょうお話するのは「青柳種信」。実は、この大学を卒業する前の学生の三年から四年になる春休みに青柳種信が関係する福岡県糸島との出会いがあったのです。と申しますのは、きょうも出てきます青柳種信の考古学的な資料としては、「イト国」に関するものが非常に多いわけですが、私は学生時代に「イト国」で有名な平原《ひらばる》王墓の発掘調査に参加しております。そして就職して間もなく、三雲遺跡群の中央部を掘りまして、この青柳種信が記録した三雲南小路王墓そのものの甕棺を掘り当てるわけです。このように、この青柳種信と私は非常に因縁が深いわけです。

ただ、残念なことに、あとで紹介しますようにほとんどの青柳種信の著書が戦時中、あるいは関東大震災で焼失してしまっています。これは残念なことで復刻本が戦前に出されていたものがかろうじて残っていたのですが、その後やっと親戚筋から原本というよりも草稿などがいろいろ見つかりまして、現在これが福岡市に所蔵されております。その拓本、そしてまさに実測図は非常に素晴らしいものです。草稿がいちばん素晴らしくて、そして書き写されていくほどだんだん悪くなっていきます。たぶん弟子が書き写したのではないかと思います。

『柳園古器略考』として出版された以外には、京都帝国大学の『筑前須玖史前遺跡の研究』というのがあって、これにも付録として「筑前國怡土郡三雲村古器図説」が掲載されております。これは東京にあった原本であり、これが大震災で焼けたということになります。まさに今日お話する内容は、この図面を見ていただければ、青柳種信の素晴らしさがわかっていただけるものと思っておりますが、なにしろ話し方が下手なので、うまくいきますかどうか、よろしくお願いいたします。

次に今回は、とくに考古学的に『柳園古器略考』を詳しく検証してまいりたいと思います。一月にシンポジウムがあるそうですので、資料の二の人脈関係である、「種信の学風・資質」ここらあたりは次の機会に譲りたいと思っております。人脈も本居宣長、伊能忠敬あたりと非常に関係していくようです。それと水戸の『大日本史』あたりにも資料を提供しているようでございますので、そのあたりを一月にお話したいと思っております。

一　青柳種信の略歴

青柳種信は江戸時代後半の国学者であるわけですが、もともとが足軽の家に生まれた福岡藩士で、通称を勝次、のち種信となり、号が柳園です。漢学・中国史を修め、国学を志して二十四歳で本居宣長に入門する。その後『筑前国続風土記附録』の記録助手となりますが、伊能忠敬が全国測量で筑前を訪れたときに、藩命で案内役として奔走するなどして認められます。この功で御右筆記録方に昇進しますが妬まれます。先の『風土記附録』の再吟味方を命ぜられて各地に出張して現地調査します。このことが種信には功を奏し、見聞をひろめることになってのちの著書にもあらわれているようです。

しかし、当時の各地の国学者との交流関係でいきますと、本居宣長に入門しますので、かなり全国的に著書を配るというか、例えばここに著書として挙げた『後漢金印考』は伊能忠敬に望まれて、要するに金印の資料がほしいということでわざわざ書いたものが四冊あり、各地に配られているようです。しかし最初の原本は焼けておりまして、逆に草稿が残っているということもあって、研究資料としてよくわかりやすいものです。

次にもちろんこの福岡藩の中で認められてくるのが、『筑前国続風土記拾遺』をまとめた結果であるわけです。『柳園古器略考』はわれわれ考古学をやっている者にとっては有名な著書ですが、当時どれだけ評価されたかがわかりません。

二　青柳種信の学風・資質

(一) 種信の学風

・国学的な古典解釈・文献史学―即物的実証主義
・国学…僧契沖《けいちゅう》（延宝、元禄の頃）―京畿で皇学を唱える→荷田春満《かたのあずままろ》が開拓→子在満《ありまろ》、高弟賀茂真淵《かものまぶち》→高弟本居宣長《もとおりのりなが》
・青柳種信―藩の侍読井土南山に漢籍を学ぶ、二十四歳で本居宣長に入門、筑前国学の祖。
・江戸では、賀茂真淵の高弟野田諸成に多くを得、定府の儒士村山新兵衛、加藤千蔭・青木菅根《すがね》・村田春海《はるみ》・山本季《すえ》

鷹《たか》・久志織江《くしおりえ》などと広く締交した。
・井土南山の紹介で稽古館に学ぶ。
・香椎宮大宮司と上京し、二条左大臣治孝公・古学の士上田百樹・鍵屋藤助（宣長の門人）・村上三介・千家清主（出雲国造の弟）・大友直枝（出羽庄内藩、宣長の門人）に会う。
・石松八十次・伊勢神宮の神主八百路《やおじ》・島井仁右衛門俊雄・田尻斉兵衛道足・細井判事三千代麿

（二）知名人との交流

① 本居宣長

・宣長が世を去るまでの十三年の間、毎月両三度文通、質疑が頻繁であった。
・宣長は種信の人物学識を見込み、松平越中守定信に薦めるために種信の意向を確かめている。
・定信が国学者を招聘せんとして物色中であった。
・宣長は、人を介して種信を松平定信に推薦して不調に帰す。

② 伊能忠敬

・伊能忠敬（六十八歳）の時、測量で筑前入りし、種信（四十七歳）が案内役として奔走。
・忠敬は種信の学識を「貴殿程国学に達し候人に逢不申」、また「貴殿格別国学発明有之儀内々老中方へも御沙汰に可及」と評価している。…陪臣の足軽を幕府の吏員に推薦。
・忠敬の懇請で、種信は『宗像宮略記』・『後漢金印考』を著わし贈る。
・種信は忠敬が携行していた秘密文書の諸国絵図を拝見・拝借し書写して、福岡藩の参考にする。

③ 松平定信

・定信の懇望により、貝原篤信著の『和歌記聞』・『音楽記聞』を校合書写して呈本する。

（次男）

（三）種信の遺児と門人

・岡崎勝海・藤田正兼・高橋盤種・坂田良賢・児玉琢・吉村千春・伊藤常足・森安平信処・長野種正・青柳種春

（四）写本

『東船路之記』（青樹曲節識）（十七歳）、『續風土記』・『裏糟屋郡志』（十九歳）、『延喜祝詞式』・『末賀乃比礼』・『延喜式』神祇部抜書・『祖都城弁』（小篠敏本）（二十二歳）、『延喜祝詞式解五』・『豊後国風土記』（細井金吾本）・『語意』・『皇朝漢語音考』（狛諸成著）・『にひまなび』（賀茂真淵著）・『ふたらの宮の名つけ給へる聚香舎』の香合記（二十四歳）、『皇朝歌集』・『日本書紀』（巻第一）・『古今生弓抄』（狛諸成著）・『古器考』（狛諸成著）（二十五歳）、『ふみのこころつきで』（文意考）・『諸書引用風土記』（今井似閑著）・『日本霊異記』（今井似閑著）・『皇国総国風土記』（狛諸成本）（二十七歳）、『日本書紀私記』（于茲）・『類聚国史残冊目録』・『神遊歌考』（賀茂真淵著）・『催馬楽抄』（狛諸成本）・『新撰字鏡』（内山真保本）・『雅亮装束抄』（小林昌保本）・『駅路鐸並古鈴図』（大久保酉山本）・『一条冬長公令書』（大久保酉山本）（二十八歳）、『原田家嫡流系譜』（高祖山金龍禅寺、請借寺蔵）・『奇観録』（亀井魯撰）・『万葉集玉之小琴』（細井三千麿本）・『紫家七論附系図』（細井三千麿本）・『山辺五十師原考』（本居宣長筆）・『令義解』（壺井義知の註、荷田在満の校本を校合、長瀬真幸本を校合・傍註、村田春海本を校合）（二十九歳）、『天満宮文庫書籍目録』（三十歳）・『江談抄』（天満宮宝庫之書）・『肥前国風土記』（三十三歳）、『類聚国史』（太宰府神庫本）・『菅家後草』（三十四歳）、『百錬抄』・『文華秀麗集』（貝原益軒本）（三十七歳）、『類聚三代格』・『豊後国図田帳』（豊後森春樹本）（三十八歳）、『古実拾要』抜粋・『扶桑略記』（四十歳）、『京都御料郡村名寄』（四十一歳）、『群書類従目録』・『豊後国風土記解』（森春樹本）・『神祇官年中行事』（上田百樹本）・『大安寺縁起・大安寺資財帳』（上田百樹本）（四十二歳）、『黒田家譜』巻之一（以後続写）・『鎖国論』（四十三歳）、『扶桑略記』五（四十四歳）、『万葉集諸説』写七冊二十巻（帆足長秋編）（四十五歳）、『続日本紀』（刊二十冊）に頭註・傍註を加える（四十六歳）、『医心方』・『武家厳制録』（四十七歳）、『令義解』（壺井崔翁書入本）・『点図』・『肥後国小鏡』（秋月土井氏本）・『体源抄』（四十八歳）、『弘安礼節』・『東斎叢書』（五十歳）、『斎内親王群行次第』・『和歌紀聞』（貝原益軒著）（五十一歳）、『本朝月令』（奈佐勝皐本）、『見聞諸家紋』・『官職難儀』校合・『女房官品』校合・『将軍執権次第・足利将軍官位記』（五十二歳）、『黄鵠』・『名目抄』・『応永戦乱』（五十四歳）、『九州軍記』（五十五歳）、『豊鐘善鳴録』（五十六歳）、『宗像記追考』（巻之二、巻之四）・『黒田家譜』（巻之十四・巻之十六）・『藩邸図』（五十七歳）、『長門国雑記』（萩藩の静間幸美積本）（五十九歳）、『大同類聚方』自一四至三二・『兼明書』（太宰府神庫本）・『玉林苑』・『法曹類林』（六十歳）、『大同類聚方』自三三至九二・『日本紀文字錯乱備考』（巻上）・『南嶺遺稿鈔』（六十一歳）、『竈門山神社伝記』・『肥陽古跡記』・『北牕瑳談』（六十二歳）、『椋谷氏家系』（六十四歳）、『大同類聚方』自九三至一〇〇・『蝦夷風土記』・『蛍蝿抄』（六十五歳）、『太古之秘』（六十六歳）、『官職秘鈔』（七十歳）。

参考文献

筑紫　豊「福岡藩の国学者　青柳種信の研究（1）」『福岡市立歴史資料館研究報告』一、一九七七年

三　種信の著書

① 大熊浅次郎著『筑前国学の泰斗　青柳種信年譜の梗概』（昭和九年）によると、『香椎廟宮記』・『防人日記』・『三器図略記』・『島門考』・『太宰府志』・『筑前国続風土記拾遺』・『筑紫官家考』・『筑後国諸家系図』・『貞婦万佐伝』・『箱崎大宮司家古文書』・『日本書紀講説』・『万葉集註訳』・『淳和装学両院濫觴』・『宗像宮略記』・『飯盛神社由来記』・『あまかつ考』・『真根子天神縁起』・『宗像石仏経銘考』・『後漢金印考』・『騎射濫觴』・『和同開珎銭型記』・『柳園集』・

『柳園坐右漫録』・『柳園集古鏡図』などがあり、福岡県立図書館に収蔵されていたが、昭和二十年六月十九日の空襲で焼失しました。

この中で考古学的なものに『三器図略記』というのがあります。これは福岡市西部に早良郡というのがかつてあったのですが、その地域で古墳から出土した勾玉、耳輪（金環）、須恵器などを書いているものでございます。あとは考古学的なものは、『後漢金印考』と『柳園古器略考』があるわけです。

② 種信の姻戚筋から昭和五十一年に福岡市立歴史資料館に諸文献が寄贈され、現存している資料。

その一つに『蒙古襲来合戦絵巻物詞書』という有名なものがありますが、それを模写した「竹崎季長蒙古合戦勲功絵詞」・「太宰少弐影資の博多本陣絵図」という非常に立派な模写でございます。彩色本と白書きというか、墨書だけのものと両方あります。こういうものが現存して、非常に立派なものです。

『防人日記』というのは、福岡藩士が交替で沖ノ島勤務の当番があるようで、そこに赴任した日記であり、現在は宗像大社の神官が交替で行くわけですが、当時は福岡藩士も行ったようです。

『筑前国怡土郡三雲村所堀出古器図考』が『柳園古器略考』の草稿です。さらにその実測図があり、おそらく実物の銅剣、銅矛を紙の上に置いて周りをなぞったものであり、現在の考古学者と同じ方法で実測しています。それに朱で寸法などを詳しく書き込んでいます。当然説明文のなかでもそれは出てくるわけです。その中の銅剣、銅矛、銅戈、ガラス璧はまさに実測図と言っていいと思います（図5）。次に鏡の拓本が載っています。資料の［図1『柳園古器略考』掲載の三雲南小路出土銅剣・銅矛図］、これはまさに『柳園古器略考』で模写本のほうのものですが、これは実物に似ているといえば似ていますが、かなり実物から遠ざかった図です。［図2］も『柳園古器略考』のもので、これも実物からは遠ざかっています。［図2］の下は、前漢鏡のスケッチ図ですが、それと同じ鏡が［図3］にあります。これは拓本です。ですから現物を持って帰ったかどうかがわからないのですが、まずは拓本、あるいはいま言ったような実測図作成をやっているということです。その実測図と、拓本の両方に欠けた部分があります。［図3］

を見ていただくと、拓本の鮮明な部分、鏡の縁まである分、これは発掘調査して出てきたものです。だから拓本が、原寸大の図であるから、当時掘り出されて行方不明になった部分が、今回発掘調査で出土し、欠損した部分にピタリと合う。だからまさにいまの考古学でやる方法と一緒でありますので、非常に正確な図、拓本を残しているということで、考古学関係では非常に『柳園古器略考』が尊重されるゆえんでございます。

四 『後漢金印考』

種信の著書の中の『後漢金印考』です。これは伊能忠敬が測量着手から十四年目の文化九年から翌年にかけて九州に入ってくるわけです。そこに種信が案内役として命ぜられて、二度ほど随行しています。三度目は健康のせいか随行していないようです。忠敬六十八歳、種信は四十七歳、年上の忠敬のほうが元気であったようです。原本二つは残っていませんが、このように写本が現在残っているということです。

これでわれわれが非常に興味あるのは、いまは説としては劣勢に立っているこの「金印」の読み方です。「倭奴國」この三文字をどう読むかということで、当時は国学者はこれをみんなイトコク（委奴国＝怡土国＝伊都国）説をとっているわけです。どうも金印に関しては種信は出遅れた感がありますが、人から頼まれたからやってみたという感はあるので、これを紹介した後藤直（元東京大学教授）さんも、そういう国学者に並んだのだという説で、自分独自の説ではないんだという考え方です。しかし、私は実はこの説を採っています。現在の定説といいますか、教科書的なものはみんな「ノ」を入れます。「ワノナコクオウ」とするわけですが、これを当時の発音からして「ヰド」と読んでいる。つまり「イトコク」だということです。

それと、最近少しそういう意見が強くなってくるのですが、中国の文献では必ずこの「倭奴國」で出てくるのです。『魏志倭人伝』とその転載文献だけが「奴國」が出てきますけれども、そのほかの文献である後世の『隋書』・『舊唐書』あたりでは「倭奴國」となります。もとは「倭奴國」いまは「日本國」というふうな書き方でされておりますので、やはり「倭奴國」を採るべきだということです。反対に種信は文献の「倭奴國」が間違っているのだと、実物は「委」ですから金印のほうが非常に価値があるし、資料価値が高いということを書いているようです。

そのほか金印が発見されたいきさつなどいろいろ書いてはいますが、以前に地元の亀井南冥あたりが発表しておりますので、どうしても何か二番煎じ的に見えるわけで、『後漢金印考』についてはそういう評価のされ方をしております。いまも支持されている「倭奴（ワド）」と読む、とくに中国文献を読み尽くしたという福永光司さんはまさにそう読むわけです。「匈（キョウド）」というような読み方のように、卑下して「奴」をつけるというような言い方もあるようです。

最後のほうには「委奴國」については『魏志倭人伝』を引用しています。次の『柳園古器略考』でも引用するのですが、「世有王」の「王」は国造、別、稲置などにあて、後の『筑前國風土記』に出てくる「恰土懸主祖五十迹手の二〜三代前の祖先だ」という書き方をしております。

五　『柳園古器略考』

『柳園古器略考』について少し詳しくお話したいと思います。

『柳園古器略考』は、森本六爾が福岡市の図書館で発見して、それを復刻したものが現在残っているのですが、原本は空襲で焼けてしまっているのです。これは当時五十部の限定出版です。さらにだれが買ったか、配り先まで記録されています。我々が持っているのは、昭和五十一年に九州大学の岡崎敬先生が再復刻をされたものです。今日はこれを実際に読みながら進めていきたいと思います。

『柳園古器略考』の主要な問題は、「三雲南小路遺跡」のことを書いていることです。今日の資料には、三雲南小路遺跡、井原鑓溝遺跡を概略的には書いてあります。まず遺跡の紹介をしたいと思います。そうすれば『柳園古器略考』の内容のすばらしさがわかってくるかと思います。

① 三雲南小路遺跡

三雲南小路遺跡は、福岡県前原市三雲を中心とした遺跡群の南部に位置する弥生中期後半（紀元前一世紀末）の王墓です。出土品は後掲の王墓・首長墓一覧表をご覧下さい。三雲遺跡群は発掘調査した結果、まだ全部発掘したわけではなくて、圃場整備にかかる二〇〇ヘクタール全体を昭和四十九年にトレンチ調査したわけです。そうすると王墓の周辺に約四〇ヘクタールの遺跡群が存在しているということがわかってきました。その後の調査で追加されて、現在ではこの三雲遺跡群は六〇ヘクタールと言っていますが、その後いまも前原市の調査が続いております。

なかなか大規模に発掘調査できなくて、まだまだ実態がわからないというところが実情です。しかし、われわれが約十年間福岡県文化課で試掘調査した結果、いろんなものが出てきています。幅二メートルか三メートルのトレンチなので、実際に大型建物が当時から出ていたのですが、なかなか拡張することができないということで、たいした成果として出てきてないのですが、実際に大陸系の遺物、朝鮮半島を含めた中国のものがかなり出ております。

いちばん目玉は、青柳種信が記録を残した三雲南小路遺跡です。記録はあとで紹介するように、聞き書きですが非常に正しかったものですから、トレンチ一発目で当てました。見事にトレンチ内から鏡のかけらなどがザクザク出始めたわけです。ですから非常に位置関係も正しく記録されていたということがわかって、結果は鏡が約三〇面分あるだろうということがわかってきます。さらに、種信が記録を残してなかったもので、金銅製四葉座飾金具などの新たな発見もあるわけです。そしてその直ぐ横にもう一つ甕棺を発見しました。これは武器がなくて女性の棺のようだったのですが、こちらにも鏡が二十二面入っていたということで、二人で合計五十七面の鏡を持っているという遺跡になったわけです。

新しく発見した甕棺を便宜上二号甕棺としましたが、これも盗掘されていたにもかかわらず、鏡のほかにガラス璧片・垂飾・ガラス勾玉十二個・大型ヒスイ勾玉・朱などが発見されています。

次に周りを調査すると、赤く塗られたお祭り用の土器がいっぱい出てくる周溝がめぐっており、直径が三十二メートルの方形墳丘墓でした。吉野ヶ里のような大きさの墳丘墓にここの場合は男女二人が埋葬されていた。吉野ヶ里は十四人埋葬されて、八本の銅剣しか出土していませんから、二人に一本しか持ってなかった勘定ですが、あらためて三雲南小路王墓との格の違いがわかるわけです。そういう遺跡だということがわかってきて、改めて青柳種信の記録の正しさを実感しております。

② 井原鑓溝遺跡

井原鑓溝遺跡は、前原市井原字ヤリミゾにある弥生時代の甕棺墓です。遺跡は三雲南小路王墓の南側に位置すると考えられていますが、いまだに見つかりません。『柳園古器略考』によると、天明年間（一七八一〜一七八九）に古鏡数十面、刀剣・朱などを入れた壺を発見したという。『柳園古器略考』に掲載された拓本から、鏡は「漢有善銅」銘を含む前漢末から王莽代の方格規矩鏡が大半で、鈕の数から二一面が存在していたようです。別の図から載頭円錐形巴形銅器大小三個と「鎧の板如きもの」も伴出していることもわかります。時期は、方格規矩鏡の新しい型式と巴形銅器の型式から弥生後期前半の一世紀前半が想定できます。どうやら二十数年前にあたる天明年間に発見されたもので、青柳種信も出土した場所を正確に記録していません。「鑓溝（三雲村の接界）という溝」というおおよそのことしか記録しておりません。これもあとで紹介しますが、そのためになかなかトレンチ調査では遺構に当たりません。要するに吉野ヶ里のように甕棺が群集して並んでいればわかりやすいのですが、ここの三雲遺跡群は石棺墓にしろ甕棺墓にしろ、一基、一基が独立しています。各自の一つ一つが墳丘を持っているらしくて、まばらにしか出てきません。だからそこに見事に当てないと王墓は発見されないのです。あまり伊都国をご存じない方に一応言っておきますが、まさに伊都国は「世々王有り」といわれているように、王三人とそれに準じるものを含むと、四人分の王の墳墓がこの糸島では見つかっております。もちろんいちばん鏡が多いのは平原遺跡で、一人で四十面を持っているということです。そういうものもあるわけですので、吉野ヶ里遺跡のように全面剥いで発掘するとそういうものに当たるのかもわかりませんが、現在井原鑓溝は恒久的なビニールハウスなどが多く、再発掘することがなかなか難しいようです。

一応遺跡の概略はそういうところです。そこで今回資料を添付しておりませんが、青柳種信の即物的実証主義を証明するために、『柳園古器略考』を読みながら進めていきたいと思います。

『柳園古器略考』によると、三雲南小路王墓は文政五（一八二二）年の二月二日、私の誕生日の一日前に当たりますが（笑）、発見されたようです。これは怡土郡三雲村農長清四郎という人が、自宅の土塀を築くために、土を採取していた。三尺ばかり掘り下げると、そこに銅剣が立っていた。［図1］の黒く塗った銅剣です。これが切先（鋒）を上にして立ててあった。次にその下に「銅鉾」と書いてありますが、図から銅戈と考えられます。その銅戈が横に置いてあった。さらに同時に小さな壷があって、それが逆様に伏せてあって、中には朱がいっぱい詰まっていたということです。

さらに下を掘って甕棺に当たっているわけです。当然甕棺（墓）とわかったようです。その甕の形態も書いてありまして、合わせ口の、口と口を合わせて横に寝せてある甕棺の埋葬状態が書いてあります。「中に骸骨あらんか」とか書いてあり、その日は恐れて掘らなかったようです。しかし一応郡庁に届けを出した。そうすると郡庁から「掘出せ」という郡命がきて、それを掘ったということが書いてあります。その甕棺も「深さ三尺余、腹の径り二尺許。大さ弐箇ともに同し、甕の腹《ハラ》に帯二筋ありて」と書いてあるから、まさにいまで言う須玖式甕棺であるということも、およそ見当がつくわけです。

甕の中に「古鏡大小三十五面、銅鉾大小二口、勾玉一、管玉一あり」。これはガラス勾玉とガラス管玉のことですが、鉛ガラスですので風化して真っ白になっているのですが、もちろん出土してすぐ手で触っただけでもつぶれる状態であり、これは「玉はいづれも練物にして」、「その数はなはだ多かりしかども、悉く甕の中に破砕《ワレクダケ》て甕の中に泥の如し」というような書き方をしております。

鏡が大量に三十五面出たわけですが、その鏡が「重ねて」あったと書いてあります、そして「其間ごとに挿物あり」と、「状平《カタチヒラタ》に圓《マドカ》」というから平坦な円形であるということ、「径二寸八分中間に穴あり、穴径七分」と書いていますから、径八・五センチの小型ガラス璧が重ねられた鏡の間に存在したことになります。「霰紋あり」と書いていることからガラス璧の表面につぶつぶが表現されている。これはもちろん中国製で、中国ではいちばん位の高い王侯クラスは玉璧をもっているわけですが、ガラス璧はそれの代用品でもあるわけです。ただしこのガラス璧は中国では雲南省、広東省あたりにしか出土しません。この大量の鏡は楽浪郡経由だという定説になっていますが、三雲南小路王墓の大型・中型鏡だけでなく、このガラス璧も楽浪郡ではまったく出土しませんので、私は「イト国」王が中国王朝との直接交渉だけではなく、中国各地とも交渉をしていたと考えています。

ガラス璧の説明に「中心は飴色にして澤《ツヤ》あり硝子《ビイドロ》の如し」と書いていますので、当時でもガラスであるということを理解していたようです。われわれが発掘したものでも径十二センチのものが七枚分出てきたわけですが、これも白く風化しています。しかし割れ口を見ると中に青緑色が観察できることから、まさに前漢時代の鉛ガラスであるということがよくわかるわけです。鉛ガラスとはもちろん書いていませんが、そのような観察の仕方をしています。

それと「甕の中に骨歯毛髪等のもの一つもなし」と書いています。甕棺が完形品ですとたいてい骨が残っていて、場合によっては髪の毛や布も残っているのですが、どうしてか今まで大量に朱が中に入っていた甕棺では骨が出ておりません。とくにこういう何十面も鏡が出た甕棺は、残念ながら学術調査では発見されていませんので、もうひとつ確かめようがないのですが、鏡六面が出土した立岩遺跡の一〇号甕棺などのように、ほとんどに人骨の痕跡が見られないわけで、朱を入れたら反対に腐ってしまうのかなという感じもあります。

この甕棺は何のためかというと、「大甕を二つ續《ツヅケ》て、横に臥しむること唯鏡・鉾の為のみならず……また器物の為にせば横臥に及ぶべからず」といい、古墳にたとえて「石槨の代りに構へし物」と書いております。「中世人を葬るにかくすること」であろうという考察にまでおよんでいるわけです。そしてこういうものがこの発見以前にも「初め溝を掘たりし時も古鏡を得たり、祟あらんことを恐れて、其傍らにうづめり」と、これらが神社や冢墳などに関係あるのだろうということまで書きおよんでいるようです。

そのあとは、個別の出土品一つ一つの説明を長々としています。もちろんいまの考古学もこれをそのまま出せば、考古学的な報告書になるぐらいです。

まずは「銅剣一口」から始まって、「長さ一尺七寸、この内刃長壱尺弐寸、柄長五寸、刃柄共に一續に鋳造せり」とあり、細部の寸法など、その形態を事細かく書いているわけです。有柄式銅剣ですので、一鋳式であること、「刃の巾柄の本にて壱寸三分、双樋あり、柄際より弐寸五分、刃の方双樋の中、三稜にして竹櫛の如き所あり、其柄もまた、三稜にして竹櫛の如もの二所ありて、にぎるに便す。柄の頭に蓋ありて、柄にて貫きたる形を模す。其製作奇巧也」と、柄の細部形態などもいろいろちゃんと書いてあります。だからまさに考古学の報告書そのものをやっているという感じです。このような銅剣、これは「紙で試し剪り」もやっております、紙を剪ったらよく切れたとまで書いてありますから、出土したときはかなり鋭かったのでしょう。これは「漢韓人」と通交して「将来し物」と、そういうところから見習って、その後「皇国（日本）にても鋳造したると見えたり」と、古来の刀剣との比較など長々と考察しています。中には神功皇后の三韓侵略のことまで出てくるのですが、やはりそういう朝鮮半島、中国大陸を考慮に入れているようです。

次に「銅鉾三口」と書いていますが、一本は銅戈のことです。それを当時は銅鉾と感じたようです。これは西洋考古学が始まっても、銅戈についてはかつて「クリス形銅剣」というような表現もされていましたから、やはり銅戈と当時は気づかなかったようです。肝心の銅鉾のほう、これは二つに折れていると書いていると同時に、もちろんその寸法や形態は銅剣と同じように事細かに記述されております。そのあと、「此ノ状《カタチ》の鉾は国中所々にあり」と、同じものが各地で出土していることを紹介しています。現存しないがこれを見ると江戸時代までに多くの青銅器が出土していたことがよくわかります。たとえば、「那珂郡」と書いていますから、福岡市内の那珂という地名です。「住吉神社に六口、箱崎宮に二口、姪浜の小戸大神宮に二口（是は昔年彼浜の海中より漁網に入て揚れり）、那珂郡須玖村八幡社に一口、同郡春日社に二口あり。太宰府天満宮に十一口あり」と書いてありますが、これらは住吉神社以外に現在まったく存在しません。住吉神社だけはまさに御神体のようなものですから保存されているのですが、そのほかのものは全部失われている。さらに「天明四年二月六日、宰府（太宰府）牧童清太なる者、同所の巽方片野山に采樵して、銅鉾を十一口得たり」と書いていますが、これが「太宰府天満宮銅鉾十一口」ではないかと思いますが、天満宮には中広形銅戈一本が存在するものの、その他すべてが現存しておりません。この片野山のものだけはスケッチ図で青柳種信が残しておりまして、銅戈のことです。

それだけではなくて、銅矛をどのように製作したかということもわかっていたようです。那珂郡ですから現在の福岡市の井尻、春日市との境界に井尻の大塚というところがあり、藪を開墾した時に、「土中より堀出せり物は、正しく此鉾を鋳たりし容範《カタ》なり、長三尺余、巾五六寸許の切石を二つ合せたり」と説明しています。これが銅矛の両面鋳型であることを知っているわけです。これも現存しませんが、スケッチ図だけが残っています。

次は「勾玉、管玉」について書いています。ただしここでは形がきれいにとれたのが勾玉、管玉一個ずつだったようです。それでこれは「練物」ということを書いていますから、そういうふうに鋳造したということがわかるわけですが、これは古くは祭祀に使っていたのだということも書いています。そして「宗像社の近辺にて、時々土にて造りたる勾玉出ることあり」ということも書いております。さらに先ほど紹介しましたように、『筑前續風土記拾遺』を書くにあたって、筑前全体をくまなく巡っているからそういうことがわかったのだろうと思います。そういう中で先ほどの銅矛などの出土品が、各神社にあるということもわかっているわけです。それで『風土記拾遺』にも当然書いてあります。

次にいよいよ「古鏡大小三拾五面」の説明に入ってくるわけです。その最初に書いてあるのが「径九寸、背文なし、圓規三匝《サウ》あり、縁薄し、銅色青緑色也」です。後にいう径二十七・三センチの「重圏素文鏡」のことです。しかも前漢初期で、型式は戦国鏡式です。この大型鏡には文様がないと書いてあります。ところがわれわれが発掘した破片を見ますと、絵具で、現在の絵具ではなく、朱や白い色も使っているのですが、円圏や絵が描いてある。だからこれは「彩画鏡」であったわけです。これは私もずるをしまして、出土間もなく彩画鏡ということがわかったのですが、これは発表しませんでした。日本唯一のものであったことですし、報告書が出るまで七、八年かかりましたが、その間中黙認していました。もちろん出土した破片は考古学者の皆さんに見せているのですが、皆さんは気づかなかっただけで、彩画鏡ということは報告書のときにはじめて書いたわけです。もちろん日本初出土でございます。それまでは「重圏素文鏡」として扱われていたものです。これは『柳園古器略考』からそのまま取って考古学者が判断していたわけです。しかし、出土品の実物には絵が描いてあったということです。

今度できました九州国立博物館に復元して並べています。甕棺を実大に作り、中に人形を入れ、副葬品を全部複製して並べているわけですが、雷文鏡など他にない文様の銅鏡も全部実物そっくりに復元して並べておりますので、まだ見学されてない方はぜひ見ていただきたい。当時三十五面もの鏡を持っている甕棺の副葬状況が、あくまでも『柳園古器略考』に書いてあるもので推定して復元したわけですが、その状況がわかると思います。鏡は当然ピカピカに光っています。作り方も正確に当時の実物のままに製作してもらっていますので、非常に参考になるかと思っています。

次に書いてあるのは「径六寸三分、是亦縁薄し、背は雷紋一面にあり、其中に乳紋の如きもの四方に在、乳凸なる所、径り四分、乳圓の下に方座あり、中臺は圓絡三匝、其の内に紐（鈕）あり、紐は尋常の如し、紐の匝《メグリ》に星紋八箇《ツ》あり、八星の間に八葉あり、蓋《シ》雲紋歟、其色青翠也」とあることから、現在でも雷文鏡と言っている中国前漢の製品ですが、直径が十九センチであり、雷文鏡としては特異な存在です。私はこの三雲南小路の報告書を書くときに中国のものを探したのですが、どうしてもこの径十九センチの雷文鏡が見つかりません。普通十センチ前後、大きくて十五センチであり、いまだに中国出土品では見つかりません。先の彩画鏡はもっと大きいものが中国にはありますが、径二十七センチですから一般的なものよりはもちろん大きいのですが、九州の王墓が持っている前漢鏡は径二十三センチ以上が相当ある。このような大型鏡は中国では王侯クラスが持つ鏡で、中国本土でも滅多に見つからないようなものが、この九州では出土するということです。かなり余談になりました。

このように、現在でも鏡を発掘して、それを報告書に書く場合でも、ここまで詳しく書く人は滅多にいません。『柳園古器略考』の鏡の説明は、大きなものから順次解説しています。たとえば鏡の真ん中に「鈕」というのがあります。紐を通す穴です。その形態、そしてその周りに「鈕座」というのがあって、そこにいろんな模様があるのですが、その文様の形状まで全部書いてあるのです。もちろん直径だけでなく部分的な寸法までも書いています。たとえば次の重圏文銘帯鏡（図3）の説明では「径り五寸五分なる有縁薄し、色青緑也。背に圓圏七重あり、其の第一圏は縁にて無紋なり。第二圏に流水浪渦の如き紋有。雲紋の類か。第三圏には識《しき》あり、隷書凡四十字。字の径り或三分或は四分、書體漢隷にして甚古雅なり。第四圏にも亦はじめの如き雲紋あり。水渦の如きは雷紋なるべし。第五圏は無紋。第六圏も無紋。第七圏に文字廿三字あり。書體隷に非ず古文なるべし。是また凹入に非ず。凸起なり。第八圏の内は、上《カミ》に出たる鏡と均《ヒト》しく、紐の匝《メグリ》に星十二あり。其間にある朶雲の如き物も同じ。古色可愛なり。趙の鵠が洞天録に云、所謂識文、欵文亦不同。識は乃ち篆字以紀す功を云々。漢は以す小篆隷書といへり。此鏡よく其説に合たり。然れは漢人の製なる事疑ふべからす」というように、縁の内側に何重にも文様があると、斜角線文と渦文帯のこと、銘文の字数、鈕座のこと、銘文が「小篆隷書」であるということ、さらにこれが「漢人の製なる」ということまで書いております。

鏡の大半は「内行花文鏡」ですが、そのことも説明して、それは「凡廿六面」と書いています。そのほかに銘文が二重にあるものがあるということを書いていますので、現在これは「重圏文銘帯鏡」とわれわれが呼んでいるものですが、それが二面あるということを書いています。このように非常にいい観察をしているということです。

この鏡は銘文の書体などから「西漢の時の物」と書いてありますから、前漢のときのものだということも、この中に触れているのです。それまではよかったのですが、そのあとがちょっと『魏志倭人伝』と混同して、つまり「景初、正始」という説があること、魏の年号です。さらに「魏志の倭伝に、女王の求めに因て、船三艘に鏡を積て、皇國に贈りしよし見へたり」と書いてありますが、これがどこから引用したかがわかりません。

最後には志賀島の「委奴國王の金印と、相ひ伯仲すといふべし」と書いているから、同時代のものということを書いているようです。

また、最後に「発掘の心得」が書いてあります。われわれもまさに青銅器を掘ったときもそうですが、「出土してすぐ持ち上げると割れると。だからしばらく置いておけ」と書いて、どうも青柳種信自身が発掘したわけではないのですが、その村人が発掘したときの経験談を書いているようです。出てきたらしばらく置いておいて、別に金属だから乾燥して取り上げるのではないですが、「諸人駭て競取る、手に従ひて半つゝ破砕せり。後には両手にのせて、静に取上て地におきしに、破砕することなし」。最初争って取ったものだから、それが粉々になったが、静かに取り上げて置けば破砕することがないと書いているから、まさに発掘の心得です。

最後の日付が「文政五年壬午初秋」となっています。『柳園古器略考』はこの時期に書いたものだということです。二月に発掘して、青柳種信はすぐ駆けつけているわけですから、『柳園古器略考』とされた部分はその年の秋に書いたもの。京都大学の報告書に載っているものは「文政六年初秋」ですから、翌年に書いたもの。だんだん年を経るにしたがって、先ほど言いましたように出土品の図が悪くなっています。

たとえば、甕棺と朱が入った壺のスケッチがあるのですが、とても弥生時代のものと思えない形態をしています。それに銅矛、ガラスの壁の図なども、スケッチというか、最初は実物をなぞって書いた実測図と比較すると雲泥の差が見られます。だからもしかすると図だけは弟子が次々に書き写していった可能性があります。というのは筑前内に何人かの弟子がおりまして、各地域で三雲南小路出土品のスケッチ図を残しているからです。青柳種信が残したこの三雲の遺物図を弟子それぞれが書き写しています。弟子が書いたのは非常に下手ですから、そう考えられます。

さらに、『柳園古器略考』には、井原鑓溝の説明と古鏡の拓本が載せてあるわけです。今日の資料でいきますと、図4の鏡の拓本は、『柳園古器略考』に掲載された実物大のものです。その最後に、それこそ日本一大きな「巴形銅器」の拓本と実測図が載っています。

井原鑓溝も説明が書いてあります。これは「天明年中」という書き方から、青柳種信がこの三雲南小路を訪れる二十数年前の天明年間の発見ということで、正確な発見年は書いてありません。しかし、三雲のすぐ南側が大字井原でそこから出たと。井原の次市という農民が掘り当てた、その場所が鑓溝《ヤリミゾ》といい、現在でも小字で残っています。ところがこの小字のヤリミゾは大字三雲にもあります。それで一応井原のヤリミゾと書いてあるから、そちらを盛んに試掘しているのですが、なかなか難しくそこに当たりません。この文章の中には「三雲村の接界なり」と書かれてあります。

実は、それに近い場所で二〇〇六年はじめてそれらしいものに当たりつつあります。新聞報道では「王墓発見」と出たのですが、鏡の破片で同じような「方格規矩鏡」が出土しました。担当者たちは冷静だったのでしょうけど、それを最初に見られたさる有名な先生は「王墓発見」という形で新聞に載せられましたが、鏡のかけらがバラバラになって出たということで早とちりされたのでしょう。結局は一面分の破片でした。平原遺跡と同じように鏡を叩き割って埋葬する風習が九州にありますので、これと荒らされた井原鑓溝遺跡と混同されたようです。九州の破砕鏡を供献する風習は弥生時代からで、それが後の古墳時代に近畿にも持ち込まれるわけですが、そういう風習のものが井原地区で最近出始めました。三人分の木棺墓から破砕鏡が出て、あと十何人分かに玉類を持っていた同じような木棺墓が出てきておりますので、いよいよ井原の王墓に近づいたかなと思っております。今ごろ本来なら井原ヤリミゾ付近を掘っているはずなのですが、残念ながら二〇〇六年は承諾いただいたけれど、今年はなぜか掘らしてくれないということで、地主と交渉中のようです。稲の収穫が終わったら発掘する予定になっていたのですが、いまだに発掘ができておりませんので、地主さんが承諾しなかったのでしょう。

話をもとにもどしますと、このヤリミゾという地名の場所は、古い明治期の地籍図を見ますといっぱい溝があります。天明年間は飢饉の年ですから「其年旱して田疇水乏しかりしかは、彼溝の水を引て田に濯かんとして、棒をもちて水口の塞かりしを突開むとしたりしか溝岸を突ける時、岸のうちより朱流れ出たり。あやしみ堀て見れば一ツの壺あり。其内に古鏡数十あり。また鎧の板の如きもの、また刀剣の類ありしかれとも朽損て其形も全からす鏡は破砕して数百片となる。其内に全きも有しかども側より見物して居たり者等取なんとして終に失ぬ惜むへき事にこそ其破砕の物あまた彼農民の家に今もあり」。水が流れなかったから溝を突いていたところ、壺を発見したわけです。この「壺」というのが実は問題なのです。三雲南小路では、はっきり「壺」と「甕」を使い別けています。ところがこの井原鑓溝は壺と書いてあります。それが何かというとさっきの図です。『柳園古器略考』の図は三雲南小路の甕のはずなのですが、この図は甕ではなく、壺なのです。実は三雲南小路王墓の時期までは、この地域では甕棺に大きな甕を使っています。一つの甕の高さが、たとえば三雲南小路二号棺では一・二五メートルです。標準的な大きさは一メートル以内です。それを二つ同じものを合わせています。ところが弥生後期になった途端に、今度はこの地域だけ甕棺として大型壺を使うのです。ですから『柳園古器略考』はあらためてそれが正確に書いてあったということがわかるのです。『柳園古器略考』の図は三雲南小路の甕と思って使っているのですが、どうも鑓溝の壺のような形態です。大型の壺の口を打ち欠いて、このように頸部を切って、成人用の棺にも使っています。ですから二〇〇六年の発掘でも弥生後期の壺棺がいっぱい出ました。後期の甕棺はまったくありません。そういう点で『柳園古器略考』を読み直してみると、「壺」と書いてあったから正確だなとあらためて感心しております。井原鑓溝遺跡の時期は、拓本の鏡もみんな前漢末から後漢初期の鏡ですから弥生後期であり、拓本を掲載しているから正確にわかるということです。最近は地域ごとに甕棺の編年をしているとその違いがわかってきたことから、井原鑓溝遺跡は聞き書きではあるが、これも即物的実証主義に基づいて正確に書いてあるということがわかってくるわけです。

それとこの拓本は、現在我々がやるように和紙を置いて濡らして張り付けるのではなく、当時は石墨で擦るようになぞります。だからちょっと紙が動いてもずれてしまいます。鏡には高いところ、低いところがありまして、鏡の縁と鈕は一段厚く、模様があるところは一段低いわけです。それを分割して拓本しています。ですからちょっと変に食い違ったり、銘文が二重に見えたりしています。これは実物がそうなっているというのではなくて、上と下をとって二重に写ったということです。拓本の横にも自分なりに読んだ銘文が書いてあります。これは私の資料［図4］についていますが、「漢有善銅」ということを書いていて、拓本の真ん中のほうにそれらしい三字が見えます。「漢」つまり前漢の時代にいい銅が出たということから始まる銘文です。これは前漢末の鏡と言われているわけです。拓本からそういうことがはっきりわかるわけです。

井原鑓溝の鏡の拓本は同じものが何回か重複して載っていますから、単純に数えると鏡の数を間違えます。最後に一行ありまして、これに「鈕」、先ほどありました紐を通す部分が二十一個出ているということを書いていますので、最低は二十一面以上の鏡が出たということがわかってくるわけです。これには残念ながら三雲南小路のような考察は書いていませんが、「漢代の物」ということは書いています。

さらに説明があまりないのですが、最後にいまお見せしました「巴形銅器」があります。これが径十六・七センチの非常に大きなもので、いままで日本で出土しているものはこの半分くらいの大きさしかないのですが、裏に綾杉文の模様があるということもちゃんとわかるわけです。これには「三箇大小有異」ということが書いてあります。さらに、鉄の刀剣類があること、それから「鎧の板の如きもの」と書いていますから、鉄の板が何枚か出ているようです。これが何にあたるか、朝鮮半島のように「鉄鋌」という鉄の素材を墓に入れる場合がありますから、それか、または後の古墳時代にしか出ませんけれど、漢から三国時代の小札の兜が椿井大塚山古墳などで出ていますよね。ああいうものが入っていたかどちらかわかりません。それでぜひピタリと掘り当てたいところなのですが、残念ながら青柳種信が出土場所をたしかめていないということもあって、そのへんまで詳しく書いてないということです。

この原物や拓本は、残念ながら現存していませんけれど、姻戚筋にあった資料はこれを今度はきれいに模写しています。これは非常に素晴らしいものがあるのです。それは『柳園古器略考』よりは正確な図を描いておりますので（図6下）、何回もやはり同じものを写本にしてつくっていったという経緯がよくわかるわけです。

これは私専門外でわかりませんが、『柳園古器略考』の最後には「登志誓願寺蔵呉越國王寶鐸圖」があります。これは現在の福岡市西区に誓願寺というお寺があるのですが、そこにあった青銅の「銭弘俶八万四千塔」の実物大の拓本を掲載しています。これは中国呉越国王銭弘俶《センコウシュク》が九五五年に八万四千の小塔を製作して、中に経巻を納め国内外に配ったものの一つです。塔内側に「呉越國王／銭弘俶敬造／八萬四千寶…」銘があるというようなことを書いたりしているのですが、現在これは重要文化財になっています。これは九州歴史資料館に寄託されていましたが、現在は九州国立博物館に展示してあります。このように幅広く、『風土記拾遺』を再編集するにあたって各地を巡ってその見聞を書いています。

このように「青柳種信の考古学」の概略を紹介していったのですが、あと地元に國學院卒業の大先輩にあたる筑紫豊という先生が私が県に入った頃いらっしゃったんですけど、その方が青柳種信の資料を当時の『福岡市立歴史資料館研究報告』第一集から数回に分けて紹介してあります。最初には青柳種信の色つきの肖像画が掲載されているのですが、焼失したものではなくて現存しているものからはじまって、人脈なりを年表式に研究されています。それを次回にはとくに紹介していくわけですが、やはり青柳種信と伊能忠敬の出会い、その前に本居宣長との出会いというか入門するわけです。二十四歳で入門するわけですが、もちろんこれはわざわざ出向いたのではなくて、藩命で江戸に行ったときに立ち寄っているわけです。あと入門してからは文通でいろいろ教わっております。もちろんこの九州の情報記事類をどんどん本居宣長に送っているようです。それがかなり認められて松平定信にまで紹介されています。それでその改革に参加するところまでは結局は実現しなかったようです。そういうことが筑紫豊さんの「青柳種信年譜」などでわかります。

前回「黄門様の考古学」で出たかもわかりませんが、水戸家との交流というか、やはり資料を求められているようです。そして『大日本史』にも校訂するというようなこちらでは受け取られ方をしているのですが、筑前のことについてはかなり意見を申し上げているようです。

それと先ほどの『蒙古襲来合戦絵巻物詞書』の説明があるようですが、私はよくわからないのですけれど、先ほど紹介した筑紫豊さんが「竹崎季長勲功絵詞」として書かれておりますので、ぜひこういうのを参考にしてください。

時間がありますから、説明が不足なところがあったら再度説明もいたします。ついついどうしても考古学的なほうばかりが主体になってたいへん申し訳ないのですが、もし質問がありましたらお願いします。

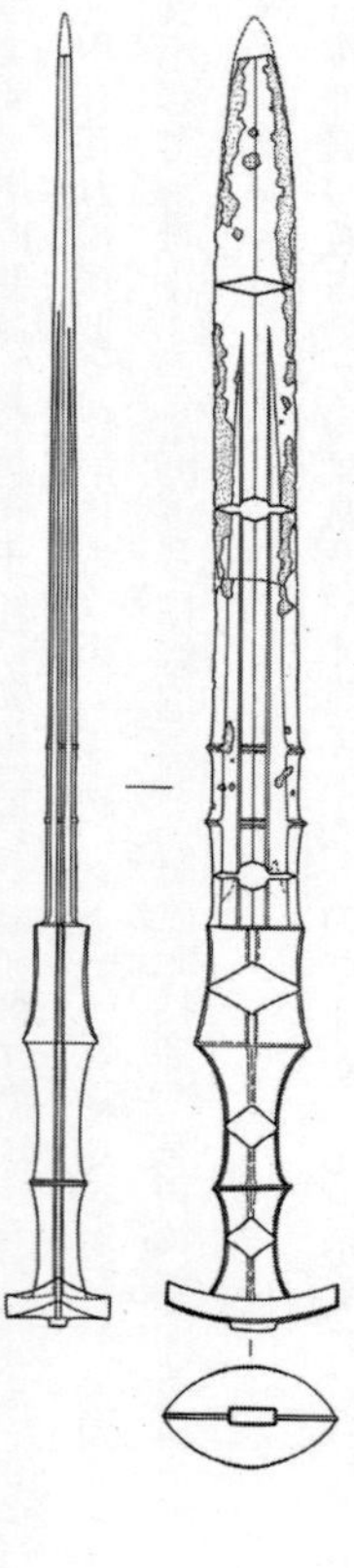

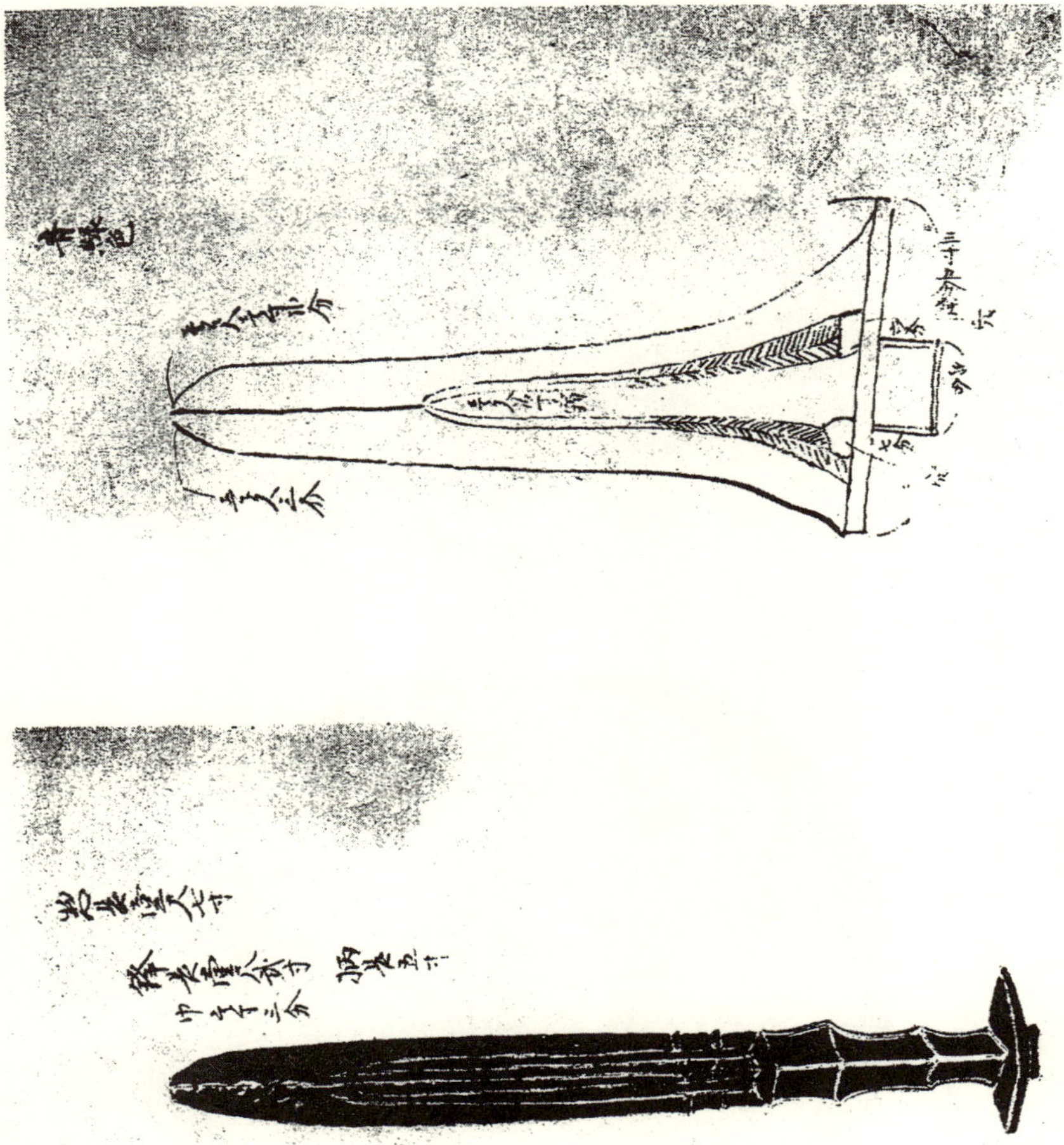

図１　『柳園古器略考』掲載の三雲南小路出土銅剣・銅矛図

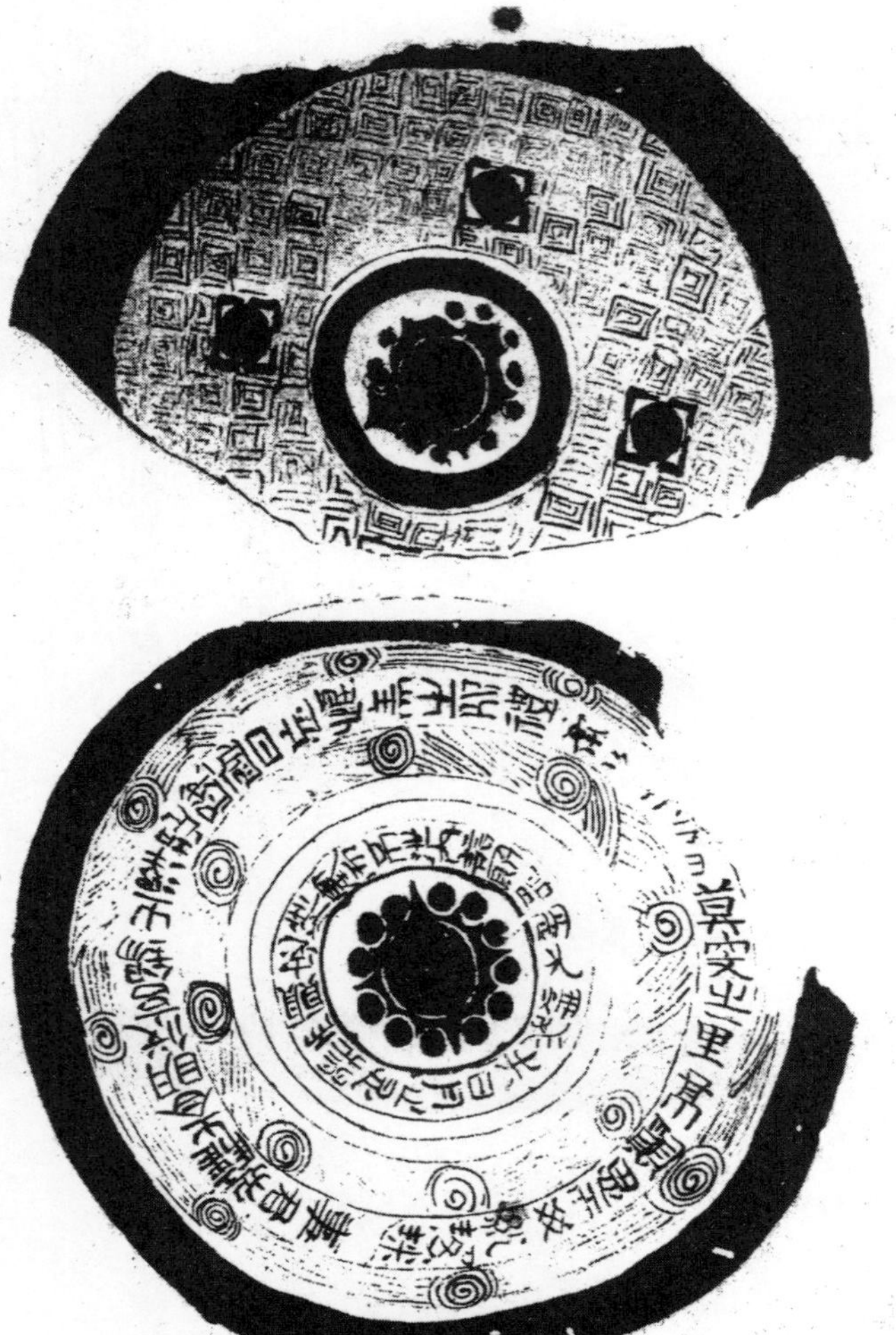

図２　『柳園古器略考』掲載の三雲南小路出土雷文鏡・重圏斜角雷文帯「精白」銘鏡図

図 3　『筑前国怡土郡三雲村所堀出古器図考』の重圏斜角雷文帯「精白」銘鏡拓本と発掘調査出土鏡片

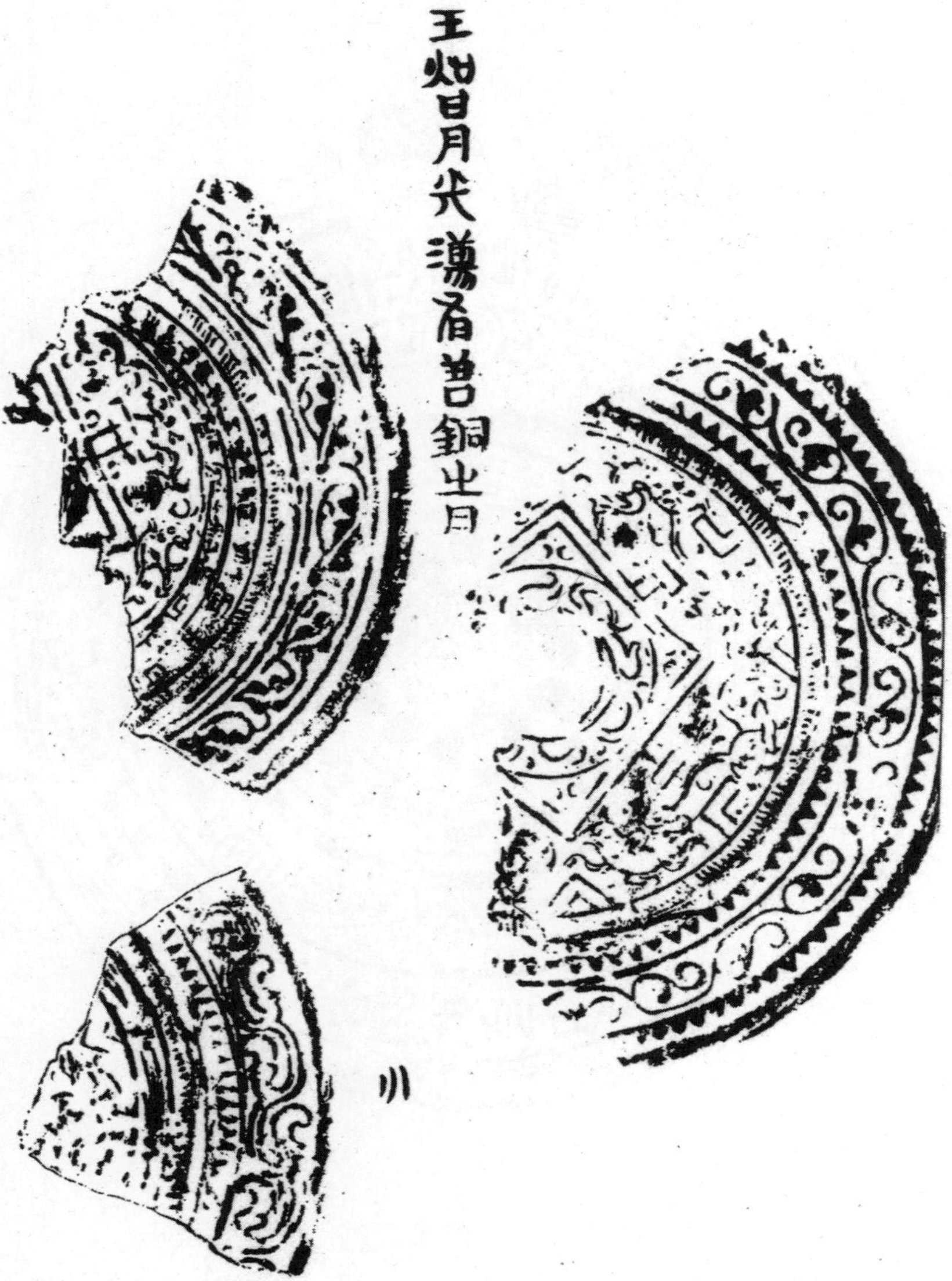

図 4　『柳園古器略考』掲載の井原鑓溝出土方格規矩鏡拓本

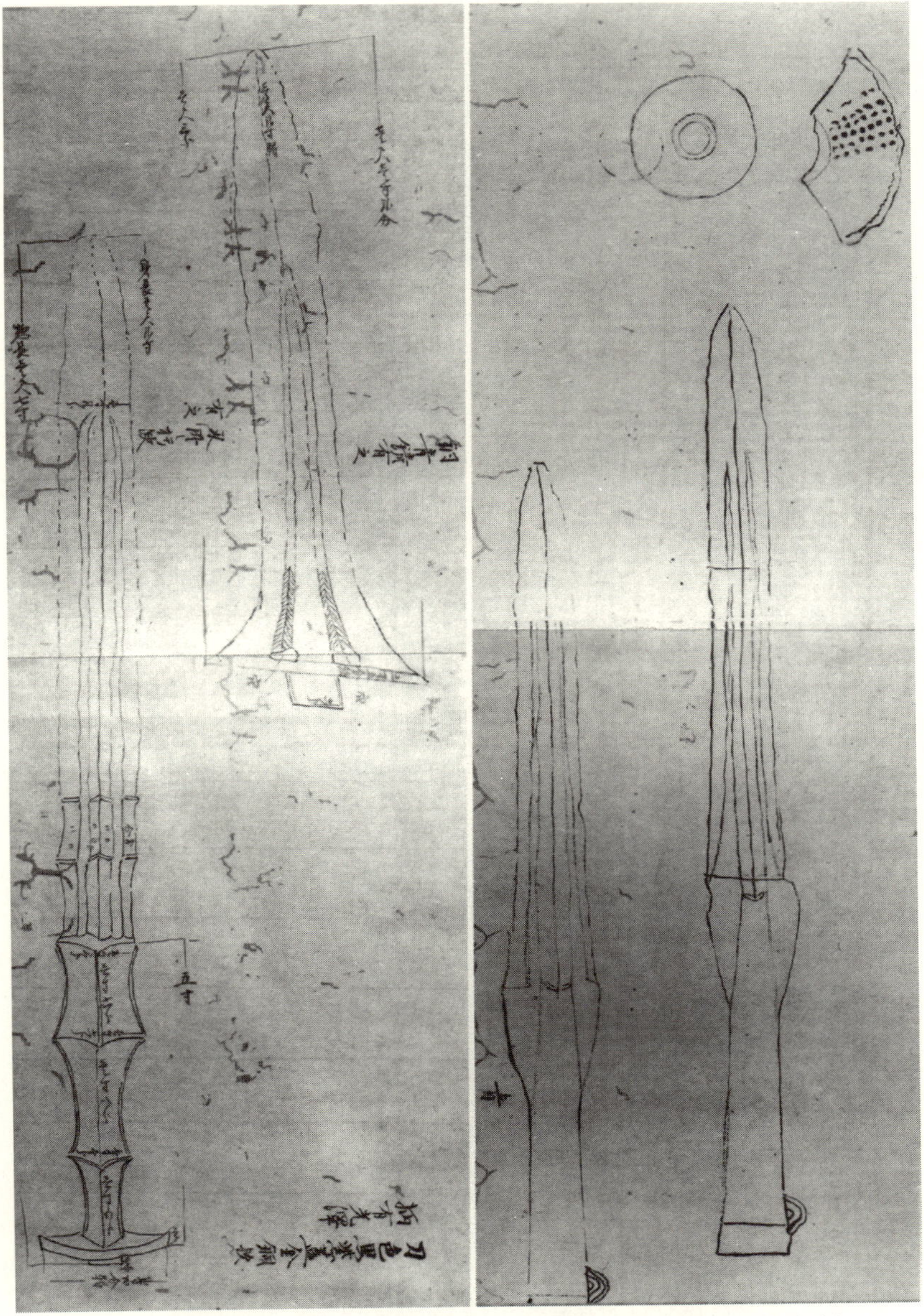

図5　青柳種信資料　銅剣・銅矛・銅戈・ガラス璧実測図（原図は実大）
（福岡市博物館蔵）（福岡県教育委員会『三雲遺跡』より）

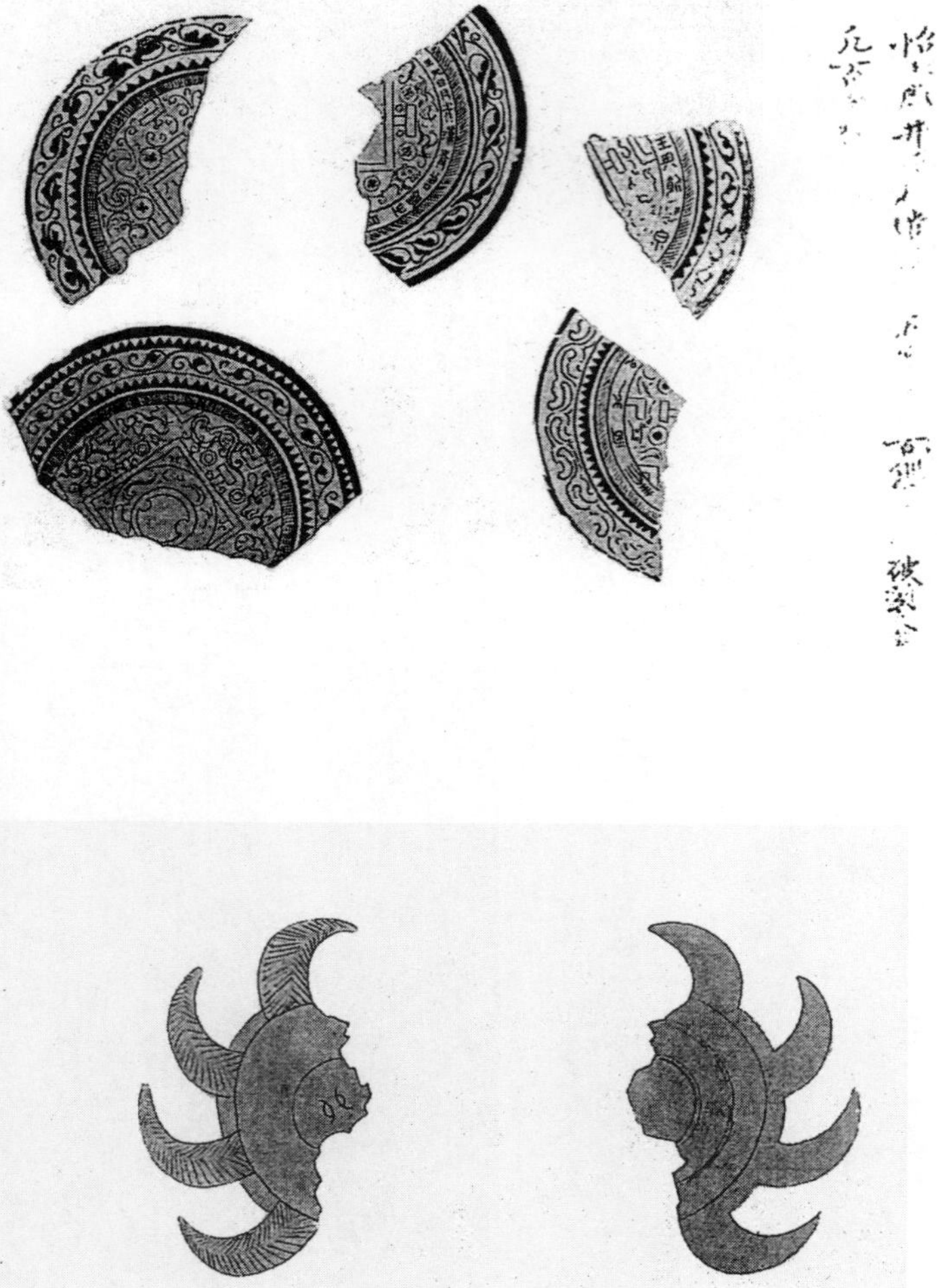

図6　青柳種信資料　井原鑓溝銅鏡・巴形銅器模写図
（後藤　直　1981「青柳種信の考古資料（一）ー三雲南小路と井原鑓溝に関する資料ー」『福岡市立歴史資料館研究報告』 5より）

弥生王墓・首長墓一覧表

（鏡複数副葬に限定）

国	遺跡		鏡	武器・武具（祭器）	玉類・その他	時期
伊都国	三雲南小路王墓	一号	前漢鏡35 （大型1・中型34）	有柄銅剣1 （中細形銅矛2） （中細形銅戈1）	金銅四葉座飾金具8 ガラス璧8 ガラス勾玉3・ガラス管玉100以上 朱・水銀	中期後半
		二号	前漢鏡22以上 （小型22）		ガラス璧片ペンダント1 硬玉勾玉1・ガラス勾玉12 朱	
	平原五号		前漢鏡2＋α （中型1・小型1）			後期初頭
	井原鑓溝王墓		前漢末鏡・後漢鏡21 （中型鏡21）	刀剣・巴形銅器3 鎧の板？	朱	後期前半
	平原王墓		前漢鏡1（中型1） 後漢鏡1（中型1） 仿製鏡38（超大型5・大型6・中型26・小型1） 計40	素環頭大刀1	ガラス勾玉3・ガラス管玉約20 ガラス小玉600以上・赤メノウ管玉12・ ガラス丸玉約500・ガラス耳璫2 朱 （周溝）鉄鏃10・ノミ1・鉇1・斧1・土器片	後期終末
サワラ	丸尾台小首長		前漢鏡3（小型）	鉄小刀1		後期初頭
奴国	須玖岡本	王墓	前漢鏡約30 （大型3・中型19・小型8）	鉄小刀1	ガラス勾玉1・ガラス管玉多数 ガラス璧片3 朱	中期後半
		B地点	前漢鏡2 （中型1・小型1）			後期初頭
	松添		後漢鏡2 （中型1・小型1）		朱	後期中頭
	門田辻田24号		（中型鏡2）	鉄剣1・（鉄戈1）	朱	中期末
ヤス	東小田峯10号		前漢鏡2 （中型1・小型1）	鉄剣1・（鉄戈1） 毛抜形鉄器1	ガラス璧再加工円盤2 朱	中期後半
カマ	立岩堀田10号大首長		前漢鏡6（中型）	鉄剣1 （中細形銅矛1）	鉄鉇1・砥石2・朱	中期後半
末盧国	桜馬場大首長		後漢鏡2 （中型1・小型1）	鉄刀・巴形銅器3	有鉤銅釧26・ガラス小玉1	後期中頭

＊　鏡　超大型40cm以上、大型20cm以上、中型13cm以上、小型13cm未満

（柳田康雄　2002『九州弥生文化の研究』学生社より）

〈質疑応答〉

椙山　時間が早いようですので、ご質問がございましたら、お話を聞きたいと思います。なかなか細かな拓本で、先ほど私が見ましたように拓本墨といいますか、いまは湿拓を中心にしておりますけど、乾拓で釣鐘墨といって擦る墨があるのですけど、その乾拓の方法で採っています。われわれも実は乾拓用釣鐘墨を持って歩いているのですけど、いまの主流は湿拓で、紙を濡らして、それが乾いてくると同時に油墨でもって拓本を採るのですけど、いまでも中国のやり方と日本のやり方では拓本の採り方も少し違っています。中国のはそれにさらに墨を塗っていくのですけど、そんなところで拓本の採り方一つにしても、少し違ってはおりますが。

柳田　日本刀に興味ある方はわかると思います。絶対日本刀は濡らすことはできませんので、同じやり方です。日本刀にも柄のところに銘文がある場合、湿拓では取れませんので、釣鐘墨で採るわけです。先ほど言いましたように、釣鐘墨でやりますから、厚い縁の部分は［図3］にはないです。それで鮮明な拓本の部分が私どもが発掘した破片であり、種信の拓本図の欠損部分にピタリと入るわけです。

質問　［図4］の右側の大きく出ている半分の端のほうの模様ですね。これは「三角縁神獣鏡」によく似ているんですが、それの時代的な問題はどうでしょうか。

柳田　これは先ほども言いましたが、前漢末の型式の「方格規矩鏡」です。この図を説明しますと、右下のほうにアルファベットの「L」みたいなのが見えますね、そこの右にあるのが玄武です。四神鏡ですから高松塚で有名になった、蛇と亀の絡んだものがありますから四神図がきれいに見えるわけです。右上のほうに龍があります。そういう形式の方格規矩鏡で、しかも鏡の縁が唐草文です。ですからまさに前漢の終り頃に特有な模様です。

その左側の図も「漢有善銅」という銘をもつ鏡ですが、これも独特の唐草文が縁にあるわけです。その下の鏡は流雲文縁といって今度は王莽鏡に特有な鏡の縁をもっています。王莽時代ですから、前漢、後漢に分けるとすると一応前漢の部類に入れるんです。

質問　田村と申します。さっきの壺のことなのですが、あれは二つのものですか。

柳田　これはちょっと図が正確に表現されていませんが、甕が二つ、口と口が合わせてある甕棺です。

田村　どうして二つ合わせてあるんですか、一つずつ埋葬しなかったのですか。

柳田　実は福岡県、佐賀県にこの甕棺が非常に多いのですが、甕棺は合わせ甕専用に口縁部を最大径に作られていて、同形、同大の甕の口を合せるようにして埋葬します。普通の人が入っているのは高さ一メートル以下なのですが、とくに副葬品をいっぱい持っているのは一メートルを超すものがあります。だから図では真ん中の線が三本ありますね、あれが上下別の甕です。そういう埋葬の仕方がこの一時期だけ流行するのです。

田村　日本独特のものですね。

柳田　あれも日本独特というか、福岡県、佐賀県独特です。

田村　わかりました、ありがとうございました。

柳田　ついでに説明しますと、甕が少し斜めになっています。これより古い時期、とくに吉野ヶ里へ行った方はご存じかもわかりませんが、この甕棺が流行した弥生時代の中期の前半頃は、甕が水平に埋けられます、二つを合わせて水平に、そして帯状にというか列状に大量にワーッと埋葬していくのです。そして中期の終り頃、ちょうど鏡などを副葬する時期になると、このように斜めになります。そういうことも鏡と銅剣の型式からいって、正しい甕棺の出土状態を描いているんだなということも、この図でわかってくるわけです。最初は水平に埋けるからほぼ人骨が水平に見つかるのですが、斜めの場合に中で骨が出る場合は座った状態になってしまって、頭の骨など下に転げ落ちてしまっています。

椙山　ほかに何かございますか。この銅剣など出雲でたくさん出た銅剣とほぼ似たような時期の、もう少し古いですか、そういうようないろいろな関係もあるのですが、それはかなり考古学的なことになるかと思います。ともかくよく丁寧に記録しているということがまずはお話いただけたかと思うのですが。また、実はこの頃の、先ほども出てきましたけど、筑後のほうでも記録も残されている。そういう人たちとの関係なども、またいずれお話いただけるかと思っております。そういうような周辺部のことにつきましても、九州は九州のネットワークがあるかと思いますので、また今度は全国的なネットワーク、京都、あるいは先ほども話が出ましたように宣長に入門している、そういうことが今度は宣長を通じて、今度は違うほうへまた連絡が取れていくという、そういうような関係。すでに前にもありましたが、出雲の千家俊信という人が「金輪造営図」というのを宣長のところに持ち込んだ、それが今度は宣長から全国に知られていくとか、そういうような関係。あるいは水戸にもこの金印のことが伝わっていくとか、そういうことについて追い追いまたお話が聞けるかと思います。

とりあえずこれで閉めたいと思います。

コラム

棭斎と三右衛門

田中秀典

狩谷棭斎は、江戸時代後期に活躍した考証学者であり、蒐書家としても著名な人物である。棭斎の学問上の業績は多大で、それらにいちいち触れていてはきりがないが、代表的なものを挙げるならば、『説文新字附考』などの説文に関する研究、『古京遺文』などの金石文の研究、度量衡制度に関する研究『本朝度量権衡攷』などがある。また、棭斎に関する研究は明治時代からすでにあり、近年でもそれはさらに進められていて多くの研究成果が蓄積されている。ここではその中の梅谷文夫編『狩谷棭斎年譜』からいくつかの事項をとりあげて少々考えてみたい。

棭斎は、研究・執筆を進める中で、様々な人々との関係を築いていく。伊沢蘭軒・山田以文・清水浜臣・屋代弘賢・足代弘訓・荒木田久老・市野迷庵・松崎慊堂などの人々とである。こういった人々との結びつきが、棭斎の研究活動に少なからぬ影響を及ぼしたと考えられる。例として、藤貞幹に学んだ学者で京の吉田神社の神職である山田以文との交流について見てみよう。棭斎と以文との交わりは、棭斎が初めて上京した寛政二年に始まり晩年まで続く。棭斎は京の以文邸で押小路家蔵『春秋経伝集解』や鈴鹿本『和名類聚抄』を書写しているし、棭斎が拝観しに赴いた際の正倉院開封の情報も発信元は以文である。また、清岡長親への入門の仲立ちをしてもらったり、「石川年足墓誌」の拓本を送ってもらったりなどもしている。棭斎の学問にとって益となる資料や情報が、こうした人的繋がりの中からももたらされていることがわかる。

しかし、何をするにも先立つものがなければ始まらないのはいつの世も変わらず、上方へ旅行するにも研究・執筆活動全般にも費用がかかる。書籍の蒐集も同様である。では、それにはいったいどれくらいの金額を必要としたのだろうか。石川淳「棭斎消息」によれば、文政二年に名古屋・伊勢・奈良・京を回った際の書簡に、本代その他の支払いのために六十両を送金させたことが記されている。また、没後のことだが、必要に迫られて息子の懐之が蔵書のうち明版以降の漢籍と国書を三百両もの大金で処分しようとしていることから、購入した際にもそれなりの費用がかかっていることが想像される。

では、棭斎はどのようにして巨額の出費を賄うことができたのだろうか。それは、棭斎が大店の主、津軽屋三右衛門だったからである。棭斎が営んでいた江戸の米問屋津軽屋は、奥州弘前四万六千石（のち十万石）津軽家の年貢米の換金を扱う蔵元二軒のうちの一軒であり、業務を行なう上で発生する収入の上に、蔵元としての禄が給されていた。その禄高は、棭斎が家を相続した時には二百俵十五人扶持で、加増を受けて三百俵三十人扶持となった。棭斎隠居時には二百俵十五人扶持に減ぜられたが、減ぜられた分は隠居料としてそのまま棭斎に与えられた。これは、棭斎個人が自由にできる収入であり、とくに大部分は学究の資として使われたのだろう。

狩谷棭斎は、考証学者として数々の業績を残した。それが本人の努力や才能によるものであるのは言うまでもないことだが、津軽屋の分家である生家が書肆を営んでいたという環境も影響しているだろうし、様々な学者たちとの交わりもまた棭斎の研究を支える柱の一つだったのだろう。しかし、そういった人々との交際や度重なる調査旅行、あるいは多量の書籍の蒐集が可能だったのは、棭斎の財力によるものであり、その恵まれた境遇は棭斎の学問にとっても幸いしたと言えよう。

シンポジウム

近世学問を検証する

発題者
眞保昌弘
篠原祐一
栁田康雄
阪本是丸

コメンティター
時枝　務
古相正美

司会
椙山林継

椙山　國學院大学日本文化研究所主催の公開シンポジウムを開会いたします。研究所はこの平成十七年度で五十周年を迎えました。おかげさまでいまに至るまで多くのご協力をいただき、現在でもなおかつ私立の文科系の研究所としては専任者を持っている数少ない研究所であります。なお、二〇〇八年に学術メディアセンター棟（アカデミックメディアセンター棟）が建設されます。それには図書館、考古学資料館、神道資料館をはじめとして、いろいろな記念文庫などが入りまして、ある意味では大学の頭脳的な部分として研究所が一体化された中で動いていくことになるだろうと思います。平成二十年に活動を始めることになるかと思いますが、今後もどうかご協力をいただきたいと思います。

次に、今回の二年間にわたりますテーマですが、お手元に『國學院大學日本文化研究所所報』四十二―四があります。ここに今日のパネラーの一人であります阪本先生に、「近世の考古学的学問と国学」ということで趣旨を書いていただいております。また近代のヨーロッパの学問が入ってきても、土壌が日本という国の中で、出来上がっていたのではないかというようなことを考えていきたいということ。そして近世の学問がどういう状態であるか。これについてこの二年間で、特に考古学的な面を中心に話を進めて参りました。

徳川光圀・蒲生君平・藤貞幹・青柳種信のそれぞれについて、すでに先生方からお話をいただいております。本日はその四人の先生方と、コメンティターとして時枝務先生、古相正美先生を迎え、学者間の交流関係、ネットワーク的な面を中心に話を進めていって、この二年間のテーマのまとめにしたいと考えております。

一　発題①　眞保昌弘

栃木県立なす風土記の丘資料館の眞保と申します。なぜ水戸黄門なのに栃木の私がここにいるかといいますと、実は江戸時代水戸領が栃木県の那須まで伸びてきたということになっております（前掲図2）。

この河川のつながりにより水戸領になり、光圀が那須のほうにいらっしゃった。那須にはわかっているだけで九回巡村されています。全国を漫遊しているイメージは創作されたもので基本的には鎌倉、日光、那須のあたりを中心に歩いたことになっております。

この那須の国造碑と侍塚古墳を舞台に、日本ではもちろんのこと世界でも初めてとなる考古学の学術的な調査や文化財の保護が行なわれています。

光圀の人となりと共に那須で行ないました発掘調査の学問的動機や目的を簡単におさらいしたいと思います。まず光圀ですけれど、家康の孫にあたり、家康の十一男、頼房の三男として寛永五年に水戸で生まれております。長兄には頼重、次男は早く亡くなって、三男の光圀が六歳で世子と決定され、後に水戸家の二代藩主になります。十八歳の時に司馬遷の『史記』を読んで感動し、歴史をまとめるという（修史）と、国を譲るという（譲国）二つの志を立てることになりました。

修史ですが、わが国で初めての紀伝体となる歴史書『大日本史』、本文三九七巻ございます。これは光圀の代ではまとめきれませんで、二百四十年間かかって水戸家代々の大事業ということになり、明治三十九年にようやく出来上がります。「譲国」については、長兄の頼重が四国高松の藩主になり、水戸藩は光圀が継ぐ、この時光圀はこの頼重の子どもを水戸家に養子にむかえ、水戸藩の第三代は頼重の子ども「綱條」となり、逆に高松藩では、光圀の子を養子にむかえ、実は「子」を入れ替えるような形になります。

また、水戸藩は定府ということで江戸詰めになるわけですけれども、光圀は十一回も国にお帰りになり、歴代の藩主の中でもトップクラスといえるほど地元に帰っております。その中で寺社の改革を行ない、常陸国内の七割以上の寺社の処分を行ない、由緒正しき寺社の復興、宝物の修理、鏡の奉納など大きな改革を行ないます。そういった中でいろいろな形で文化財などの保護にかかわってきます。

主に水戸藩の藩史をまとめました『水戸紀年』から、文化財と関わりのあるようなものを取り上げます（前掲表5）。一番目は、万治三（一六六〇）年、これは「臺渡村長者舊宅古瓦を出す」とあり、最後に「姓氏を詳にせず」と、名前はわからなかったんだということがここに書いてあるわけです。二番目、寛文七（一六六七）年、式内社の静神社境内、この老桧の下から古銅印が出土しました。これは「静神宮印」であり、現在国の重要文化財となっています。これについて記をつくり、箱書に書き付けて、神社に納めるということを「公、自ら」、つまり光圀自ら行なっています。三番目、貞享四（一六八七）年、水戸の笠原山の神崎寺、ここから長正二年（長承二〔一一三三〕年）銘の経筒が出土しており、経筒の記をまとめて、お寺を修復してそこに納めています。これら一連の中で注目できるのは、「誰」のものなのか、または「誰」が行なったのかということに非常に興味をもっております。また、「記」つまりレポートを作っています。もう一つは、出土品を私することなくその地を保護させています。これらが元禄四（一六九一）から五（一六九二）年に「侍塚」や「国造碑」調査の中で頂点に達して、文化財の保護事業として結実していくのだと思います。

次に、「侍塚」と「国造碑」に関するところだけを手短かにご説明したいと思います（前掲表6）。まず光圀の第三回目那須巡村に来た時が天和三（一六八三）年です。那須には戦国時代末に、那須七騎と呼ばれる武将がおりまして、これが実は東の関ケ原とされる、上杉景勝の江戸城南下を食い止めることになりました。七騎は徳川家にとっては非常に大切な人たちだということで、那須武茂郷の小口長峯という丘からこの人たちの居館をながめています。この時案内したのが地元小口村の名主で、『那須記』をまとめた大金重貞であり、ここに運命的な出会いをするということになります。『那須記』は那須地域の故事来歴をまとめた書物でして、これを光圀に献上いたします。そしてその中には延宝四（一六七六）年に岩城から来ました僧円順が湯津上村に古碑が倒れているのを見つけて、重貞にそれを教え、その碑文を書き写したものが『那須記』にありました。そういったことでこの古碑についての情報を光圀が知ることができたということになります。そして第四回目、貞享四（一六八七）年にまた光圀がいらした時に、この大金重貞に那須国造碑を修造させ、そして「本邦の碑の中でこれより古なるはなし」ということで、佐々介三郎宗淳に捜索しなさいという命令を下すわけです。この時宗淳に何を捜索させたかというと、国造碑の碑主についての捜索を命じたということになります。この那須国造碑には、一行目の最後に「那須国造」とあります。そして二行目に「追大壹那須直韋提」とあります。実は江戸時代、光圀、また宗淳らがこれを検討した際、「那須直韋」（前掲図5）の部分を「那須宣事」と、どうも読みを誤ったようです。現地で実物を見ましても、「宣事」というふうにも読めます。現在の解釈である「那須国造碑」の「那須直韋提」という碑の主に関する記述は認められないという判断を、光圀と宗淳らがしています。それによってこの碑の主に関する誌石、そういう文字資料がどこかに埋められているのではないかという疑問をもちました。そして、宗淳に捜索を命じるというような形になってきます。

元禄四年に、国造碑の下にある塚を発掘しました。ところが碑の主を書いた誌石がないということになり、翌年今度は地元で国造の墓だと伝えられている「侍塚古墳」の発掘に入っていくことになります。そして非常に有名な指示事項ですが、実際現地で発掘を行なっている重貞への書簡の二月二十一日「発掘が終わったら出土遺物は木箱に納めなさい、塚を元通りにしなさい、芝を張りなさい、修理記念に松を植えなさい。そしてまた碑堂（国造碑）の周辺に松、桜を植えなさい。そしてまた今度古墳の出土遺物の処置は、光圀がどうするかを待ちなさい」と。そして「箱に入れなさい、これは松の板の箱で作り出土品は釘付けにして、松脂を溶ろめかして密封し、蓋には発掘の目的経緯を記す」というように、大変細かい指示があります。また、光圀により出土品の図取りの指示があり、絵師を現地に派遣しています。

最後に、調査の学問的なレベルに関してお話しします。まず碑を墓碑としてその下を発掘しています。実際は何も出てこなかったわけですが。そこで、今度は古墳を発掘します。やはり誌石、いわゆる碑の主に関する書き付けはありませんでした。発掘の目的は、何人の墓であるかを明らかにして、不朽に伝えようとするという非常に学術的な目的をもっていました。そして記録の作成、遺物の保存、古墳の整備や、国造碑の土地を買収しています。水戸家の費用で、管理人まで設置して、現在の文化財保護行政の中でも、最高水準といえるような仕事を三百年前に行なっていました。

『車塚御修理』などには、出土品の絵が描かれており、他に出土状況のようなものの記載もあります。そこに「へな土があるんだ」と。「へな土」というのはどうも考えますと、粘土のことで、古墳が粘土槨・床で造られたものだというようなことまでが記述されているということになります。また、前方後方墳としての墳形を理解したとしか思えない図も描かれています（前掲図6）。鏡の図に関しましては森下章司氏の指摘があります（前掲図10）。この『葬礼私考』と『車塚御修理』は同じものを見て描いたものです。おそらくこれは、水戸の絵師が描いたものを忠実に模写したものではないかと。この絵図から見ると中国製斜縁神獣鏡である可能性が強く、栃木県内で現在知られる前期古墳出土鏡はいずれも那須の那須八幡古墳の夔鳳鏡と駒形大塚古墳の画文帯四獣鏡とされていましたが、それにさらに追加される可能性があります。もう一つ、下侍塚から出てきます花瓶、これがいわゆる「有段口辺壺」といいまして、底部に穴が開いていて赤く塗料が塗られている古墳専用の壺のスケッチになります（前掲図9）。これには形や大きさまでが記載されており、那須地域の前方後方墳六基から出ています有段口辺壺の変遷で、最も新しい段階の特徴を、まさにこの三百年前の図がとらえています。発掘の目的とともにこの発掘調査、遺跡の保護、整備が非常にレベルの高いものであるうえに、ここで記載された絵図類のレベルも非常に高いものであると言えるのではないかと思います。以上です。

二　発題②　篠原祐一

栃木県立しもつけ風土記の丘資料館の篠原と申します。前年の平成十六年に「蒲生君平」のお話をさせていただきました。

その折の作業で注目しておきたいものは、宇都宮藩が幕末に実施した「山陵修補」の測量原図が宇都宮に残されていることです。宮内庁公表の陵墓図と比較しますと、高精度であることがわかり、当時の技術水準を示す資料です。ちなみに当時、朝廷と幕府に収められた図面は、これらの平面図をもとに絵師が描いた鳥瞰図です。「山陵修補」の

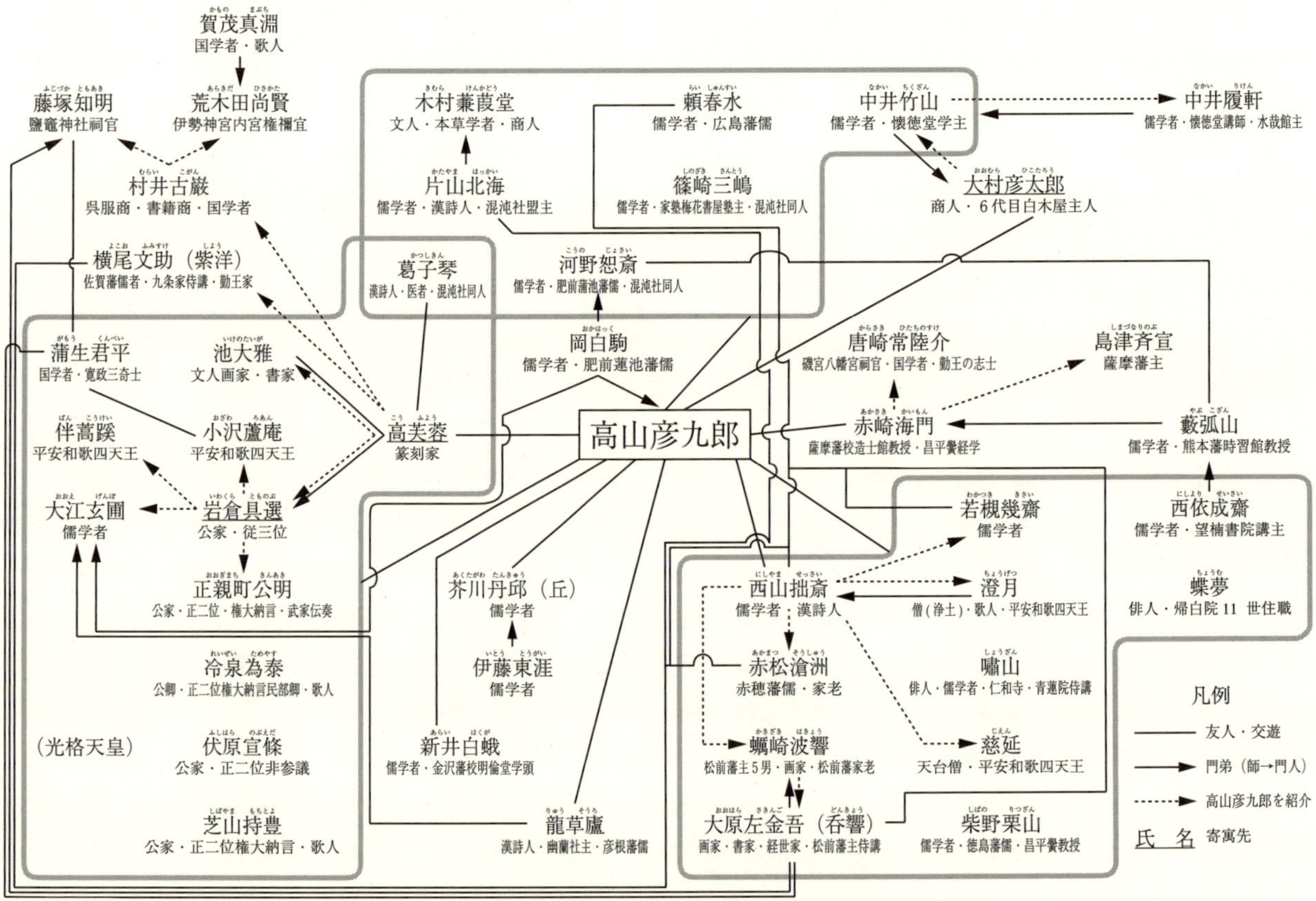

図１　『高山彦九郎日記』による京都での主な交遊関係

状況を知ることの出来る、貴重な資料といえると思います。

前回、お話した蒲生君平について、要約を申し上げます。蒲生君平は宇都宮で生を受け、ほど近い鹿沼の鈴木石橋に師事し、勉学の基礎を築きます。その後、黒羽・水戸を経て江戸に上り、様々な学者たちとの交流を深めます。水戸では彰考館に出入りし、『大日本史』編纂事業に欠けている資料編（君平はこの資料編を九編に分類し「九志」と名付けました。「志」は「誌」と同じです）を個人で編もうと考えました。その一つが『山陵志』です。『山陵志』は聞き取り調査を行ない、山陵、いわゆる古墳について独自の編年観を確立した上で、歴代の天皇陵を実査しながら比定し、自費で刊行しました。君平が幕閣に建白した内容に、国内の充実が大切だと説いています。そのため、律令を理想とした秩序の復活を夢見、荒廃した陵墓を糺そうとしたのです。そして、君平の死後半世紀、宇都宮藩の「山陵修補」に結実して行ったという話でありました。

今日は視点を変えまして、蒲生君平と同じく「寛政の三奇人」（林子平、高山彦九郎、蒲生君平）の高山彦九郎について触れてみたいと思います。

蒲生君平とも交遊のありました高山彦九郎は、自から歩いて全国的なネットワークをつくり、それを克明な日記に残している人物です。彦九郎は、文政十年、上野国新田郡細谷村、現在の群馬県太田市に生まれます。高山家は、新田義貞重臣の末裔とされる名主です。幼年期に『太平記』を読み、後醍醐天皇方南朝の没落に強く憤慨したと伝えられています。

十八歳になると置き手紙をして京都に上り学者を志します。まず最初は伊勢崎の村士玉水、岡田駒らに師事します。後に京都へ上り、いろいろな人脈を形成します。

そして高山彦九郎は全国を旅します。北は青森へロシア南下の実情を把握しようと試み、南は朝廷からの密命を帯びたとの説もある、最後の旅の鹿児島まで行っています。そしてその旅は克明に日記に綴られ、その交遊関係を知ることが出来るのです。「交遊関係図」をご覧下さい。まず、「京都の交遊関係」ですが、大きく三群に分かれることが

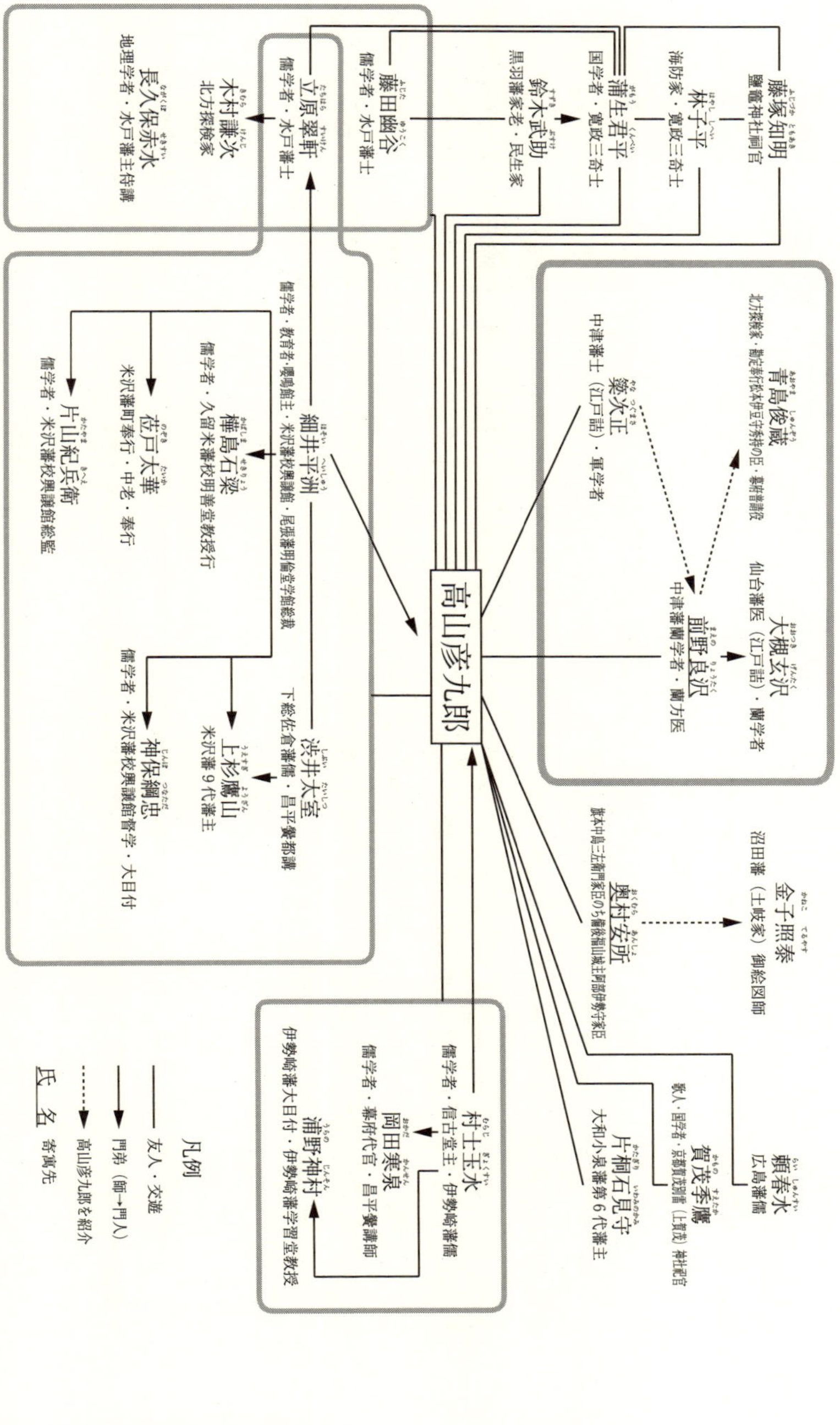

図2 『高山彦九郎日記』による江戸・関東・東北での主な交遊関係

わかります。一つは、右側の下の集団です。これは『彦九郎日記』によると、西山拙斎を核に成り立つもので、拙斎とは、京都御所の中で行なわれました「白馬節会《あおうまのせちえ》」で出会い、そこから意気投合したということです。そして、大原呑響や蠣崎波響などとの関係も深めながら、さらなるネットワークの中に参加して行ったようです。そしてもう一つの核が公家です。高山彦九郎は篆刻家の高芙蓉宅に寄寓しておりましたが、その繋がりで岩倉具選と親しくなります。そこから多くの公家とも知り合い、公家ネットワークを持つことになります。そして最後の一つは、片山北海や木村蒹葭堂・頼春水などのネットワークです。このように一人の知己を得ると、そこから、爆発的に知人が増え、ネットワークが構築されていくのです。

次に、「江戸の関係」に目を移して下さい。最初、村士玉水に師事した後、嚶鳴館の細井平洲に師事します。その中に水戸の立原翠軒がおり、彰考館での知人が増えていきます。また、上杉鷹山が細井平洲に師事していたこともあり、米沢藩との関係も出来ます。このような関係を成熟させる舞台となったのは、治外法権のように存在した江戸の藩邸でありました。そしてもう一つ江戸の核となったのは、蘭方医の前野良沢です。こちらは高山彦九郎が旅をしている時に腹痛を起し、江戸詰の中津藩士、簗次正に看病してもらった縁から前野良沢が紹介されました。良沢は彦九郎を息子のように可愛がったと伝えられています。

このように江戸・京都、それぞれに文人らのグループがありました。また、各藩が藩校を興す気風に満ちた時期でしたので、京都・江戸の学者たちは求められて各藩に散り、また地方に拡大ネットワークが出来上がりました。この仕組みによって次々に人を紹介され、彦九郎は旅先で便宜を図ってもらうことが出来たのです。

同じように、蒲生君平もこの仕組みに乗って資料の収集に当たっていたのでした。今日のように、インターネットやメールはなくても、江戸時代はそれに近いネットワーク関係が実在していたことをご理解いただければ幸いです。

三　発題③　柳田康雄

福岡から参りました栁田です。十一月の公開講演会では「青柳種信の考古学」ということでお話しました。青柳種信が考古学関係で書いた本として『柳園古器略考』というのがあるわけです。これを読みますと、『魏志倭人伝』に出てくる「伊都国」なんですが、この中心地で甕棺墓が偶然の機会に見つかるわけです。青柳種信は駆け付けて、詳細な記録を残している。私は福岡県に就職していた時に、たまたまその遺跡を再発掘するという仕事をしました。また青柳種信が記録を残した「三雲南小路遺跡」が、たまたま私の誕生日前日と誕生日に二日間にわたって発掘されているものですから、非常に因縁が深いのだろうと思っております。

今回は、前回お話しなくて予告した交友関係をお話するわけですが、一応前回のおさらいを少しやってみたいと思います。

青柳種信は足軽の子として生まれ、通称は勝次、号は柳園。ここから『柳園古器略考』というのを残しているわけです。そして後に『筑前国続風土記附録』の記録助手となって、段々頭角を現わしてくるわけです。二十四歳の時に本居宣長に弟子入り、全国の地図を作っていた伊能忠敬が筑前に入った時に、この案内役として奔走した。その功績もあって一時的に士分に取り立てられます。しかし儒学者に妬まれまして、すぐ降格させられております。

著書ですが、伊能忠敬に頼まれて出した『宗像宮略記』と『後漢金印考』というのがあります。『後漢金印考』というのは「倭奴国」の王様の印といわれている金印のことで、書の中で、私の説と同じように「伊都国」の金印説をとっております。

それから知名人との交流。先ほど言いましたように二十四歳の時江戸出府の折に寄り道して、本居宣長に弟子入りし、それ以後十三年間、毎月というか両三度文通をしていろんな質問をしている文書が残っております。そこでまた宣長のほうも種信の人物や学識を見込んで、松平定信に薦めた。しかし結局は実現しなかった。

そして伊能忠敬が四十七歳の一回目の廻国のおり、種信が案内をした。筑前にも伊能忠敬は三回ほど来ていて、三回目は種信のほうが体の調子が悪くて対応できていない。しかし先ほど言いましたように、後に『宗像宮略記』、『後漢金印考』を送っている。そして忠敬が持っていた秘密文書の地図を見るだけではなくて借りて模写もしている。もちろん福岡藩の参考にするということのようです。

それから松平定信、これも直接には交流がなく、結局は実現しないのですが、やはり本居宣長、伊能忠敬の薦めもあって、福岡藩の足軽の身分で幕府に推薦されている。そしてまた定信の要望もあり、写本をして送っている。さらに、ただの写本ではなくて校合して、校正までして送っているということです。こういう「写本」が大量にあり、十七歳に始まって七十一歳に亡くなる直前まで莫大な量を写本しています。

そして青柳種信が『柳園古器略考』に残している弥生時代の王墓について。「三雲南小路王墓」と「井原鑓溝王墓」、これの両方の出土品の拓本、実測図、模写図も含めて、それらの王墓がいま現在考古学でも非常に重要な位置を占めています。

前掲の図5は、青柳種信の実測図です。実物を置いてそれをなぞって書いているようです。現存しているのは、この有柄式銅剣と鏡が一枚だけです。しかし再発掘してその鏡のかけらが大量に出てきましたので、青柳種信が残した拓本が、足りないところにぴたりとあったのです。

井原鑓溝の出土品ですが、まさにこれは「方格規矩鏡」の実測図です（前掲図6）。しかも現在でも読めるような正確な銘文が書いてありますので、この形式からはっきり時代までわかる。もちろん青柳種信の文章の中にも、「漢の時代の鏡である」ということも書かれております。

四　コメント①　時枝　務

今日、お三方の発表を拝聴させていただいて、気づいたことが二、三ございます。

一つは、一番大きなテーマだと思うのですが、「考証学」という近世の学風と、「国学」という文字がどういう意味をもっているのか。この「考証学」と「国学」ということを、一つこれは考えてみなければいけないだろう、ということに気付きました。

光圀さん、「那須国造碑」の内容を顕彰するために発掘されたというお話で、そのすごい知的な探求心、それは当然客観的あるいは科学的な、そういう姿勢というものを萌芽的に感じさせます。考証学と国学というのは、光圀の場合はこの国家史的な関心をいかに考証していくかというところにどうもあったようです。君平の場合は、「山陵」を考証していく、近世的な一種の愛国心みたいなものがあって、まさに「国学」そのものを精神的に発露した部分がございます。それに対しまして、藤貞幹の場合ですと、古代の制度を考証することに非常に大きな興味を抱いている。彼は韓半島の影響を非常に強調していたので、本居宣長が「こんなとんでもない、何言うんだ」といって、お叱りを受けることになったわけです。例えば「文字瓦」。これに対して、上原真人さんなんかは、はっきり「捏造の先駆者」といい、題名も「嘘をついた瓦、藤貞幹」だと。果たしてそうなのかというのはかなり問題があります。一つには、近世という時代を全く考えない発言でありまして、江戸時代、近世というのは現在ほど厳密にものごとを考えてない点を見落としています。「由緒書」というものが非常に大きな効力を発揮しますが、そういう「由緒書」の一種みたいな感覚。この辺はたぶん現代の感覚と相当ずれがあるのではないかと思います。藤貞幹が現代の人間のような感じで捏造したという形で断罪するのは、たぶん間違っている。そういう面では、種信は、非常に精緻な観察をしてまして、「考証学」がいよいよ本格化して、藤貞幹が持っていたようないかがわしさが払拭されたという感じがします。種信の場合、『筑前国続風土記拾遺』、『筑前国続風土記附録』などの有名な地誌を編纂しており、その意識というのは、まさに国土、あるいは住民などに対する強い関心に裏付けられていたことは間違いありません。この部分が考証学と国学の間でどう絡むのかというのを、もっと掘り下げていけたらと思います。

「国学」というのは間違いなくこういう国家史的な、強い関心がどこかにエネルギーとして内在していて、科学的な精神として出てきたという部分があると思います。「考証学」という言葉は、「考古学」だけではなくて、国家的な意識・関心というものが、実証的なものを身につけて出てきたわけで、この辺をどう評価していくのかというのが、近世の「考古学的な学問」、「国学的な学問」を評価していく一つのキーポイントではないかと思います。近代の「考古学」においても、この国家的なあり方というのは、かなり継続しております。例えば帝国大学という大学制度、もう一つは博物館、後には帝室博物館となりますが、国の制度として「考古学」というのが確立されます。こういったところで研究者として、黒川真頼、あるいは蜷川式胤というような国学者が、近代になっても考古学の担い手として活躍している。ですから近世と近代という流れをどういう形で評価していくのかというのが、まず課題として挙げられます。

もう一つは、「考古情報ネットワーク」が形成されたという点です。地方文人と中央の人が交流して、情報をそれぞれ収集して、人的交流を行なって、日本全体として一つの情報を共有するような、非常に大きな考古情報ネットワークが形成されているのは驚きです。儒学・国学・考証学などの学問を学んだ地方文人が、考古趣味を抱いて、民間で学問をする。その成果が、いろいろな形で世に問われていくのは、やはりすごいと思います。彼ら地方文人たちは、豪農とか豪商とか呼ばれるような非常に経済的に恵まれた環境にあった方が多かったと思いますが、こういう人々が非常に活躍していました。また、大名でも松平定信の『集古十種』、水野忠邦の『古瓦譜』などの存在が知られています。こういう改革路線の政治家は、文化に興味がないといけないわけでして、この辺が現在と違っていたようです。その結果として非常に大きな文化が江戸時代には形成されます。そして、例えば『古瓦譜』の場合、拓本を採る、模写図を描くなどの資料化を通して共有していく。しかも、場合によっては写本が作られ、あるいはその著書が刊行されて、世の中に流通していく。そういう流通システムまで、すでに出来上がっています。そういう意味では、考古学会のような学会が形成されていく前提というのは、もうすでに江戸時代に生まれていたということを実感いたしました。近代の考古学というのを受容する条件として、こういう地方文人というのがいるのではないかと思います。

話は近代になりますが、モースで近世の学問が終わり、ヨーロッパから「アーケオロジー」がきたから、それまでの考証学が消えてしまったように思うのですが、実はモースというのは生物学者で、たまたま貝類を一生懸命収集していたら土器があったにすぎないんじゃないか。自然科学者ですけれども、本当に彼はそういう歴史を考古資料を用いて探求しようとする、そういう姿勢があったのかどうか、もう一回再検証しなければいけないように思います。その際に近世の考古学的な考証学や国学などの流れがどこへいったのかを改めて考え直さなければいけない。

モースより少し後になる坪井正五郎の評価、まだほとんどだれもちゃんとした評価をしていないように思います。あるいは後藤守一。有職故実を前提に勉強して、古墳の研究をされた方です。それから國學院大學の大場磐雄なんかも、単に外来の近代的な考古学の流れの中に位置づけるだけでいいのか。それ以前の近世のもっと大きな考証学の流れの中から出てきた国学者としての性格をもっていないのか。もう一回、明治の後半ぐらいから大正・昭和初期の考古学者をどういう学問的な流れの中に位置づけたら正しいのか、再検証する必要があるように思います。そういう点でも今回のシンポジウムというのは、近世の問題にとどまらず、近代まで見通した非常に多くの問題点を提起してくれると思います。この提起に応えるために、もっと細かい考証学的な研究が必要とされているという印象を受けました。

五　コメント②　古相正美

私は九州の福岡から参りました、古相と申します。

いま時枝先生からお話がありましたように、江戸の地方文人などもやればやるほどおそろしいぐらいにネットワークがございます。

藤貞幹、京都の人でございます。京都というのは特殊なところで、ご存じのように江戸には幕府がありますが、京都には宮中がございます。歴史上ではあくまで幕府があって、幕府が強くて朝廷を抑えつけているというふうな認識を我々はしているのですけど、幕府は宮中へのやはり憚りというふうなものをずっと持っているように感じられます。荷田春満、あるいは壺井義知というふうな人を、和学の御用として呼び寄せる。何が知りたかったのか、京都を中心とした学問、すなわち法律や法制を中心としたもの、有職故実的なものなどの情報を得たいのです。得たいけれども直接それを聞くことはできないので、その周囲にいてそういう情報を持っている人間から得ようとする。そんな形がどうも江戸の頃にあったように思われます。

藤貞幹もその中の一人で、柴野栗山を中心とするような江戸の文人たちと、京都の宮中のお公家さんたちを中心とするところ、その間の橋渡しの役目のようなことを藤原貞幹はやっておりました。とても特異な位置でして、別に神主でも何でもないのですけども、宮中に入っております。しかし、日々お公家さんのところに行くので、後に「偽物」だとか、「偽書使いだ」とか、「偽書を捏造した」とかいうことを散々言われるもとになっている。しかし、宮中にはどんな本があるかいまだにわからない。冷泉家が開かれましたが、表に出てくるのはいい本ばかりで、世間には出てこない本がある。彼らは、そういう史料をおそらく見ることができた。だから「捏造者」というふうなことはまずあり得ないのではなかろうかというのが僕の感触です。藤原貞幹の評判がこんな形になったのは、宣長の影響があります。本居宣長の門人への手紙はものすごい量で、一日に何通かは確実に書いています。宣長は「あの人がこんなこと書いてるけど、これは嘘だよ」と手紙の中で書く。その門人たちが偉くなってどんどん末葉につながっていく。近代になれば「あいつの言うことは信用できないんだ」という形になってしまう。つまり貞幹に対する『鉗狂人』の噂は実際に活字になっているわけでも何でもない。日野龍夫先生がかなり強く「嘘だ」とおっしゃったのも大きいのですけど。阪本先生ともお話したんですけれども、たぶん違うだろうと。

貞幹を見ておりますと、古いことが好きで、瓦があったり、碑文があったり、金石文関係があったので、「考古学の祖」というふうに言われるのですけれど、実は文字で書かれたものも含めて全部好きなんです。貞幹に限らず、この頃の京都や江戸の文人たちというのは、古いことが好きな連中が多いです。曲亭馬琴にしても、山東京伝にしても。そこに「博物学」といういろんな人が、「こんなおもしろいものがあるよ」と。つまり、古いものが好きだという連中の集まりがあるわけです。それを僕らがあとから指して「和学」とか「国学」というふうな名前をつけているけれど、穴を掘っていただけではない、穴の上にあるものまで引っ括めて、昔を考えようという姿勢があるように感じます。

貞幹のネットワークはすごいです。お公家さんを中心とするような人たちとの付き合い、そして江戸の人たち、幕府の中心人物であります栗山や、そこに交流のあったであろう徳川光圀の『大日本史』を延々と編集し続けている人たちとの付き合い。さらに、塙保己一や、一代の大蔵書家であります屋代弘賢などの本好きな連中とは、みんな付き合いがあったのではなかろうかというぐらいに、広い交流を持っております。また、おそらく貞幹という人のところに皆行きたがる、行けばびっくりするようにいろんなことを知っている、というような人間だったと思うのです。だから彦九郎も訪ねているし、いろんな人がそこに集まる、そういう位置に貞幹はいたのではなかろうかと今考えています。以上です。

六　発題④　阪本是丸

阪本でございます。いまコメンテイターの時枝先生と古相先生から、奇しくもといいますか、お二方とも藤貞幹に関するご論考がございまして、とくに「考古学」に関しましては、時枝先生が貞幹の『古瓦譜』という古い瓦の拓本を集めた、これは版本ではなくて一つ一つ手作りのものですが、これを清野謙次という考古学、人類学の先生が戦前詳しい研究をされていて、かなりの種類があって、その中で偽物くさいのもあるというわけです。その前に「偽物」と言ったのが高橋健自という一種独学のような考古学者でもあったのですが、彼が「ほとんど捏造である」、とくに「文字瓦」ですね。しかし後にはちょっとトーンダウンして「日本の考古学の鼻祖」あるいは「中興開山の祖」というふうに、日本考古学で最初の考古学の走りのような位置づけをした人とした。

そしてまた文書もさっき古相先生がおっしゃいましたけれども、もともと宣長が『衝口発』を引用している『日本決釈』あるいは『或記』というものはでっち上げで、貞幹が作ったものなんだということですが、実はこの『日本決釈』という本があること自体を宣長は知らなかった。実際にはある。『或記』というのも、先ほど古相先生がおっしゃった日野龍夫先生が「そんなものあるわけない」と言ったんですが、しかしこれは東寺の法輪院という子院にあるとされていたもので、東寺の子院そのものが廃絶しているので今はわからないということです。「百合文書」だけはご存じの通り加賀の前田が百の桐の箱を作って大事にして、それを藤貞幹なんか見ていると言う記録が残っている。「いまなくなったものだから、ないから偽物である」と言った言い方はちょっとどうかということです。

それから「瓦」に関しましても、さっき時枝先生がおっしゃったように、上原真人先生が「自作自演で全部藤貞幹が作ったものだ」ということですけども、時枝先生も『東国史論』に『古瓦譜』について、「中には「文字瓦」とくに怪しいものがある」と、怪しいというより「検証が必要だ」と慎重に書いておられる。まさに私に言わせますと、その清野謙次先生が「偽物があるかもしれない」と言っていたのを後になって、戦後にご自身で『日本人類学・考古学史』の中で、「実はこの藤貞幹が『古瓦譜』の中で、先輩のそういった古瓦の研究をやっていると述べているのを、それを自分は書き漏らしていた」と書いています。しかも吉沢義則という偉い京都大学の国語学、書誌学の先生で藤貞幹の研究をやっておられた方が、京都の本能寺の前に竹苞楼という佐々木晴行、銭屋惣四郎など、藤貞幹だけではなくていろんな本を出した有名な本屋があります。そこに残っている藤貞幹のいわゆる所蔵目録、蔵書目録に狛近光と書いてますが、実はこの狛近光というのは南都の、つまり奈良の楽人の家の人なんです。その南都の狛近光がやはり瓦の研究をしていて、彼が持っていた瓦の写した模本を貞幹がもとにして自分で集めた瓦とかで『古瓦譜』を作った可能性があるということを清野先生が示唆しておられるが、そういうことも考証しないで、いきなり藤貞幹がやった、捏造したという言い方をされています。私はそれに対して「偽証」、あるいは問題点を書きましたが、江戸時代の学問というものは、ある程度開かれているようですけど、いわゆる家伝であるとか、有職故実の関係でも、わからないものがあるということ。そう単純に教えないということです。

例えば、秋里籬島は『都名所図会』や『大和名所図会』で有名な人ですが、彼も実は藤貞幹とか裏松固禅を通じて朝廷に入り込もうとした。ところが彼はあまり朝廷のことを知らないというので、藤貞幹が「あまり使わないほうがいいんじゃないか」ということを言っている。なぜ藤貞幹がそんなことを言ったかといいますと、実は京都の今の御所になるまではずいぶん焼けておるんです。ちょうど藤貞幹が生きていた頃、天明八年に京都で大火事がありまして、「どんぐりの辻焼け」というのですが、京都のほとんどが焼けてたいへんな状況になって、それで松平定信が寛政の大造営を行ないます。造営するといっても、もとがわからなければ造り直せない、それをやっていたのが有名な裏松光世（固禅）という、烏丸家から出ている日野資枝のお兄さんに当たる人です。その裏松の手伝いを、御所が焼ける前から御所の調度を研究していたのが藤貞幹です。実際裏松固禅がこれらのことを全部やったと言われていましたが、書陵部の詫間直樹さんが詳しい論文を書いておられますけれども、かなりの部分が藤貞幹の自筆であることが明らかになっている。しかし彼は自分がやったというふうには吹聴しない。そこのところを当時の同じ公家で『続史愚抄』を書いた柳原紀光が「これも藤貞幹がほとんど助けてやったんだ」ということを述べています。

ですから宣長が『衝口発』だけを見て、『鉗狂人』に藤貞幹というのは信用できないということを書いて、藤貞幹が偽造したと非難しています。また、宣長が『玉勝間』で褒めた『南朝公卿補任』というものを塙保己一、あるいは足代弘訓が「偽書」だと言い、宣長をだまして「偽書」を書いたのが藤貞幹ともいわれています。それから曲亭馬琴なんかも「これ偽物という人もいるけれども藤貞幹が作った、でもそうでもないみたいだ」ということも述べていま す。実際にご覧になれば、二つの系統に分かれていて、宣長が見たのは、宣長と文通していて知己であった河本太郎、岡山の河本家、有名な豪商の息子で勉強したくて都に上ってきた人の本です。彼が「子洲三宅会」と名乗って奥書を書いている。つまり自分のとこは旧家で、南朝の関係でこういう本が残っているということを一種吹聴したいがために、河本が作成した可能性もあります。さらにもう一本別本がありまして、応永三十二年の奥書のあるもので、内容的にも全く違う。ですから、『南朝公卿補任』について、狩谷棭斎の弟子の岡本保孝（況斎）という人が貞幹偽作説を言って、それをまた日野龍夫先生が言っておりますけども、実際には検証されていない。

もっといえば、そのもとになったのが狩谷棭斎という、考証学では近世で一番の人です。彼自身も宣長とは会っていますが、藤貞幹と会ったかどうかというのはわからない。この彼が結局、「元明天皇御陵碑」は藤貞幹が『東大寺要録』から真似して偽造したと。『好古小録』とか『好古日録』に棭斎が書き入れをしている。しかし、藤貞幹自身が『東大寺要録』を見て、自分が見た碑と校合している。ですから捏造でも何でもない。『東大寺要録』をちゃんと読んでみればこういう字は出てこない、文も全然違うし、年号も違う。実際には、最近何年か前に宮内庁の書陵部が最新の分析を行なった結果、あるということはほぼわかっている。「偽証家」であるとか言っていたものではなくて、実際に真面目に考証したということ。水戸光圀、あるいは

図3　藤貞幹を中心とする文人のネットワーク

蒲生君平に絡めて言いますと、例えば「那須国造碑」にしても、藤貞幹の『好古』を見てみますと、読めないところは読めないでちゃんともう消している。まさに先ほど時枝先生がおっしゃったように、「考古」ということばで、例えば黒川真頼という人が『考古画譜』などを書いていて、さらに皇室の制度のあり方や帝室制度のあり方などにもきちっと関与している。ですから単に「ものずき」と言うだけではなくて、やはり国家的な制度というものを考えたのが、「古を好む」という意味でも「好古」でもあるということ。藤貞幹も宣長からは愛国者ではないみたいに言われましたけど、実際はこの天智天皇が中国とは違った日本独自の律令制度をおつくりになって日本的な文明ということ、中国文明を日本化したんだということを必死になってやった。そのために彼は「考古学」といいますか、「金石学」、有名な「薬師寺東塔の擦銘」も、彼がいっとう最初危険を冒して登ったんだと。これは小宮山楓軒がきっちり言っているのですが、屋代弘賢が『道の幸』であるとか『金石記』で、自分が最初にやったんだと、当時吹聴するというのは、いまも昔も同じで、「私がやったんだ、やったんだ」と言う。そういったことを藤貞幹だけではなくて、この時代に真面目に生きた学者たちを見るとわかると思います。

最後に一言だけ言わせていただきますと、さっき柴野栗山のお話が出ましたが、日野龍夫先生のように、ないから、いま見られないからこれは偽物なんだというふうな言い方で切り捨ててしまうのは、やはり恐ろしいのではないか。もしもとんでもない史料が出てきたら後で大変なことになると、やはり慎重に考えた方がいいと私は思っております。それが学者の勤めだと思っておりますが、あまり人の悪口を言うのもあまりよくないなと。いずれにしろいままでのお話と、図3の曼荼羅図みたいな当時の学者、文人のネットワークというものが、これはごく一部でありますが、本当にすごいものだったんだなぁと、われながら一人感心している次第であります。

七 討論

相山 「近世の学問のネットワーク」、もう一つは「近世の学問というものについての話、とくに考古学的な面を中心にした」ということで、これまで話していただきました。しかし、今日もお聞きいただいたとおり、実は歴史学的な研究として「有職故実」の研究、そういう学問が入ってきていることは避けられない。その中に中国の「金石学」、「考証学」、一方では「蘭学」系統も入ってきております。これからまとめに入っていきたいと思います。

はじめに「江戸の学問」ですが、この江戸時代というものはいったいどういうものか、ここで名前が出てきていた人たちの時代性について先に少し先生方からお話いただこうと思います。といいますのは、「元和偃武《げんなえんぶ》」とはいいますが、戦が基本的に終わっても、江戸のごく初期につきましては、中世以来の学問がないわけではないのですけれども、今日の話が出てくるようなところまでは学問が進んでなかったように思います。この学問が出てくる段階というのは、同じ江戸時代でありながらも、ポイントといいましょうか、波があるんだと思います。学問がかなりスピードをもって発展する時というのは、いったいどういう時なんだろうかということから入っていきたいと思います。どうでしょうか、古相先生。

古相　椙山先生がおっしゃいましたように江戸の元禄あたりから享保ぐらいまでというのは、わからないことが多いのです。実際ちょっと調べても、明らかにならない部分がたくさんあります。それが貞幹などの時代になりますと横のつながりがものすごく出てきます。例えば『蒹葭堂日記』には、毎日いろんな人に会って名前が全部書かれている。芋蔓式にどんどん出てくる時代です。

それに反して、その前の時代にはネットワークはあっただろうけれどもわからない。文学のほうでも俳諧の関係はわかるのですけれど、ほかのところはわかりません。時代性でいいますと、貞幹が生まれた享保の頃には私たちが考えるような厳密な学問はございません。有職故実の世界はもちろん秘伝ですけれども、江戸の後期までそうした形で残ります。宣長も「秘伝」とは言わないですけれど、ある程度の学問段階にならなければ教えないことがある。「秘伝」という形で残ってそういう世界から共有し、ネットワークが出来上がっていく。そうしますと「秘伝」といいながらネットワークをもった人たちにはもうわかってくる。実はわかっているけれども、門人を教授する時には「秘伝」なんていうことを使ったりする。学問全体としてそういう部分があるように思います。

それから『和学者総覧』を日本文化研究所で出しましたけど、全国の国学者、和学者的な人を洗い出していく作業の中で、例えば、いわゆる儒学者、有名な漢学者と言われるような人には、国学的な著書が一つや二つ必ずあります。漢学者と言われるような人も和歌を詠んでいます。中国のものではなく、基礎になる歴史的なものは必ずやっています。ですから国学は国学者たちだけではなくいろんな学者が国学をやっていることになる。

椙山　阪本先生、時代的なことをお話いただけますか。

阪本　私が思うのは、郷土史といいますか、そうした雰囲気が出てくるのは、例えば都があったところ。貞幹が「元明天皇陵碑」をやったのも明和の頃で、その頃に大和の地誌の先駆けになるようなものが、草稿みたいなもので出てきたりします。

それと同時に、朝廷における「旧儀の復興」もやはり大きな意味をもっているものの、焼けていると。最後が安政になるわけですが、その時に誰が知っていたかというと実はほとんどが地下官人なんです。さっき言った高橋宗直は、まさに御厨子所の預りで普通に言えば包丁人。「口伝」を書き継いで子どもたちに教える、そういう人たちがいないと朝廷の運営ができなくなってきた。そこにお公家さんたちが学問として有職、調度、仕来たりなどを学ぼうとする雰囲気が出てきます。

そのもとが、柳原紀光なんかが歴史を自分で細かくもう一遍再編成しようとして、お公家さんのところに残っている日記とか記録を借りて写していく。それと同時に遠い歴史だけではなくて、近い歴史として問題になったのは、『太平記』が読まれたように、南北朝です。そういった意味での歴史意識と、それからそれを超えた、例えば法勝寺の瓦がどうかという問題が出てくる。仙台なら仙台で「多賀城碑」というのは、やはり伊達の関係です。江戸は新しいですから掘ったりはしないと。そのような時代で、地域で、それを収斂させる朝廷を幕府が応援するという三つのものがないと、いまで言う考証的な江戸の学問というのは出てこない。

あとはやはり、まず紙と画箋紙と油墨が出回るようになったという、商品経済です。拓本が採られるようになるのは近世に入ってからで、日本でいちばん古いのはご存じだと思うのですけど鎌倉の、虎関師錬の『元亨釈書』に出てくるもの。次に交通網の整備です。木内石亭や藤貞幹、御師や本草学者、商売人も含めて歩く人たちが全部使っている。そういった全体的な経済的な基盤とか、交通の状況などが整備されていく。

また、古いものに対する憧れというのは、延宝から天和ぐらいにかけてあります。まさに国造碑が発見されたように、天和になるといわゆる『職原鈔支流』であるとか、そういった制度的なものが版本として出るようになる。まさに光圀が活躍した時代ぐらいから、そういった雰囲気が出てくる。それはさっき古相先生がおっしゃったようなことだと感じております。

榾山　今お話いただいたように、あちこちで墓石が出てくるのも大体元禄期以降がほとんどです。そういう文化が安定した時代ということが、一つは考えられると思うのです。江戸時代でも時期によって少しずつ学問の性格も違うだろうし、発達していくことは明らかです。どこが中心になっているかについて、江戸と京都に分けて、まず、学者交流の場所としての江戸について、古相先生いかがでしょう。

古相　最初のところとしましては、やはり武家のサロンみたいなものがあったのではなかろうかと思います。一つとして、林家を中心とした学問で日本全国からいろんな秀才が集まって、江戸でいろんな学問を学ぶとともに人脈を培っていくという形、これがおそらく最後まで続いていく。やっぱり武士のところから江戸派が始まっているように感じます。

榾山　いわゆる参勤交替がしっかりしている頃、江戸詰というのは喜ばれていたのか。江戸へ出ていって、また交遊関係が持てるというふうに考えていたんじゃないかとも思いますし、上屋敷を中心に殿様たちの集まりのようなものもあるように私は思うのです。時枝先生、何かありませんか。

時枝　一点だけ、天保の改革で有名な水野忠邦が浜松にいた頃に、やはり『古瓦譜』を作っています。自分で所蔵者を訪ねていって、大名家にある品物を自ら湿拓する。少なくとも相当すったもんだしている政局の場にいて、時間をみつけて瓦の拓本を採っていた。このことの意味というのは、江戸時代の武家の問題に限らず、江戸時代の全体の雰囲気を考えるうえで、重要な手掛かりになるのではないかと思います。つまり、武家の文化という形で括れるかどうかというと、実はもっと大きな広がりが存在していた可能性があると感じます。

実際、水野忠邦の『古瓦譜』も『浜松侯古瓦譜』と名付けられているんですが、江戸時代の階層を超えた、一つの交流の起点として『古瓦譜』があった。学問というのは、そういう通常だったらとうてい交流しないような人たちの間に交流を生む機会をもたらす、そういう可能性があったということを申し上げたいと思います。

椙山　江戸のサロンと同時に朝廷を中心にした京都が一つの学問の中心になっていた。これは先ほどの地下官人たちの有職故実をはじめとする学問です。そのへんはどうでしょうか。

阪本　地下官人は、いまで言う各お公家さんの下で曲がりなりにも政府組織は持っていた。いわゆる御厨子所の高橋、それから土佐、あといまでも内閣文庫に残っています。大外記家、それから内記の勘文の壬生など秘伝を家に残す。ですから狩谷棭斎なんかが出てきた時に見せてほしいのは、外記家の写本、古い本、あるいは社家、そういったお公家さん同士を支える地下の官人グループたちです。

そういったサークルで、不思議なことに宣長と喧嘩した上田秋成がまさしくそれを実行している。法隆寺の『縁起資財帳』がたまたま京都の壇林法林で、初めて開帳があった時、秋成と甘露寺国長、橋本経亮、山田以文、地下官人、社家の人間というのが集まって、それを書写したのがいま残っている法隆寺の折本の縁起です。おそらく秋成がリーダーだと思うのですけど、そういう人と知識のある官人、地下官人や有職故実に詳しいお公家さんの人たちが協力して、古いものを残して、信仰の証しとしてまたお寺へそれを奉納する。そのもとになった本はもうない。そういった地道な研究の場、サロンが奈良、京都、河内などにあります。金石の発達なんかもそうでしょうし、それが明治時代以降になって京都、奈良、大坂、上方の学問の雰囲気があったと私は思っております。

榻山　上田秋成の名前が出ていますが、古相さん何かつけ加えてありますか。

古相　秋成は研究者が山のようにいまして、研究のレベルが進んでいますが、実はその辺は抜けている。そのくらい地道なことを秋成はやっていて、サークルの中心にいた。そういう見方というのが足りないような気がしております。ちょっと話がずれますが、本来この江戸の学問といった時には「出版」という視点が入る。どちらかというと出版よりも「書き本」「写本」の世界として伝わる世界がどうもここにあって、その書き本の世界の研究がまだ進んでいない状況です。

先ほど言いましたように、吉宗が日本全国に「こういう本がないか」と集書命令を出したように、大名たちも勉強好きなのは皆本を集めた。その中で京都の地下官人やお公家さんのところにも本を求める。京都のお公家さんたちは和歌の家とか蹴毬の家とかがあります。大名たちはそういうところのお弟子さんになって現金を払う、お公家さんたちはお金をもらう代わりにいろんなものを書いて送る。例えば、御会があった時に、御会始が終わった後に、すぐに自分の家でそれを書き写して、自分の出入りしている大名に送る。実際に、藤貞幹は日野家でその書写の仕事をしていた。そういうシステムがどの家にもあったらしい、ということが少しずつわかりつつあります。

榻山　会場の遠藤潤さん、江戸時代の出版業界といいますか、国学の情報が強く現われてくるような時のことはどうでしょう。

遠藤　平田篤胤とその門人組織をやっていまして、それは十九世紀の前半ぐらいの動きで、門人と書簡をやり取りして、版本を送ったり、写本を送ったりしています。古相先生のお話をお伺いしていておもしろいなと思ったのは、私は今まで見ていたのは平田篤胤の門人組織である「気吹舎」というところですけど。そこでは基本的には出版物は門人からリクエストがあった時に、手紙でお金をやり取りする。そして、それを出していくという仕組みが成り立っている。その一方で、公家の人のお話にも出てきたような、写本のやり取りがやはりあります。それを筆耕というか、筆写をする人をある程度手元に抱えておきながら、注文があったら写本も出せるものは販売をしていくという形でやっていて、出版物と写本を併せてやり取りをするようなことをしています。それは天保期以後にはかなり盛んになる。この時に京都の公家のケースと違うのは、弟子になるということに限らず、各地の有力な門人のところを一つのキーにして、その周辺にいる人たちが「本がほしい」と言った時にも、有力門人をつてにたどっていくならば、そこで本を買えるような仕組みにもなっている。

ですから、学問の広がり方ということで言うならば、やはり平田国学で書物が出る時には、かなり公開している。ある種入門している人が各地の取り次ぎのような形をして、書物を受け取っていくという仕組みが次第に広がっていく。今日のお話よりはちょっと後半のことになるのですけれども、国学なんかではそうした書物の流通の動きというものがあります。一応簡単にご紹介まで。

古相　ちょっとつけ加えますと、篤胤の前の宣長の時代にも、どうもそんな動きがあるらしい。東北大の高橋さんという方は思想の専門の人で、そんなことを調べている人がいます。宣長の門人で福島か郡山か、あの辺りの門人が本を購入する時に、その門人間の交流の中で誰かがキー局になってそこに本を送ってもらう、そこからまた広がる。田舎にいると本が買えないのです。そこでどういう本の購入方法をしていたのかというと、その本を購入できるところにいる門人、各地の中心になる門人のところに連絡して送ってもらう、ということをやっているようです。おそらく全国的に、本に関する流通というのも、そういうパターンの流通があったようです。

榾山　ありがとうございます。遠藤さんが言われたように、地方地方でポイントになる人がいて、その人からまた枝分かれしていく、かなり早い段階からそういう師匠と弟子の付き合いがあって、連絡網の拠点になっているのが確かにあるのだと思います。

少し京都の話から離れましたが、阪本先生、木内石亭の家が『名所図会』に載っているという話をうかがいましたが、この『名所図会』が版本で出る時に、名所旧跡が一般化され広い範囲で知られていくということも好古趣味というか、関心となって需要が増えてくるということに関係してくるんでしょうか。

阪本　一つはやはり物見遊山、名所旧跡というより古寺巡礼といいますか、霊験あらたかという。秋里籬島、実はよくわからないのですが、植村禹言の『旧大和名所史』の続編を描いて、その前には『都名所図会』が爆発的に売れた。それから東海道、河内などの名所図絵を、考証も含めていろんな画工を使って、それから名古屋だったら有名な『尾張名所図絵』なんかがありますけど、その来歴などをいろんなことで調べたり、聞いたりして、つくって、やはり売れた。そういうものが出て売れるということ自体、そしてまたそれの改訂版が名前を変えて京都の出版社から出るということ自体が示すように需要があったわけです。

その背景としてはやはり郷土、古社寺、天皇の御陵とか、名所旧跡とか全部引っ括めて『大和名所図会』一つをとってみても、よくこれだけ知ってるなあと。それが江戸に来ると『江戸名所図会』になる。そのような形で目に見える一種の「江戸記」、これが実は中世からの「宮曼荼羅」などに代わって、全国の霊験あらたかな特定のところが出てくる。これはやはり信仰と一種の江戸記です。中世とは違った宗教的な一種行楽を兼ねた名所が、単なる信仰だけではない、ガイドブックみたいな形で出てくる。そこも一種の好古趣味といいますか。

いずれにしろ私が藤貞幹なんかで考える時に、藤貞幹の好古関係のもの、彼は「集古図」なんか出したかったのでしょうけど、やはり考古学的な図といいますか、スケッチが入っているものは、とてもじゃないけどなかなか出しにくい。また版下を作る時も非常に大変ですし、せいぜいが『好古小録』『日録』になってしまったんだろうと思います。また、当時の印刷技術つまり、版木に彫るための技術が追いつかない部分がある。いわゆる精密なものは模写したり、写本で残すしかないし、また、そういうものはいくつも作れませんから。ですから木内石亭の『雲根志』のように、石の類いでしたら割合絵にもなりますし、比較的容易ですけれど、いわゆる金石文とか考古学的な資料になると、まだまだ出しにくい状況があっただろうと思います。それに比べて『名所図会』の類いは、ちょっとオーバーに風景を描いたりすればいいですし、『洛中洛外図』以来の伝統がある。いずれにしろ古い時代、あるいは由緒来歴というのを訪ねたいという庶民階級の欲望があって『名所図会』の類いができたんだろうと思いますし、その点では秋里籬島というのは先覚者と評価されてもいいのではないかと思っております。

椙山　需要があるかないかということが関係するのだと思いますけれど、柳田先生、青柳関係のものは版本にほとんどなっていないですが、その辺はどうなんですか。

柳田　確かに関東大震災、福岡の空襲で、図書館などに入っていた原本がほとんど焼けています。しかしその後、青柳家の姻戚筋から下書きが出てきて、今日お見せしたような正確な図が残っていたりするわけです。実測図ですけれど、その後のものは形も似つかわしくないものになっていきます。吉村千春、伊藤常足なども、やはり同じく三組の出土品の図面を残している。ですからどんどん弟子たちが書き写していったようです。

それと青柳種信の場合は、「香椎宮大宮司と上京した」と書いています。これは、二条左大臣から香椎宮の履歴を言上せよということで大宮司が呼ばれたようです。しかし肝心の大宮司がその香椎宮の故事来歴がわからず、青柳種信は『古事記』編纂、校正、注釈、あるいはその後の『続風土記拾遺』など作っておりますので、各神社の来歴を詳しく調べていた。代わりに言上しに行ったと思われます。

椙山　ありがとうございます。阪本先生、その当時のお公家さん方が、例えば香椎宮なら香椎宮についての知識というのはどのレベルまであったでしょうか。

阪本　知識というより、最後の香椎の奉幣が始まった時に、要するに社僧との軋轢で、香椎の由緒というのをきちっと書かないといけない。要するにちょうど吉田が入ったりした時ですので。神仏分離に関係することでして、その時にやはり青柳種信は『香椎陵記』というのを書いています。いずれにせよそういった神社の考証がやはり大事だということです。水戸にかかわって言いますと、延喜式では大洗磯前薬師大菩薩、あれは酒列磯前の薬師大菩薩というものを、水戸学が興って、『大日本史』の彰考館で、名前を変えて大洗磯前神社とするという。まさしくそういった、考証という意味で、いわゆる神仏分離をする時の史料として考証学者が動員されている例がございます。単に考古学というより、文献考証がまず最初にあるようです。

椙山　考古学的なものだけではなく、文献考証が非常に重要な部分を占めていることは事実かと思います。そしてそれらが近世の段階で、先ほど拓本のいちばん古いのは虎関師錬のものという話が出てきましたが、拓本という技術の問題もあるかと思うのです。今のような実測図を作るというようなことはなくて、写真の技術のない時にどうやってできるだけ正確に伝えるか。知識を共有していくための手段として、技術的な面とか、何かお話いただけないでしょうか。

時枝　拓本というのは、書の方で文字の拓本を採る宋拓とかが入ってきて、法帖としてお手本にしていくというのが基本だったように思います。群馬にある多胡碑は、今は触ることも禁止されていますけれども、市河寛斎とか高橋道斎とかが古くから拓本を採っていた。儒学とか漢学に近い人たちに拓本を何度も何度も採られて、挙げ句の果ては拓本を採っていると真っ黒になってしまうので、偽物の拓本専用の石碑まで造っている。そのくらい拓本の文化というのが江戸後期に非常に盛んになり、明治、大正と続いてきていると思います。明治の初めに町田久成らがやった壬申検査の際に採った拓本が東京国立博物館に残されています。

考古学が本当に意識的に拓本を導入した時期というのはよくわからないですけれども、意外と新しいような気がします。明治の初年のもので、北海道のフゴッペ洞窟の近くにある手宮洞窟の拓本ですとか、帝室技芸員の香取秀真が、明治三十年代に工芸品や考古資料を自ら湿拓したものが残されていますので、少なくとも明治中期には、確実に考古学のために拓本を使ったということが確認できる。しかし、それ以前のものになると金石文や瓦などごく限られた品物が対象だったという気がします。考古学の手段として定着するのが、明治中頃なんじゃないかという気がします。

椙山　柳田先生、青柳種信のは乾拓ですか、湿拓ですか。
青柳種信は相当古いと思います。

柳田　前回の資料につけたのは釣鐘墨でやる乾拓です。現在の湿拓のように紙を湿らせてそれを押しつけて採る湿拓と違いまして、これは鏡の上に直接紙を置いて、上から墨で刷るという採り方をしております。ですからずれたりして、一部に不明瞭な点があるわけです。しかし前掲の資料は、またさらにそれを実物で模写していますので、かなり正確なものになるわけです。それと「捏造」という話も出てきましたが、これは捏造しようがない拓本ですから実物から採っているということがわかる。私どもが昭和四十九年、五十年に発掘しましたら、欠けていたこの部分のかけらが出てきました。で、この拓本にぴったり合うということで、まさに捏造しようもない現実がある。青柳種信はかなり正確な図、拓本を残している先駆者でもあったかと思います。

椙山　ありがとうございます。水戸、弘道館でしょうか、釣鐘の拓本をそのままでなくて木の盤に彫ったもので拓本を作っている。あれは配布用のために拓本を採ったものを木の板に彫って、平たい板状のものに彫ったものを、中国的な拓本の採り方している。拓本と言っても拓本を本来のものから採ったのでないようなことも時にあるようですから、なかなか難しい面もあります。青柳種信の鏡については現物から採るしかないものだと思いますが。

眞保　拓本についての話がでましたので那須国造碑の碑文解読との関連でふれさせていただきたいと思います。延宝四年に岩城僧円順が発見した碑の存在を大金重貞に伝え、『那須記』には、「小石をもって彼苔を摩落とし、文字に墨を入て、拝見すといえども、なお不足なり」として重貞が碑文に墨を入れ、文字を写し取っていたことがうかがえます。

また、侍塚古墳や那須国造碑の調査保護経過が記された『笠石御建立起』には、「心越禅師おいで遊ばされ、石碑石摺り遊ばされ候」とあります。これは碑堂造営が終わった元禄五年のころのことと考えられ、碑文解読のため「石摺り」すなわち拓本が用いられた可能性があります。心越禅師は、清の圧政により日本に亡命した明僧であり、光圀の庇護を受けた人物です。拓本という技術の導入は、明僧が行なったものですが、わが国でも早い段階ではなかったかと考えられます。

椙山　もう一つは、「秘伝」とか「口伝」とかいう世界が残っているけれども、一方では「秘伝」とか「口伝」が意味なくなっていく世界がある。そこに近世の学問が出てくるし、相手の読み方や説に対する議論ができる時代になってきているのですが。中世とは違うんだということで、古相先生もう一言。

古相　本当に文学論を正々堂々戦わせるというところにおいては、「国歌八論論争」というのがあります。田安宗武の田安家を中心にして、賀茂真淵、荷田在満などが国歌、和歌に対する論理を次々に展開していくということが起きています。こういうようなことが興るようになったのは、本当に一つの成熟だろうと思います。ただ、先ほど出ました貞幹とか秋成は、論争になってないような、お互いに何かほかのほうを向いて言っているという部分があります。出版の中でも、『南留別志』であるように、お互いに批判する、批判書を出版するということも、江戸の後期になると出てきます。

椙山　ありがとうございます。阪本先生何か。

阪本　せっかく時枝先生にきていただいたので、私はずっと昔から気になっていることをお聞きしたいと思います。貞幹の古瓦の拓本を私も一種類ほど持っておりますけど、京大の上原真人さんが「二重採拓法」による捏造をやったと言います。バラバラにある程度破片で字を推定してつくっていく。ないものをあるかのようにすれば捏造でしょうけれども。先生が『東国史論』に書かれたように、拓本としてきちっと採ったことは事実でしょうし、捏造するんだったら絵を描けばいいわけですので、そこの辺をお聞きしたいと思うのですが、ご見解を。

時枝　上原さんの「二重採拓法」というのは、木製の文字を別に刻んでおいて、真ん中の部分にあまり墨を打たないように作った拓本に、文字を当てて拓本を採ったと。なぜそれが偽物かと言うと、格子目と文字とが重なることは絶対にあり得ないからだというわけです。その根拠として挙げているのが大阪の中之島図書館に所蔵されている『古瓦譜』です。

ただ、まず問題なのは、むしろ僕らよりも地元で実際に発掘されている方々に判断してもらわないといけないのですが、遺跡から出ているのか出ていないのかということです。たとえば京都市中の遺跡というのは非常に悪い条件で発掘調査されています。しかも京都の瓦の型式というのは数万以上ある。東京などですと数種類の范型ですが、京都の場合は非常に膨大な数、しかもどの窯からどういうふうに供給されたかがわからないものが多い。そういう中でどこまでいえるのか、どうしても疑問が残ります。

また、ここで上原さんが出しているものを一見しただけでは、残念ながら本当にそれが彼のいうような方法で作られているかどうかを確認することができません。実際にその紙に凹凸があるのかとか非常に細かな話で、貞幹が使ったという木製の文字を彫った型が出現でもしない限り、最終的な証明ができない部分が残ります。現実にはこの上原さんの論文の結論のみが一人歩きすることに問題があると思います。

彼の説は可能性としては多分にありますけれども、本当に貞幹が作ったかどうかを完璧に証明したわけではないように思います。偽物かどうかという最終判断を下すのには、まだ不十分であると言えるのではないかと思います。

さらに、文献中心の感覚で古物を見ていた彼らの世界についても思いを致す必要があるでしょう。拓本も『古瓦譜』になると一種の文献です。古物について考えるための文献をいろいろな人と交換する中で玉石混交したこともなかったとはいえません。大体真物についての考え方が現在と違っていた可能性もあるのです。

上原さんが言い切った捏造の動機。つまり「思うままに支配し得る世界を構築する喜びに溢れていた」と。喜びに浸って毎回作っていたんだと。これもどうでしょうか。また、経済的な事情も、大きく影響したといっていますが。

阪本　貧乏だというのは、見出だしたのが清野謙次さんで、それを上原さんも日野さんも言っている。古相さんもご存じですけど、実際に彼の家に立原翠軒、柴野栗山、山田以文から、みんな行ってものを見ている。そうした時に彼がなんかニヤニヤしながら、偽物をいっぱい作ったり、偽の「古文書」を作ったりなんていうことは、考えにくい。それで自分の家に呼んで饗宴しているのです。彼が貧乏であったという話は伝聞にすぎないのであって、家を持っていたことは事実ですし、有名な学者が彼が家でいろんなものを見せていたと書いている。そういう点から見ても、怪しいとは思うのですけど。

椙山　最後にまとめたいと思うのですが。黒川真頼とか、そのほか近代の学者との関係、『古事類苑』などの制作につながっていく「近代の学問」について少しお話いただけますか。

篠原 黒川真頼の師である黒川春村は、村田春海・清水浜臣・岸本由豆流などと交流があり、村田春海は国学の大御所本居宣長、清水浜臣は考証学の大家狩谷棭斎との親交が知られています。国学が求めた儒教や仏教伝播以前の日本独自の思想、考証学の基本である大量の漢籍の収集とその比較交合の蓄積は、江戸時代後期や幕末の文人ネットワークの中で、外国の存在を意識しつつ、学統を越えた儒学的近世学問の集大成へと発展しました。そうした段階を経、その素地が形成されていたからこそ、西洋の歴史学、とりわけ考古学を吸収出来たのだと思います。

黒川真頼の『博物叢書』「上代石器考」や「穴居考」は、遺構・遺物の考証を文献から引くという近世学問の域を出ていません。しかし、「穴居考」は坪井正五郎に影響を与えたと言われるように、発掘などから得られた物証を、史学的に研究する黎明期の一般的な傾向であったと言えます。また、神田孝平や幕末の有名なフィリップ・フランツ・フォン・シーボルトの子、ヘンリー・フォン・シーボルトも注目したいと思います。遺物を今日の考古学に繋がるような視点で観察し、それを国学的な考えも紹介しつつ、独自の見解を示している点が評価できます。

いずれにしても、近世学問の十分な土壌があったからこそ、西洋学問を理解し取り入れた近代学問へと繋がり、その流れの中で、日本的な百科事典『古事類苑』の制作に繋がるのだと思います。

時枝 江戸時代の考古学と明治の考古学をつなぐキーマン、実際にどうだったのかを決める人が坪井正五郎だと思います。英国へ行ってタイラーに学んで人類学を輸入したことになっていますが、書いたものを読むとどこが人類学なんだろうと疑わしい。モースとの関係もその講義に出たとも彼自身書いていませんので、全く不明です。この坪井正五郎の学問をもう一回読み直すことが、考古学史にとっては非常に重要な作業になるということだけ、申し添えたいと思います。

古相 文学の世界においては、幕末から明治の初期というのが見直されて、今までは近代の人間は明治の初期をやらなかった。江戸時代の人間は幕末までです。それが最近になって江戸の人間が明治の最初まで、近代の人間も江戸を少しやるという形になってきまして、昔僕らが文学史で習ったような「日本の文学の近代化」なんてバカなことはあり得なくて、江戸と明治は決してとぎれるわけがない。

同じように日本の近代化が決して欧米から来たものによってなくなったわけではなくて、ちゃんと前からのものがあるところに欧米からのものをうまいこと溶け込ませていくのではないかと思います。

阪本　考古学的、あるいは考証的なことでネットワークで明治時代まで続けてきたのは、「好古者」という、その名も古を好むという福羽美静である。彼は『大八洲雑誌』の中で全国にネットワークをつくって、いろんな情報を取り入れて紹介しています。

そういった紹介が考古学のほうであまりされていない。斎藤忠先生の『考古学資料史集成』をご覧になれば、藤貞幹がどれだけきちっとスケッチをしていたかがわかる。斎藤先生の偉いところはそれを持っておられて、それで見るという。その積み重ねがないと、学史といいますか学問の進歩というのはないだろうと思っています。中には逸脱や捏造もあるでしょうけれど、そういう意味でそれが近代に続いていると思っております。以上です。

椙山　最後に阪本先生が言われましたように、斎藤忠先生はやはり文書などもたくさんお集めになったうえで言われています。やはり学問である以上着実に、確実にやっていかなければいけないものだろうと思います。

また、学術フロンティアで劣化画像研究をやっております。研究の一部に、明治の雑誌などで、いつ頃から写真やスケッチ画などがどう使われてくるかとか、どう変化して、絵とか図とかになるか、考古学的な面から見ております。表現する方法についても、江戸時代には徐々に着実になってきている。まして幕末の文政以降になりますと、これは非常に細かくなってくる。ところが明治五年の戸籍に江戸生まれの明治の人が入っています。その人たちがやってきた学問、これが一方で明治の学問の中で非常に力強くつながれているだろうと。当然のことながら明治のお雇い外人と言われたような人たちが入ってきて、明治の学問形成がいろいろな面で出来上がってきます。出来上がってきますけれども、今日お聴きいただいて、かなり江戸期のものも明治の学問につながっている重要性があるのだということを、ご理解いただけたかと思います。

長時間にわたって、ありがとうございました。（拍手）

コラム
馬琴と篤胤

遠藤　潤

江戸時代の文筆家である曲亭馬琴は、さまざまな学問的知識に豊かであったことでも知られる。屋代弘賢の近所に住んでおり、弘賢と親交するほか、弘賢や山崎美成らの耽奇会に加わり、自らも兎園会をつくって古物をはじめとするさまざまな好古・考証をおこなった。馬琴はもっぱら江戸で活動したが、同時期に江戸で活動した平田篤胤とは特に目立った交流は知られていない。両者ともそれなりの名声を得ていたにもかかわらず、である。

篤胤もまた屋代弘賢と親交を結んでいた。その学問的交流については、古くは渡辺刀水『平田篤胤研究』が指摘をしており、最近では宮地正人がその重要性を述べている。宮地によれば、篤胤は、弘賢が幕命をうけて編纂を進めていた「古今要覧」の一部の原稿の執筆を依頼されている。具体的には同書の「器財部度」の部分は篤胤によるという。一方、馬琴はその日記によれば、文政十二年七月に「古今要覧」の木の部、桜の巻の副本を七冊、弘賢から借用しており、同年九月に返却している。屋代弘賢と「古今要覧」をはさんで、馬琴と篤胤は向かいあっている。

馬琴と篤胤の関係が、ある意味で複雑なものであったことを推測させるのは、ひとつには、同時代にやはり江戸で活躍した狂歌師、鹿都部真顔との関係をめぐってである。篤胤は真顔とかなり親しく交わっていた。真顔は数寄屋橋の前で汁粉屋を営んでいたが、篤胤は一時期数寄屋橋にほど近い京橋守山町に住んでおり、あるいはこのことが関係しているかもしれない。馬琴もまた真顔とは接点がある。文政九年二月や十一月の日記には真顔が馬琴のもとを訪ねたことが記録されている。ただし、馬琴は真顔に対しては批判的なようである。文政十一年に真顔は京都の二条家から宗匠号を受けた。篤胤はこの祝いの場に呼ばれて歌を詠むなどしている。しかし、この宗匠号自体が偽物だったという説があり、真山青果『随筆滝沢馬琴』では、この件についての馬琴の冷やかな評価、真顔に対する批判的な態度があったことを記す。

　馬琴と篤胤のあいだにも実はわずかではあるが直接のやりとりがあった。それは、頼山陽『日本外史』をめぐるものである。天保四年五月十四日の馬琴の日記にはつぎのような記事がある。「昼前、平田大角より、宗伯え使札。右はいせ松坂殿村佐六より貸進の日本外史、平田方熟覧相済に付、此方え被廻……」。篤胤が伊勢松坂の殿村佐六（篠斎）から『日本外史』を借りていたが、これを熟覧し終わったので、回してきたという。気吹舎の同日の日記にも「松坂より借用之日本外史、瀧沢宗伯方へ遣ス」とある。殿村は本居宣長の門人で、宣長没後の鈴門の運営に努力していた人物である。馬琴と親交を結んだことでも知られている。『日本外史』が版行されるのは天保七年ごろのこととされるから、この時期は写本でのやりとりであったかもしれない。

　興味を引くのは、これが馬琴の息子宗伯にあててなされたという点である。宗伯と篤胤のあいだに何らかの交流があった可能性も考えなければならないが、その後の馬琴の日記をみると、『日本外史』を熱心に読んでいるのはどうやら馬琴のようで、この本を受け取った十四日から二十一日にかけて毎日欠かさず読み続けている。篤胤と馬琴のどちらかが直接のやりとりを避けたともとれる。ここでふたりの仲立ちをしているのが、ほかならぬ『日本外史』であることは、いろいろと考えさせられる。

あとがき

わが国の学問は、近代以降になって一時に形成されたものでは決してない。先人たちのたゆまぬ努力によって蓄積され、伝えられ、発展してきたものである。

日本文化研究所では平成十六年度より「近世学問を検証する—近代ヨーロッパArchaeology日本上陸以前の考古学的学問・国学者に光をあてる—」を統一テーマとして学術講演会と公開シンポジウムを開催した。これは近世の学問を見直すための試みである。

学術講演会は以下の通り、四名の方にそれぞれのテーマでお話しいただいた。

第一回　平成十六年五月十五日（土）
　講師　眞保昌弘氏（栃木県立なす風土記の丘資料館）
　　「黄門様の考古学—一六九二年　光圀上侍塚を発掘調査する—」

第二回　平成十六年十一月二十日（土）
　講師　篠原祐一氏（栃木県埋蔵文化財センター・当時）
　　「前方後円墳の名付け親—蒲生君平と宇都宮藩の山陵修復—」

第三回　平成十七年六月二十日（土）
　講師　阪本是丸氏（國學院大學神道文化学部）
　　「考古への情熱と逸脱—宣長を怒らせた男・藤　貞幹—」

第四回　平成十七年十一月十九日（土）
　講師　柳田康雄氏（元九州歴史資料館）
　　「拓本と正確な実測図で論証した青柳種信の考古学」

さらに、これら四回の講演をまとめる意味から、四名の講師に、コメンティターとして、時枝務氏（文化庁文化財部美術工芸課）（当時）、古相正美氏（中村学園大学人間発達学部）の二方を加えて、

公開シンポジウム「近世学問を検証する—近代ヨーロッパArchaeology日本上陸以前の考古学的学問・国学者に光をあてる—」

を開催し、椙山林継氏（國學院大學日本文化研究所）（当時）の司会により、議論が交わされた。

また、特筆すべきは、同テーマにて平成十九年六月十一日に、斎藤忠先生をお招きしての座談会を催し、斎藤先生から多くをご教示いただいたことである。このことにより、学術講演会・シンポジウムの成果が一層明確なものになった。百歳を迎えられた斎藤先生のご健康と益々のご活躍を祈念したい。

そもそも、本企画は椙山林継教授（本研究所所長・当時）の「わが国における近世の学問と学問の形成史を見直したい」との考えを形にしたものである。しかし、近世には国学者をはじめとして本草学者などを含めると一万を超える学者がいたといわれており、今回ここで取り上げたのはそのほんの一部である。本研究所では『和学者総覧』（平成二年）を編み、本学ＣＯＥプログラム（平成十三年から十八年）では、国学者データベースの作成も開始するなど、牛歩ではあるもののこの分野における研究を継続して進めてきた。この度の試みでも積み残された課題が多いことを再認識したが、これらの活動のとりあえずの成果を本書にまとめることができた。今後の研究のための礎の一つとなれば幸いである。

最後に、冷静沈着に編集作業を進めてくださった㈱雄山閣の宮島了誠氏に衷心より感謝申しあげる。

加藤里美

執筆者紹介（掲載順）

斎藤　忠（さいとう・ただし）
一九〇八年生まれ。大正大学名誉教授、（財）静岡県埋蔵文化財調査研究所長。
『斎藤忠著作選集』全六巻、『斎藤忠著作選集続1』ほか。

椙山林継（すぎやま・しげつぐ）
一九四〇年生まれ。國學院大學神道文化学部教授。
『祭祀空間・儀礼空間』（編）『山岳信仰と考古学』（共著）ほか。

眞保昌弘（しんぼ・まさひろ）
一九六三年生まれ。栃木県立なす風土記の丘資料館学芸員。
『侍塚古墳と那須国造碑』（日本の遺跡25）ほか。

篠原祐一（しのはら・ゆういち）
一九六三年生まれ。栃木県立しもつけ風土記の丘資料館学芸員。
『古代東国の考古学』（共著）『季刊考古学』第九六号（共編）ほか。

阪本是丸（さかもと・これまる）
一九五〇年生まれ。國學院大學神道文化学部教授。
『国家神道形成過程の研究』『明治維新と国学者』ほか。

柳田康雄（やなぎだ・やすお）
一九四三年生まれ。久留米大学非常勤講師。
『伊都国を掘る』『九州弥生文化の研究』ほか。

時枝　務（ときえだ・つとむ）
一九五八年生まれ。立正大学文学部准教授。
『修験道の考古学的研究』『偽文書学入門』（共編）ほか。

古相正美（ふるそう・まさみ）
一九五七年生まれ。中村学園大学人間発達学部教授。
『国学者多田義俊南嶺の研究』『宝井其角全集』（共著）ほか。

加藤里美（かとう・さとみ）
一九七一年生まれ。國學院大學研究開発推進機構講師。
『中国新石器時代における食品加工具の考古学的研究』「海岱地区新石器時代磨盤・磨棒」（『東方考古学研究』二）ほか。

松本久史（まつもと・ひさし）

一九六七年生まれ。國學院大學研究開発推進機構講師。『荷田春満の国学と神道史』『新編　荷田春満全集』第二巻（共著）ほか。

田中秀典（たなか・ひでのり）

一九七四年生まれ。國學院大學研究開発推進機構調査補助員。「江戸幕府寺社奉行に関する一考察―就任者の『数量的検討』を中心に―」（『神道古典研究所紀要』第十一号）「近世後期における『神職支配』の制度に関する一考察」（『日本文化と神道』三）ほか。

遠藤　潤（えんどう・じゅん）

一九六七年生まれ。國學院大學研究開発推進機構助教。『平田国学と近世社会』「『神道』からみた近世と近代」（『岩波講座　宗教三』）ほか。

近世《きんせい》の好古家《こうこか》たち

—光圀・君平・貞幹・種信—

平成二十年二月 十 日印刷
平成二十年二月二十八日発行

編　者　國學院大學研究開発推進機構日本文化研究所

発行者　宮田　哲男

発行所　株式会社 雄山閣
〒一〇二—〇〇七一
東京都千代田区富士見二—六—九
TEL〇三（三二六二）三二三一
FAX〇三（三二六二）六九三八

印　刷　株式会社三陽社

製　本　協栄製本株式会社

ISBN978-4-639-02020-2 C3021